上海市第四期"双名工程"高峰计划攻坚课题
上海市新时代加强与改进高中物理实验教学的研究 项目成果

实验教学的新实践

——高中物理实验"解码"

王铁桦　等◎编著

质量指标
○ 自　　主
○ 评　　价
○ 合　　作

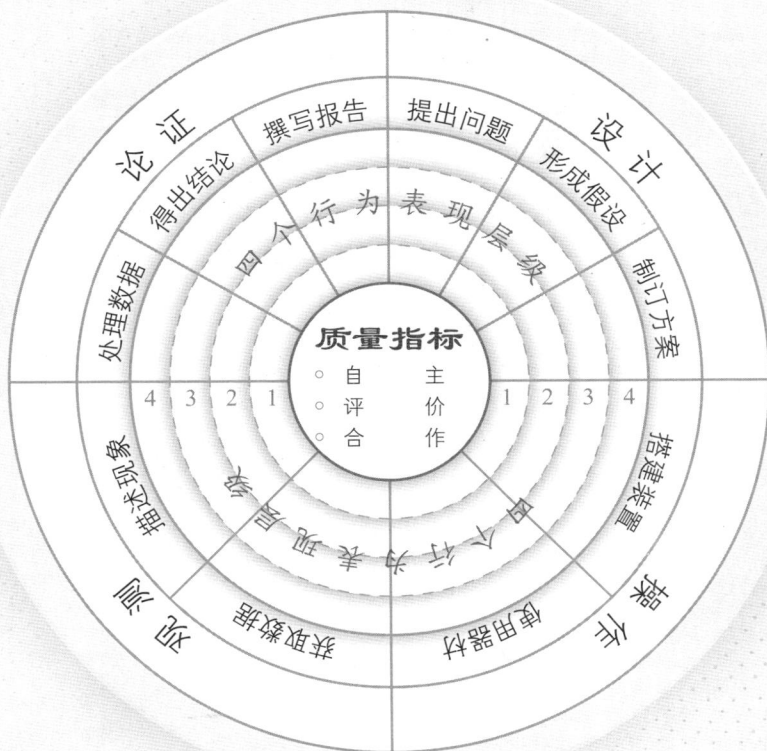

上海教育出版社
SHANGHAI EDUCATIONAL
PUBLISHING HOUSE

前言

进入 21 世纪，科学技术飞速发展，日新月异。互联网技术改变了我们获取信息资讯的方式，新能源技术让我们的生产生活更节能、更低碳，人工智能技术正在重塑一些传统行业……我们人类的思维方式和行为模式也在不断地发生变化。在新时代背景下，应该培养什么样的人才以应对未来社会的挑战，满足个人、国家和社会发展与进步的需要，是世界各国共同面对的问题。面向未来的教育须以"核心素养"培育为抓手，已成为世界各国教育界的共识。而基于"核心素养"的基础教育课程教学改革，正是在这一时代背景下应运而生。

核心素养的培育不是一蹴而就的，需要日积月累，要落实到每一门学科中，体现到每一堂课上，细化到每一个知识点上。物理学是一门以实验为基础的学科，因此实验是物理学的一个重要组成部分，通过实验教学培育学生的核心素养是必须的，也是必然的。虽然目前实验教学中仍然存在着这样或那样的问题，但如何将核心素养下沉到课标规定的每一个实验，是高中物理教师面临的首要问题。同时，物理实验也是培育学生物理学科核心素养的重要途径和方法，实验中提出问题、形成假设、设计方案、观察现象、数据记录和处理、得出结论、讨论交流等环节，都是培育学生核心素养的绝佳载体。

我们研究团队意识到要将核心素养落到实处，必须找到一种有效的工具，将核心素养与实验教学联系起来。在大量文献研究的基础上，我们找到了物理实验能力这一核心素养关键能力中的重要组成部分，把它作为进一步研究的切入点，并开展了充分、有效的教学实践，积累了丰富的研究成果和教学课例。最终，我们以核心素养为蓝本，以科学探究能力为依据，以学业质量评价为参考，构建了"实验能力发展框架"这一实验教学设计工具。该工具关注学生实验能力的发展和教师新的实验教学观的形成，通过架设核心素养与实验教学的沟通桥梁，助力实验教学方式变革。

物理实验能力发展框架包括设计、操作、观测、论证等 4 个方面 10 个能力要素，10 个能力要素分别对应提出问题、形成假设，制订方案、搭建装置、使用器材、获取数据、描述现象、处理数据、得出结论、撰写报告等 10 个实验环节。该框架以自主、评价、合作作为质量指标，为每个实验能力要素设立 4 个层级的行为表现，分别对应学业质量水平中的水平 1 至水平 4。需要指出的是，该框架中的 10 个能力要素代表了实验能力中最重要的组成部分，并非穷尽实验能力的全部内涵。同样，3 个质量指标也无法涵盖所有的评价要素，4 个层级的行为表现也无法精准刻画所有的实验能力水平。但在实验教学的实践中，我们发现实验能力发展框架牢牢抓住了核心素养中的关键能力，为教师开展实验教学提供了一个颇具操作性的支架性工具。

物理实验能力发展框架能"解码"实验教学，为转变教师的教学行为、优化实验教学体系提供指引。该框架为教师提供了一个以培养学生实验能力发展为抓手的教学设计工具，从关注能力发展进阶性的角度解读实验教学。借助该框架，教师可以在实验目标的制订中关注实验能力的发展，在教学过程中注重实验能力的进阶式培育，在评价反馈中重视实验能力的提升，从而切实改进实验教学体系，提高实验教学质量。实验能力发展框架能"可视"实验教学，实现对实验教学的系统规划和组织。利用该框架设计出的实验能力发展层级图使每个实验教学的能力目标和着重培养目标清晰可见，并成为评价实验教学效果的"标签"。实验能力发展框架能"多元评价"学生，促进学生的个性化发展。除了纸笔测试的结果性评价外，该框架还提供了过程性评价，既丰富了评价的形式，又提升了评价的全面性、客观性。在教学过程中，教师、学生、学伴可以判断行为所对应的水平等级及时进行他评和自评，帮助教师了解学生的学习情况并及时调整教学结构与进程；在教学完成后，教师还可以依据该框架设置不同难度等级的检测问题，通过结果性评价了解教学目标的达成度，进一步丰富评价依据。

课标规定的 21 个学生必做实验是高中物理实验教学的重点，我们按照实验能力培养的侧重将它们分成测量与观察性、探究性、验证性、设计与制作性四种类型，并利用实验能力发展框架对它们逐一进行"解码"，从能力提升的角度解析了实验的教学目的、过程、策略、环境、评价等方面。不同类型实验关注的能力要素是不同的,比如测量与观察性实验更加关注操作和观测要素,探究性实验则更加关注设计要素。同一类型实验中不同实验的能力要素水平层级也是不一样的,比如同是探究性实验,在"制订方案"环节,"探究弹簧弹力与形变量的关系"的行为表现水平要求是1级,而"探究加速度与物体受力、物体质量的关系"的行为表现水平要求是2级。

　　需要指出的是,课标规定的学生必做实验的实验方案往往是确定的,甚至是唯一的,实验器材是规定的、专用的,但这并不表示:这些实验的教学目标只能被设定为技能的掌握,教学过程只是告知学生实验步骤和要求,学习评价也只是依据学生的实验结果。面对开放度很低的学生必做实验时,实验能力发展框架可以指导教师在目标设定时深挖由实验类型、实验功能所决定的能力发展侧重点;在教学设计中让学生体会、经历实验方案的设计过程,比较和选择合适的器材;在作业设置中增加梯度性问题,通过做相同实验、解不同等级问题(如控制已知条件、建立结构不良问题等)的形式,让每一个学生都有收获,都有发展。

　　本书共有八章。第一章重点阐明了高中物理实验教学功能,从物理实验教学的特点、目标和研究方向等方面,为"双新"(新课标、新教材)背景下加强和改进实验教学提供理论基础。第二章重点阐述了高中物理实验能力发展框架的构建方法和过程,及其对物理实验教学变革带来的作用和影响。第三章至第六章详细介绍了应用物理实验能力发展框架对课标中21个学生必做实验进行的具体解析。为了从整体上理解和把握21个实验的教学要求和价值,本书按照实验特性和能力培养侧重点的不同将它们分成测量与观察性、探究性、验证性、设计与制作性实验等四种类型,每一章对应一种实验类型,并在逐一剖析每个实验前,先从总体上阐释每种类型实验的共同特点及教学关注点。此外,本书还为每一个实验拍摄了规范的操作视频,并以二维码的形式放置在每个实验标题的下面;这些实验视频既有使用现代数字化工具操作的,也有使用传统测量工具操作的,以适配不同条件下的实验教学;它们既可以作为教师的实验操作参考,也可以作为教师的教学资料和学生的学习资源。第七章提出了"双新"背景下实验教学设计的策略。第八章展示了应用新策略开展实验教学的课例,这些课例源自优秀教师的真实课堂,提供了通过实验教学落实物理核心素养培育的一线经验。

　　教无止境，实验教学研究亦是如此。本书呈现的 21 个学生必做实验的实验能力解码案例，本身就是一种新的尝试和探索。希望本书能为教师在"双新"背景下转变教学观念、改进教学方式、形成新的实验教学模式方面提供有益的帮助。

　　　　　　　　　　　　　　　　　　　　　　　本书编写组

　　　　　　　　　　　　　　　　　　　　　　　2024 年 7 月

目录

第一章　高中物理实验教学功能认识

第一节　物理实验教学的特点

一、实验与物理实验

（一）实验的含义与内涵

1. 实验的含义

"实验"一词对于大多数人来说并不陌生。一提到实验,人们往往很快就会将其与科学发现和创造联系在一起。

在对自然现象的研究中,实验作为一种经验认知方式,是自然科学最直接、最重要的认识基础。自然科学理论的建立或检验无不以实验为试金石,实验研究是科学研究的基石,没有实验研究就没有真正的科学。

早在 17 世纪初期,英国思想家培根(Francis Bacon)和意大利科学家伽利略(Galilei Galileo)就分别从思想和行动上确立了实验法在近代科学发展中的主导地位。[①] 自此之后,实验法就逐渐为所有的自然科学家采用,成为一切自然科学的最基本、最主要的研究方法,并且不断地向社会科学领域拓展。

关于什么是实验,学者们根据其被使用的领域给出了许多种不同的诠释,例如,实验可以是对基于理论原则的假设的检验,可以是演示或证实预期的结论,可以是对已被接受的理念在新的条件下的评估,可以是对现有体系中新出现的概念的检验,可以是对过程性变化在某一特定系统中的效果的检验,也可以是对两种或两种以上运作体系的有效性的比较,等等。无论是何种提法,其主旨都是通过"改变"来观察和确立事物间可能有的因果关系。一般来说,在实验过程中,研究者会通过操纵一个变量(即自变量),并利用实验组与控制组的

---

① 朱雁.教育实验研究的起源与发展[J].中学数学月刊,2014(12):1-4.

比对、前测与后测的比对,来观察和分析它对另一个变量(即因变量)所产生的影响。

现在一般资料中,对"实验"一词的概念界定是这样的:人们根据科学研究的目的,利用仪器设备,人为地控制或模拟自然现象,排除干扰以突出主要因素,在最有利的条件下去观察、研究自然规律的一种活动。[①]

2. 实验法的两种内涵

实验法通常有侧重研究方法和侧重教学方法两种内涵。

侧重研究方法的实验法,是指在控制情境下,操纵一种变量,观察另一种变量,从而发现它们之间因果关系以验证预定假设的研究方法。根据场所的不同可分为实验室实验法和现场实验法。使用时,实验者实际操纵自变量或实验条件,控制易混淆的变量,观察自变量的变化对被试行为的影响。在大学或研究所里,科研工作者进行的实验大多是侧重研究的。

侧重教学方法的实验法,是指在教师指导下,学生通过独立操作仪器设备获得知识的教学方法。此法常用于自然科学学科教学,其主要优点是:学生亲自参加实践活动,印象深刻;可培养学生正确使用仪器进行科学实验的基本技能和科研能力,养成严谨求实的科学态度和科学精神;发展学生的观察、思维和创造力。这种实验法常用于以下两种实验:(1)学习理论之前或学习理论过程中进行的实验,旨在获得感性认知、探究对象;(2)学习理论之后进行的实验,旨在验证理论,复习、巩固已学过的知识。侧重教学方法的实验法一般遵循以下步骤:(1)提出实验题目和明确的任务;(2)设计实验操作程序;(3)学生动手实践,教师引导启发;(4)进行小结并作出结论。

(二) 物理实验的含义

物理(科学)实验源自人类的社会实践,是人们根据研究的目的,运用科学仪器设备,人为地控制、创造或纯化某种自然过程,使之按预期的进程发展,同时在尽可能减少干扰客观状态的前提下进行观测,以探究物理过程变化规律的一种科学活动。[②]

物理实验研究是在对现象的一般观察基础上,提出假设,运用数学和逻辑

---

① 张宪魁,李晓林,阴瑞华.科学方法论丛书:物理学方法论[M].杭州:浙江教育出版社,2007:44.
② 陶洪.物理实验论[M].南宁:广西教育出版社,1996:1。

进行推理，设计实验进行检验，并最终形成理论的过程。

科学探究是指基于观察和实验提出物理问题、形成猜想和假设、设计实验与制订方案、获取和处理信息、基于证据得出结论并作出解释，以及对科学探究过程和结果进行交流、评估、反思的能力。"科学探究"主要包括问题、证据、解释、交流等要素。[①]

物理实验研究的过程与科学探究的过程高度重叠。其中，对现象的一般观察和提出假设的环节对应于科学探究中"基于观察和实验提出物理问题、形成猜想和假设"，即问题要素。运用数学和逻辑进行推理与实验检验的环节则对应于"设计实验与制订方案、获取和处理信息"，即证据要素。形成理论的环节对应于"基于证据得出结论并作出解释"，即解释要素。同时，实验误差的分析与改进、实验报告的撰写与公开、对他人实验的重复检验与质疑等，又与"对科学探究过程和结果进行交流、评估、反思"相对应，即交流要素。

由此可以看出，物理实验不仅是科学探究的一种基本形式，同时还包含了科学探究的全部四个要素。因此，实验不仅是学习的目的和手段，也能够成为实现科学探究能力培养的重要途径和方法。

1. 物理实验的基本类型

物理实验类型可以从多个角度进行分类。[②]

按是否研究实验对象之间的数量关系，物理实验可以分为定性实验、定量实验。定性实验是用以判断某因素是否存在，或者某些因素之间是否有关系的实验。比如探究两个互成角度的力的合成规律的实验，研究通电导线周围小磁针的偏转即电流磁效应实验，扩散实验，等等。定量实验是用于测定某对象的数值，或者求出某些因素之间的数量关系，或者用数量关系去表明某些规律的实验。例如探究弹簧弹力与形变量的关系的实验，探究加速度与物体受力、物体质量的关系的实验。一般来说，定量实验比定性实验更精准，但实验难度也更高。

按对研究对象的了解程度、推理程度，物理实验可以分为探索性实验、验证性实验、测量性实验。

---

① 中华人民共和国教育部.普通高中物理课程标准(2017年版2020年修订)[S].北京:人民教育出版社,2020:5.

② 张宪魁,李晓林,阴瑞华.物理学方法论[M].杭州:浙江教育出版社,2007:47.

探索性实验是指人们在从事开创性的研究工作时，为探寻未知自然事物或现象的性质以及规律所进行的实践活动，其特点是实验前人们对研究对象并不了解。比如探究平抛运动的特点的实验，探究影响感应电流方向的因素的实验等。

验证性实验是指当人们对物理研究对象有了一定认识之后，根据已知的理论和实验，对一些物理现象的存在原因或规律作出推测，提出假说或形成新的理论时，为了检验它们正确与否而设计的实验。它包括直接验证、间接验证两种。例如验证机械能守恒定律的实验，验证动量守恒定律的实验等。

测量性实验是指通过实验去认识对象相应的量值信息的活动。测量方法主要是比较，包括直接比较、间接比较等。广义地讲，测量不仅包括对被测的物理量进行定量的测量，而且还包括对更广泛的被测对象进行定性、定位的测量。广义测量原理可以从信息获取过程来说明，包括信息的感知和信息的识别两个环节。例如测量做直线运动物体的瞬时速度的实验，测量金属丝的电阻率的实验等。

按实验的方法、手段，物理实验可以分为对比实验、模拟实验。

对比实验是通过对照比较分析研究的方法，达到变异求同或同中求异，以揭示事物的某种性质或规律的实验。对比实验可以采取横向或纵向对比，即把研究对象分为两个或两个以上的组群，一个是对照组，作为比较的标准，另一个是实验组，通过某种实验步骤以确定对实验组的影响。用黑白颜色的两种物体表面对比，研究物体的吸热本领，属于横向对比；对同一实验施加影响因素前和施加影响因素后的情况进行对比，属于纵向对比。

模拟实验不直接研究物理过程本身，而是用与该过程相似的模型来进行间接研究。模拟实验的基本条件是模型中的模拟量与物理过程中的被模拟量必须等效，从原理上讲模拟实验分为数学模拟和物理模拟两大类。

数学模拟是指把两个不同本质的物理现象或过程，用相同的数学方程进行描述。在研究静电场时就运用了这种模拟，即用一种易于实验、便于测量的稳恒电流场来模拟难以测量的静电场，因为这两种场的分布具有相同的数学形式。

物理模拟是指保持同一物理本质的模拟。这种模拟不仅应用于物理实验，而且更多地被应用于其他学科中，例如用震动平台模拟地震对工程结构强度的影响,用风洞中的飞机模型来模拟在大气中飞行的真实飞机等。

2. 物理科学实验与物理教学实验①

按照实验目的的不同,物理实验还可以分为物理科学实验与物理教学实验。

物理科学实验,是物理学家在特定实验室环境里运用特定仪器设备,去探索未知世界,发现新规律的活动。物理教学实验,是教师或学生在教室或教学实验室中为实现物理教学目标和学习目标所进行的活动。两种实验之间的差异如表1-1所示。

表1-1 物理科学实验与物理教学实验的比较

	物理科学实验	物理教学实验
目的	发现新现象,探索新规律	帮助学生掌握知识,学习方法,培养能力,提高素质
内容	由需要探索的新问题而定,内容是新的,一般是未知的	按一定的教学目的设计,根据教学实际的需要安排
形式	通过观察、测量、记录、计算和分析,总结出规律	通过探究等方法使学生形成概念,掌握规律
特点	结果不确定性较高,可能成功,也可能失败	比较成熟,一般都会成功
难点	实验条件未知,影响因素较多	在有限的课堂时间内,如何用最简单的器材、更常规的条件,让实验现象更明显,更便于培养学生的物理学科核心素养

物理教学实验是为学生更好地积累知识,形成概念,掌握技能,提高素质,培养能力而开展的活动。根据教学需要,一般在集中的时间、空间内,指导学生观察物理现象的变化、测定和记录必要的数据、计算和分析实验结果、验证物理规律等,它是在教师启发指导下排除了次要因素,采用科学的方法让学生进行的科学实践活动。

物理教学实验有多种分类方式。按实验的内容所属学科分支,可以分为力学实验、电磁学实验、热学实验等。按实验的主要操作者,可以分为演示实验、

---

① 李春密.中学物理实验教学研究[M].北京:北京师范大学出版社,2018:6.

学生(分组)实验、学生小实验等。按实验的主要进行场所,可以分为课内实验、课外实验等。

二、物理实验教学的内容与意义

物理教学是教师的教和学生的学所组成的一种人才培养活动。通过这种活动,教师有目的、有计划、有组织地引导学生学习和掌握物理知识和技能,促进学生物理学科核心素养提高,使他们成为社会所需要的人。

物理实验教学是围绕物理实验展开的教学活动,是物理教学的重要组成部分。它不仅是建立物理概念、理解规律、掌握知识的重要环节,还是培养学生物理观念、科学思维、科学探究、科学态度与责任等物理学科核心素养的重要途径。

物理实验既是物理学习的内容,也是物理学习的方法和手段。

(一) 物理实验是物理教学的重要内容

1. 物理实验本身就是物理学的不可分割的重要内容

物理学的任何一部分内容(包括物理量、定律、定理)的结构及其发展都可以分解为三种因素:实验(事实)、物理思想(逻辑、方法论等)和数学(表述形式或计量公式)。所以,实验内容本身就是教师要教、学生应该学的重要内容。

例如,匀变速直线运动是一种理想化的运动模型,它有着相应的数学表现形式,那么人类是如何认识到这种运动的存在的呢? 这就需要实验事实来支撑了,而这个实验事实本身就是需要学习的内容。

2. 物理实验教学是物理教学的重要组成部分

实验方法是人们根据研究的具体目的,利用一定的仪器设备,人为地制造、控制或模拟自然现象,使某些现象反复再现以便让人们反复进行观察研究的一种方法。

实验方法的优点是能将复杂的条件进行简化和纯化,借助仪器设备,突出研究对象的主要因素,排除次要的非本质因素,创造一个恰当的实验环境,使需要认识的某种性质或关系以比较纯粹的形态表现出来,以便人们能够比较容易、比较精确地发现规律。

如何选择仪器设备? 如何将复杂的问题简单化? 如何借助仪器找出关系? 如何让学生像物理学家那样去探索物理世界的秘密? ……这些都是物理教学

的重要内容。

3. 物理实验是培养学生实践动手能力和创造能力的保证

理论联系实际是非常重要的能力,而实验是培养学生理论联系实际能力的重要载体。

从自己的动手操作中,学生可以将理论和实践结合起来,从中学到实验的基本知识、基本技术和基本方法,可以发展能力,培养良好的实验素质。这是实验的任务,也是教学的任务。

（二）物理实验是物理教学的重要方法和手段

好的教学方法需要通过适当的教学手段才能发挥它应有的作用。实验,直观具体、形象生动;实验教学,从感性到理性、从具体到抽象、从简单到复杂,适合学生的身心特点,符合学生的认识规律。实践证明,在教学中运用实验手段,能取得很好的教学效果。

实验是物理教学中必不可少的重要手段。物理实验可以将抽象的知识形象化;可以提供丰富的情境,促进学生物理观念的形成;可以提供丰富的问题,训练学生的科学思维;可以激发学生的兴趣和求知欲;可以培养学生的科学探究能力;可以培养学生的科学态度与责任。

三、物理实验教学的特点

物理实验教学的特点有很多,目前广泛接受的主要有以下几点。

1. 实践性

相对于非实验教学,物理实验教学具有强化实践的特点。而实践又是增强学生科学体验的重要方式,只有通过科学实践,抽象的知识才能形象化,概括的知识才能具体化。

例如,平抛运动是匀变速曲线运动。做过"探究平抛运动的特点"的实验,才会对匀变速曲线运动有更直观的感受,处理过平抛运动的数据,才会对水平方向分运动和竖直方向分运动有更具体的认识。

2. 过程性

相对于非实验教学,物理实验教学具有突出过程的特点。通过物理实验教学,学生可以经历实验的全部过程,才能对实验形成整体化的认识,才能对实验中的细节有深入的认识,才能更好地领会实验中蕴藏的物理思想方法,才能最终获得发现物理规律、解决物理问题的能力。

例如,在"探究两个互成角度的力的合成规律"的实验中,基本结论和过程通过纸上谈兵的方式学生也是可以初步理解的,但实验中的诸多细节如果仅是通过言语讲授,那么学生是很难掌握实验精髓的,比如用两个弹簧测力计拉橡皮筋的时候,用力不能太大,也不能太小,因为分力太大,合力可能会超出弹簧秤的量程,力太小,误差可能会比较大。

与之相对应,经历过实验探究的过程,不但会对实验原理、实验过程等环节有了深刻的印象,而且对实验中的诸多细节也会有形象的认识。

3. 自主性

相对于非实验教学,物理实验教学具有强化学生自主进行知识建构的特点。实践是认识的源泉。学习者对知识的理解需要由个体基于自己的经验背景而自主建构起来,它取决于特定情境下的学习历程。而实验是学习物理最重要的实践方式。在实验的丰富情境中,学习者可借助其他人(包括教师和学习伙伴)的帮助,利用必要的学习资料,自主建构起相应的物理知识体系。

例如,在"测电源的电动势及内阻"的实验中,电动势的概念本就抽象,只有让学生测量过路端电压和干路电流,通过自主实践,在变化的量中寻找内在的不变量,电动势等抽象概念才能逐渐形象化,从而被深入理解。

第二节　物理实验教学的目标

一、物理课程标准中对"物理实验能力"的要求的发展

教学目标为教学工作的开展指明方向。我国各个历史阶段有关物理教学的指导性纲领和课程标准中，对物理实验能力的培养既有着明确的要求，也有着不断发展变化的地方。

1.《2003 年版全日制普通高级中学物理教学大纲》（以下简称《大纲》）中对实验能力培养的表述

（1）"教学目的"中对实验能力的要求

使学生受到科学方法的训练，培养学生的观察和实验能力、科学思维能力、分析和解决问题的能力。

（2）"教学中应该注意的问题"中对实验能力的要求

加强演示和学生实验

观察现象、进行演示和学生实验，能够使学生对物理事实获得具体的、明确的认识，这是理解概念和规律的必要的基础。观察和实验对培养学生的观察和实验能力，培养实事求是的科学态度，引起学习兴趣，具有不可代替的重要作用。因此，要大力加强演示和学生实验。本教学大纲规定的演示实验和学生实验都应该力求做好。

演示的内容除了演示实验，还包括展示挂图和模型，观看幻灯投影片、教学电影和录像等。要发挥现代化教学手段的作用。

学生实验的要求应该切实达到。有条件的学校应该适当增加学生实验的数目，特别是增加设计性或研究性的实验课题。教师要充分发挥学生做好实验的主动性和积极性，加强对学生实验的指导，要求学生认真思考，独立操作，手脑并用，团结协作，遵守实验室规则。

加强能力的培养

要通过观察现象、进行演示和学生实验培养学生的观察能力和实验能力。要培养的观察能力主要是，能有目的地观察，能辨明观察对象的主要特征，认识观察对象所发生的变化过程以及变化的条件。要培养的实验能力主要是，明确

实验目的,理解实验原理和方法,学会正确使用仪器进行观察和测量,会控制实验条件和排除实验故障,会分析处理实验数据并得出正确结论,了解误差和有效数字的概念,会独立地写出简要的实验报告。

《大纲》指出了实验的重要性,明确了要培养的实验能力。

2.《普通高中物理课程标准(2017年版2020年修订)》(以下简称《课标》)对科学探究能力培养的表述

《课标》强调发展学生的学科核心素养——物理观念,科学思维,科学探究,科学态度与责任。科学探究是指基于观察和实验提出物理问题、形成猜想和假设、设计实验和制订方案、获取和处理信息、基于证据得出结论并作出解释,以及对科学探究过程和结果进行交流、评估、反思的能力。科学探究主要包括问题、证据、解释、交流等要素。

"课程目标"强调:具有科学探究意识,能在观察和实验中发现问题、提出合理猜想与假设;具有设计探究方案和获取证据的能力,能正确实施探究方案,使用不同方法和手段分析、处理信息,描述并解释探究结果和变化趋势;具有交流的意愿与能力,能准确表达、评估和反思探究过程与结果。

"教学建议"强调:在物理实验中,应发掘实验在培养学生发现和提出问题能力方面的潜在价值;应通过实验提高学生制订计划的能力,学会从原理、器材、信息收集技术、信息处理方法等各方面形成探究计划,学会通过查询相关资料来完善探究计划;应通过科学探究,让学生体会到科学探究中相互合作的必要性;实验能培养学生的科学态度和科学精神,教师应培养学生严肃认真对待实验的态度;尊重实验结果与事实,杜绝编造和修改实验数据,并把实事求是的作风带到平时的学习和生活中去。

《课标》从素养角度提出了实验能力培养的要求。

3.《大纲》与《课标》中对实验能力要求的对比

《大纲》和《课标》都对中学生的实验观察能力、实验操作能力、实验思维能力、实验数据处理能力以及实验设计能力,提出了明确的要求。

《课标》倡导探究式学习。通过为学生提供充分的探究式学习机会,逐步培养学生收集和处理科学信息的能力,获取新知识的能力,分析问题和解决问题的能力以及交流与合作的能力等。

《课标》在学业质量水平和核心素养水平划分部分,对科学探究的水平要求更为具体,划分了 5 个水平等级,便于教师能更准确地定位学生科学探究素养的发展情况。例如,水平 1 是科学探究的初级水平,具体表现为:具有问题意识;能在他人指导下使用简单的器材收集数据;能对数据进行初步整理;具有与他人交流成果、讨论问题的意识。

如果学生达到了如下的表现:"能面对真实情境,从不同角度提出并准确表述可探究的物理问题,作出科学假设;能制订有一定新意的科学探究方案,灵活选用合适的器材获得数据;能用多种方法分析数据,发现规律,形成合理的结论,用已有的物理知识进行科学解释;能撰写完整规范的科学探究报告,交流、反思科学探究过程与结果",则说明学生的科学探究素养已经达到了较高的水平 5。

二、物理实验教学的目标

在实际教学过程中,可以从多个角度制订、划分教学目标。

1. 按能力培养划分实验教学目标

通过物理实验教学,发展学生的实验观察能力、实验操作能力、实验思维能力、实验数据处理能力以及实验设计能力。

2. 按育人方向划分实验教学目标

通过物理实验教学,获取和巩固物理学的理论知识,促进物理观念的形成。

通过物理实验教学,培养学生的科学论证、质疑创新等科学思维素养,提升科学探究能力。

通过物理实验教学,培养学生基于证据的解释与交流素养,提升科学探究能力。

通过物理实验教学,激发学生学习物理的兴趣、求知欲,树立正确的科学态度与责任。

3. 按教学任务划分实验教学目标

通过物理实验教学,学会使用基本物理仪器,学会测量某些物理量。

通过物理实验教学,明确借助实验手段研究物理现象的基本程序,进行物理实验和科学探究的一般过程。

通过物理实验教学,学习观察物理现象的基本技能、技巧,提出科学问题。

通过物理实验教学,学习根据物理原理和实验条件,设计实验和探究方案。

通过物理实验教学,学习正确操作实验器材和实施科学探究过程。

通过物理实验教学,学习收集、分析和处理所得实验数据,学习和初步运用误差理论。

4. 按实验类型划分实验教学目标

《课标》中的学生必做实验,主要包含 4 类,分别是测量性实验、探究性实验、验证性实验、制作性实验。每种实验的教学目标侧重不完全相同。

(1) 测量性实验教学目标

测量性实验教学目标是,通过实验测量某物理量。

以"用油膜法估测油酸分子的大小"这个实验为例,《课标》在教学提示中指出,要让学生体会和掌握测量微观量的思想和方法;学业要求是会做"用油膜法估测油酸分子的大小"实验。这里的会做不仅要让学生知道测量微观物理量的思想和方法,还要能通过科学、合理的操作获得实验数据,并能在实验中体现减小误差的方法;能运用恰当的方式处理数据并得出正确结论;能写出完整规范的实验报告,正确表达科学探究的过程和结果。

(2) 探究性实验教学目标

探究性实验教学目标是,通过实验探索研究某物理规律。

以"探究平抛运动的特点"这个实验为例,《课标》对本实验的要求是,"通过实验,探究并认识平抛运动的规律。会用运动合成与分解的方法分析平抛运动。体会将复杂运动分解为简单运动的物理思想""会做探究平抛运动的特点等实验,能明确实验需要的物理量,由此设计实验方案。会使用所提供的实验器材进行实验并获得数据,通过对数据的分析发现其中的特点,进而归纳得出实验结论,并尝试对其作出解释"。"化繁为简"是本实验重要的、独特的研究方法。

(3) 验证性实验教学目标

验证性实验教学目标是,在学习完某规律以后,通过实验验证由理论得出的某规律的正确性。

以"验证机械能守恒定律"这个实验为例,《课标》对本实验的要求是"通过实验,验证机械能守恒定律"。具体要求如下:通过本实验理解机械能守恒定律,体会守恒观念对认识物理规律的重要性;知道如何测量物体的机械能;知道光电门传感器的作用及工作原理;会根据实验要求选取合适的实验器材,设计实验方案,搭建实验装置;会使用 DIS 传感器及相关软件完成实验;能读懂实验数据图像,分析出在摆锤运动过程中动能、重力势能的变化规律及关系;能根据实验数据归纳得到机械能守恒的结论;知道实验存在误差;能科学表述实验过程及结果;能用函数表达式、文字描述和图像描述等三种方式表达实验结果;能撰写简单的实验报告。

（4）制作性实验教学目标

制作性实验教学目标是,根据所学知识制作某类装置。

以"利用传感器制作走道路灯的自动控制装置"这个实验为例,《课标》对本实验的要求是"通过实验,了解常见传感器的工作原理。会利用传感器制作简单的自动控制电路"。

学生通过本实验,学会从对"节能型走道路灯"的功能分析中,得出"只有当光线较暗且有人通过时,路灯才开启"的自动控制需求;能想到使用两种传感器的组合来实现相应功能;能理解光敏传感器将环境光照强度转化为电信号的原理;能理解各种传感器将行人特征信息转化为电信号的原理和优劣,并挑选出比较合适的人体红外传感器进行下一步操作;能画出自动控制路灯的程序逻辑图;能使用 Mixly 软件编写相应程序,并预设传感器的参数;能将下载模块、控制模块正确连接,并将程序编译后下载至控制模块;能将电源模块、控制模块、光敏传感器模块、人体红外感应模块、彩灯矩阵模块正确连接;能判断自动控制装置是否正常运转;能根据装置运行情况调整程序内传感器的参数,完成节能型走道路灯的自动控制装置;能对该自动控制装置进行评价,找出优缺点,并提出优化方案;能对其他实际情况进行自动控制需求分析,方案设计,并在后续课程中完成相关的自动控制装置。

第三节　物理实验教学的研究方向

当下,在新课程改革的推进下,高中物理中的实验教学占比逐渐提升,但仍存在一些问题,影响了教学质量和效率的进一步提高。[①]

一、物理实验教学中存在的问题

1. 学校层面

不同地区、不同学校实验教学的软硬件设施条件差异较大。

一些学校的实验设备存在老化的问题,实验室的管理也缺乏有效的监督。

一些学校只在争取示范性高中的过程中,会花费大量的资金用于物理实验室的建设,一旦通过示范性高中的考评之后,这些实验设备也不再使用,造成了物理实验资源的浪费。

2. 教师层面

实验操作是会占用一定的课时,有时因为学生的动手能力较差等原因会使得课时耗费很明显,进而使得掌控实验课的教学进度变得困难,教学任务无法完成。因此,在升学压力较大的背景下,教师自然对于实验教学不热心、不积极,开展物理教学时仍然主要依靠的是课堂上的讲解,再辅以习题训练。

另外,实验操作会有器材损耗。在日常教学过程中,因为学生操作不当造成的仪器损坏时有发生,人数越多,损耗越厉害。损耗发生后,要进行修复仪器、善后赔偿、教育学生等事宜,这些常被看作教学过程中的额外工作,在教学任务繁重的情况下,一些教师为了控制工作量,就会将原本教学过程中需要进行物理实验的部分变成教师演示实验,或者口头实验。

3. 学生层面

较长时间的应试学习也让很多学生在学习时较为被动,在做实验时只能机械性地重复教师的动作要求,缺乏对实验背后原理的理解,更谈不上科学探究以及自由发展了。

针对物理实验教学中存在的问题,一线教师和专家学者进行了大量的研

---

① 刘勇博. 高中物理实验教学的现状及对策[J]. 学周刊,2021(2):35-36.

究。通过对学术期刊等数据库、学术专著等资料进行搜索及调研，可以发现我国的物理实验教学研究从新中国建立至今一直在稳步前进中，而且各个阶段有着各自的特点。

二、物理实验教学研究的阶段性特征

按照李春密教授在《中学物理实验教学研究》一书中的划分，近 40 多年来，我国物理实验教学研究经历了三个明显的阶段。

第一阶段，整理阶段。1978—1989 年，广大物理教育工作者整理出版已有的研究成果，为一线教师提供丰富的实验素材，满足了基础教育阶段物理课程教学的需要。

第二阶段，本土化阶段。1990—2000 年，我国物理实验教育工作者针对中学物理教学实际开始了本土化研究，对实验的原理进行了细致分析。这些研究从理论上深入分析了物理实验的作用和功能，更深层次地剖析实验，解决了中学物理教师在教学中遇到的实际问题，起到了立竿见影的效果。

第三阶段，与国际接轨阶段。从 2000 年至今，我国开始了新一轮的基础教育课程改革，物理实验教学研究开始与国际接轨，探究式教学被引入物理教学中，实验教学与其融合在一起。

2014 年，教育部提出了深化课程改革的根本任务就是"立德树人"，并首次提出教育教学的首要任务是培养和发展学生的核心素养，而核心素养就是有助于学生适应终身发展和社会发展需要的能力品质。普通高中物理学科的核心素养也相应被提出，即包含"物理观念""科学思维""科学探究""科学态度与责任"四个方面。

以"核心素养"为篇名关键词，在中国知网搜索得到 14 871 条结果（数据截至 2019 年 3 月 15 日，以下同），发表时间为 1991—2019 年。

以"核心素养、物理"为篇名关键词，在中国知网搜索得到 723 条结果，这些文章都是在 2015 年以后发表的，与教育部指示发布的时间基本匹配。

以"物理实验"为篇名关键词，在中国知网搜索得到 13 796 条结果，发表时间为 1952—2019 年，说明对物理实验的研究一直在进行。

以"核心素养、物理实验"为篇名关键词，在中国知网搜索得到 232 条结果，这些文章都是在 2017 年以后发表的，说明基于核心素养的物理教学研究，开始聚焦物理实验。

三、核心素养导向下的物理实验教学研究

(一) 研究实验教学设计与实施的策略

这方面的内容较为丰富。例如：(1)高振伟在《基于核心素养的高中物理实验课教学策略研究》中指出改进实验教学,促进核心素养落实的策略。(2)戴国成在《基于核心素养的物理实验创新性探讨》中给出了物理实验培养物理学科核心素养的有效途径。(3)蒋东营在《基于核心素养的高中物理实验教学研究》中,从"学生实验""课后活动实验"等方面提出了培养学生物理学科核心素养的实验教学策略。

此外,还有很多学者是以某具体实验为载体,研究落实核心素养的教学设计。例如：彭明河在《基于核心素养提升的物理实验教学实践》中,以"用打点计时器测量速度与加速度"这一实验为例,探讨如何进行高效的物理教学。柴秀芹、王凤程的《基于核心素养的高中物理实验课教学——"验证机械能守恒定律"教学设计》则以具体的一节实验课为例,从问题解决能力、科学探究能力、动手操作能力等方面阐述科学素养的培养。

本课题组研究发现,若从核心素养的四个方面出发,可以将"应用物理实验培养学生物理学科核心素养的途径与策略"进行以下分类,见表 1-2。

表 1-2 物理学科核心素养培养途径与策略及示例

核心素养的四个方面	途径与策略	示例
物理观念	通过实验,注重知识迁移。 实验演化设计,形成物理观念素养	机械能守恒实验→守恒观念
科学思维	探析实验演变。 实验深度设计,提高科学思维素养	牛顿第二定律→合力的来源
科学探究	指明实验方向,确立实验规范。 实验自主设计,增强科学探究素养	牛顿第二定律→控制变量的研究方法
科学态度与责任	通过小组合作,提升学生的合作意识。 鼓励学生实验创新,培养创新能力。 实验对比设计,培养科学态度与责任	讨论牛顿第二定律→a 与 F 一直成正比吗?

现有的研究主要落在如何通过实验教学,加强核心素养的落实,但实验教学的案例不够规范统一,且缺乏系统性,对一线教学的指导价值偏低。

（二）研究物理实验的能力要素框架、行为表现及评价

有学者从物理实验教学框架的角度对中学物理实验进行了研究。例如,曹义才在《基于核心素养导向的中学物理实验教学表现评价》中提出了基于核心素养导向的物理实验教学基本框架,形成了基于核心素养导向的物理实验教学表现性评价具体内容。

本课题组研究发现,文章是作者在物理实验教学中开展表现性评价的实践和思考,是基于核心素养,针对物理实验教学的重新认识和理论组织。但理论探讨意义大于实践推广意义,推广时候,仍然有赖于教师个体认知素养的提高,没有解决全面铺开时候面临的问题。表现性评价,类似于对实验操作过程的评价,其重要意义是不言而喻的,早已在教育界基层和上层达成了共识。上海实行多年的实验操作考试就是最好的证明。

现有的实验能力发展框架或者实验能力检测量表多是单纯的文本或者表格形式的,不便于一线教师使用。因此,开发便于使用的可视化实验能力发展层级图是一个重要的研究方向。

（三）研究现代信息技术在实验开发和教学中的应用

以计算机和互联网为代表的现代信息技术早已走进中学物理教学实践之中,作为教学的辅助和支撑,如何发挥好信息技术的优势,改进高中物理实验教学,一线教师和学生对此也进行了很多研究。例如,杨大钧在《信息技术与高中物理实验教学融合的实践研究》中,探讨了信息技术与物理实验教学融合的优势、原则和方法,为实现两者的有机融合建构了理论框架。

目前,信息技术的优势已经得到了广泛认可。使用信息技术,可以提高物理实验的可视度、精确性,可以使得数据的计算与统计更加便捷,还可以为自主设计实验创造有利条件。

当然,信息技术的使用也存在着一些问题。一方面,信息技术对软硬件配备的要求较高,信息技术的使用存在着明显的地区差异。如何用有限的软硬件配备,实现更好的教学效果,如何解决现实和需求之间的差异,这也一直是一线教师思考的问题。另一方面,信息技术的快速发展也为教学中的问题提供了多

种解决方案。最新的一定是最好的吗？哪种解决方案是最优的？这一直是研究的热点。

因此，利用信息技术开发出能够打破时间壁垒、空间壁垒的全新的学习方式，是一个重要的研究方向。

（四）研究物理实验的育人功能与价值

物理实验的育人功能与价值一直是物理实验教学研究的一个重要方向。物理实验能够培育学生的观察能力、思维能力、探究能力、科学态度，这已经得到了教育界的广泛认可。但是以"核心素养培育"为准绳的物理实验教学研究，目前才刚刚起步。如何将现有实验进行拓展、整合，能否用现代信息技术、现代加工技术等手段，开发出成本低、质量高、可视性强、证据性强、能引起学生浓厚兴趣的实验，充分发挥物理实验的育人效能，将核心素养的几个方面有机统一，目前尚无系统化的专著论述。

第二章　高中物理实验能力发展框架构建

在如今的教育环境中,人们对物理实验的教育功能的认识有了新的发展。物理实验是进一步深化课程改革,融合多元育人方式,实现从知识与技能的掌握到核心素养培育转变的重要渠道。核心素养的提出促进了以能力发展为载体的物理实验教学新范式的形成。

《课标》对实验教学的要求始终围绕能力培养,并针对不同学习阶段提出了渐进式目标。实验能力发展框架是在实验育人价值转变后,促进教师实验教育观念变革,影响教师教学行为变化的重要内容。它既是一种研究成果,在大量的理论和实践研究基础上所形成的,描述学生实验能力发展的框架;它又是一种重要的工具,能在实际教学中帮助教师切实完成以物理实验能力培养为主线的实验教学,促进课堂的改革;它更是一个标志,展现以实验能力发展为目标的育人方式的变革。

第一节　物理实验能力的研究基础

一、物理实验能力的名词界定

物理学是一门以实验为基础的科学,在"双新"背景下,人们已经逐步将物理教学目标从知识与技能的培养转变成对学生核心素养的培育。物理学科核心素养包括正确的价值观、必备品格和关键能力,其中培养物理学科的关键能力,是许多教育研究者所关注的内容,它不仅应具有一般能力的共性,也应体现物理学科特点。所谓能力,在《教育大辞典》中定义为:顺利完成某种活动所需的个性心理特征。[①] 能力分为一般能力和特殊能力两类。一般能力是指完成各项活动所需具备的能力,其结构要素包含注意力、观察力、记忆力、想象力、思维

---

① 　顾明远.教育大辞典[M].增订合编本(下).上海:上海教育出版社,1998:1145.

力与操作能力;特殊能力指的是从事某种专业活动所必需的能力,如音乐能力,其结构要素包括曲调感、节奏感。①

在物理教学中,能力反映为个体在认识事物、探索知识和运用知识解决问题等系列活动中的本领,表现为影响活动效率的基本因素。实验能力属于特殊能力,是学生顺利完成实验所需具备的,与物理实验的基本特点、环节相对应,是学生在参与实验、解决实际问题、获得实验结论过程中所需调用的诸多简单能力的组合。

研究这类特殊能力,需要符合特殊能力的研究规则,也要有更多的实践意义。我们在建构物理实验能力时,主要从物理实验的定义、特征出发,基于理论与实践的文献研究结果,提炼物理实验能力要素,并观测研究学生的表现行为,按照一定依据将实验能力的表现进行拆解,从而最终建立物理实验能力的结构框架。值得再次强调的是,为了使基于实验能力的"教—学—评"一体化,同时加强物理实验能力的研究对教育的实际指导意义,提炼能力要素及拆解能力表现的依据必须以实践为导向。

二、理论及实践研究的文献概述

实验能力要素及实验能力发展框架并非是独创的,而是在前人研究的基础之上,借鉴、顺应、发展后的产物。

物理实验能力的概念由来已久,1929 年的《初级中学自然暂行课程标准》提出"养成观察、考察及实验的能力与习惯"的要求,这是我国物理课程纲领性文件中第一次出现"能力"及"实验能力"这些术语。1996 年又提出了加强能力培养的具体要求,包括观察能力、实验能力、思维能力、语言表达能力、数学运算能力、分析解决问题的能力。② 虽然有不少学者和教师关注并研究实验能力,但是由于依据和方法不同,对实验能力并未有明确的分类和对应的教学设计模型。

北京师范大学阎金铎教授是我国较早开始从理论上研究实验能力的专家,他认为物理实验的全过程包括三个相互影响和相互交叉的部分,即思维、操作、观察。因此实验教学的目的就是要培养学生的思维能力、观察能力和操作

---

① 顾明远.教育大辞典[M].增订合编本(下).上海:上海教育出版社,1998:1146.

② 国家教育委员会基础教育司.全日制普通高级中学物理教学大纲(供试验用)[J].学科教育,1996(8):15-35.

能力。

胡卫平(2001)构建了学生的科学思维能力框架,他认为科学思维能力是以科学知识为中介,具有稳定的、发展的结构,且为了表现思维能力的强弱,他采用深刻性、灵敏性、敏捷性、批判性和独创性五个品质来评价。[①] 思维能力的结构是由三个维度即思维内容、思维方法和思维品质相互依赖、相互促进所构成的有机体。李春密(2002)构建了实验操作能力结构框架,其结构包含三个维度,分别是过程、阶段和品质。其中过程又可分为问题解决、知识学习、仪器操作、装置选装,每一过程都有五个方面的表现形式(即能力品质),而根据学生的学习程度又可以分为四个能力阶段(定向、模仿、整合、熟练)[②],该能力阶段的分类与《上海市中学物理课程标准(试行稿)》中关于实验的学习水平界定相似,根据学生的学习程度递进,分为"初步学会""学会""设计"三个层次。

对物理实验能力的实践研究主要由一线教师完成,大致可分为两类。第一类是对物理实验能力的认识及其重要性研究,例如冯亚民、蔡萍莉认为应该结合新课程理念,培养学生物理实验能力的九个指标,即实验观察能力、基本操作能力、信息处理能力、实验设计能力、创新能力、投入的情感态度、意志毅力、合作能力、自我认知能力。[③] 第二类则通过教学经验对物理实验能力的提升给出了切实建议,如司绍正提出应该通过引导学生观察、提问和提高创新实践来提升学生的物理实验能力;[④]任林认为教学应转变教学理念,提升协作探究能力,开展自主实验,提升动手操作能力,进行课外探究,提升综合实践能力等。[⑤]

理论和经验研究对实验能力的认识基本达成一致。从实验前的设计,到实验中的操作和观察,再到实验数据的处理以及规律和结论的总结,都是物理实验能力的具体行为表现。

然而,理论研究所形成的结构明确、层次清晰的物理实验能力发展框架对实际教学和评价的指导作用却非常有限。一方面由于一线教师不容易理解框架中的概念和名词,另一方面由于框架与实际的学生行为和教学活动有较远的

① 胡卫平,罗来辉.论中学生科学思维能力的结构[J].学科教育,2001(2):27-31.
② 李春密.物理实验操作能力的结构模型初探[J].学科教育,2002(6):39-42.
③ 冯亚民,蔡萍莉.论新课标下学生物理实验能力的培养[J].物理教学探讨,2008(12):59-61.
④ 司绍正.提升实验能力 培养创新素质[J].中学物理,2013(5):24-25.
⑤ 任林.以"欣赏性探究"提升初中生物理实验能力[J].湖南中学物理,2015(7):50-51.

距离,未能具备较强的可操作性,因此难以落实和推广。而经验研究中则缺少对实验能力的清晰定位和模型建构,这一方面导致形成的策略缺乏系统性,另一方面也是实验教学评价研究相对薄弱的原因。因此,探索构建实践导向的实验能力发展框架是改进物理实验教学,推进"双新"落地的重要举措。

三、物理实验能力与核心素养

物理实验是落实核心素养的有效手段和方法,物理实验能力是核心素养所指的关键能力中的一个组成部分,在构建实验能力发展框架前须先明确物理实验能力是如何指向学科核心素养的,其与核心素养的四个组成部分的落实有着怎样的关系。

1. 实验能力和物理观念

物理观念既是实验能力的基础与保障,又与实验能力相互促进发展。一方面,如果学生接受的物理概念和规律是零碎的,那就无法建立起事物间的关联,也难以完整清晰地掌握认知世界的手段,如通过实验探索未知,因此只有建立起正确的物理观念,人们才可以借此进一步去提升基本能力和综合能力,其中也包括关键的实验能力。另一方面,实验能力的提升也有助于物理观念的发展,实验是收集更多感性材料并提升到理性认知的过程,学生能否从实验中有效提取和建构关键概念和规律,这取决于学生完成实验的品质,也就是学生的实验能力。

2. 实验能力和科学思维

科学思维是实验能力的核心,提升物理实验能力的过程是提升科学思维的有效途径。如果说物理观念是从认知结果的角度对物理学科核心素养进行描述,科学思维则是从认知方法的角度对学生的关键能力作出说明。简单来说,科学思维就是人脑对信息加工的过程,凡是需要人脑对信息加工的过程,都需要科学思维的体现。模型建构能帮助学生抓住关键要素,形成系统思维,是一种认识事物、处理情境的手段和思维方式。科学推理和科学论证是科学活动中涉及的高级思维过程,科学推理指的是运用科学方法,分析、解决问题的能力,科学论证主要体现为面对问题,能根据资料提出观点,反思不足和反驳质疑的能力。物理实验的过程就是一次复杂的信息加工和处理过程,它是人类对自然现象探索和发现的过程,因此科学思维出现在物理实验的各个环节中,如问题提出、方案制订、数据处理、搭建装置、得出结论等。因此,科学思维是学生诸多能力的核心,主要表现为策略性、灵活性和思辨性。例如,有研究者认为在观察中,实验者可以在初步观察的基础上,根据一定原则选择出重点考察对象,并对物理现象有方法和步骤地进行跟踪和记录,这体现了实验者的策略性;①在制订实验方案时,实验者在应对同一问题时可以提出多种方案,并能从多种角度呈现实验数据,这体现了实验者的灵活性;在操作能力要素中,若实验者能够感知异常的实验数据,并排除实验故障,这体现了实验者的思辨性。

3. 实验能力和科学探究

科学探究既是一种学习手段,又是一种必备能力②。核心素养中的科学探究被分为问题、证据、解释、交流四个方面,这是以实验或探究的必要过程来划分的,且在这四个方面的学业质量水平描述时也根据这些关键过程的具体行为表现来衡量能力水平的高低。因此,为了保持与核心素养的一致,同时突出实验能力的实践价值,在构建物理实验能力发展框架时也将参照科学探究的划分方式,但同时还要辨析物理实验与科学探究的不同之处。首先,物理实验和科学探究在活动的主体上存在不同,科学探究更偏向于一种学习方式,强调学生主动建构知识、探索未知,而物理实验则根据实验者的不同,分为学生实验和演示实验,其中演示实验由教师完成实验过程,学生收集感性素材,了解实验过程。其次,两者的范畴也不相同,科学探究除了实验探究外,还包括理论探究,两者所探究的结论是未知的和不确定的,而按照实验目的不同,高中阶段的学生实验可以分为探究性实验、验证性实验、测量性实验和制作性实验,验证性和测量性实验均是在明确实验目的和实验结果前提下进行的实验,主要用于加深对概念和规律的认知,强化学生的操作能力。最后,两者的步骤不完全相同,科学探究有一定的活动程序或阶段,通常从问题的提出和发现开始,通过形成假设和方案设计来探索未知,而物理实验则根据不同类型,不一定具备问题的提出和形成假设环节,有的时候实验的过程和步骤也是已知的。综上所述,科学探究拥有更广的范畴,但物理实验也应包含科学探究的四个方面,由于物理实验的种类不同,有时会强调突出问题、证据、解释、交流的不同方面,还因为物理

①　胡荣盛.发掘实验教学功能 促进核心素养落地[J].中学物理教学参考,2019(10):84-85.
②　廖伯琴.普通高中物理课程标准(2017年版)解读[M].北京:高等教育出版社,2018:53.

实验的特殊性,会关注学生的操作能力等。因此,物理实验能力是以科学探究能力为蓝本,加入了实验的实践能力,强调实验者对实验器材操作的熟练性、规范性等,以此突出实验能力作为特殊能力的属性。

4. 实验能力和科学责任与态度

科学本质、态度与社会责任并非能力,以科学本质为例,它是现代社会公民应具备的科学素养的要求。[①] 与物理观念相类似,科学责任与态度也是影响学生物理实验能力要素的内在因素,它们之间存在着相辅相成的关系。首先,科学责任与态度影响实验的开展及能力的提升。学生的科学精神与对科学的认知,直接影响学生对待探索世界的态度与行动,因此学生能否积极主动地开展实验,实事求是地对待数据,通过实验切实提升实验能力,取决于科学责任与态度的形成。其次,实验教学能够提升科学责任与态度。在实验教学中,学生除了能通过设计实验、收集和分析实验数据等自主活动来提高实验能力,也会接触到小组合作、误差分析等问题,教师如果能适时让学生在误差分析时养成实事求是的科学态度,在相互配合中发扬合作精神,在收集、处理实验信息中培养严谨的科学态度和科学精神等,也能够促进科学责任与态度的提升。综上所述,学生通过实验能够锻炼意志,提升科学品格,养成良好的作风习惯。实验能力的提升有助于科学责任与态度的培育,而科学责任与态度的提升也能对实验教学产生积极影响。

第二节　物理实验能力发展框架的构建过程

一、物理实验能力的基本框架

借助《课标》学业质量水平的蓝图,通过把握实验能力的理论研究及实践研究结果,结合物理实验的必要步骤和关键表现,最终构建出由 10 个能力要素、3 个质量指标及 4 个行为表现层级等构成的实验能力发展框架,图 2-1 为其结构示意。"设计""操作""观测""论证"4 个方面是在原有理论研究的基础上对核心素养中方案设计、实验操作、分析论证、交流表达能力培养的呼应,10 个能力要

---

① 郭玉英,苏明义.新版课程标准解析与教学指导:高中物理[M].北京:北京师范大学出版社,2018:14.

素覆盖高中物理全部学生必做实验类型。

　　学生实验能力是发展和内隐的。为了提升成果的实践价值,特地引入了分层的学生(外显)行为表现来反映实验能力的高低,并以基于核心素养提炼的质量指标来体现学生行为表现背后所反映的实验能力品质。质量指标由"自主""评价""合作"3 个指标共同组成,其中"自主"是指学生在完成实验时显现出的独立性、独创性;"评价"是

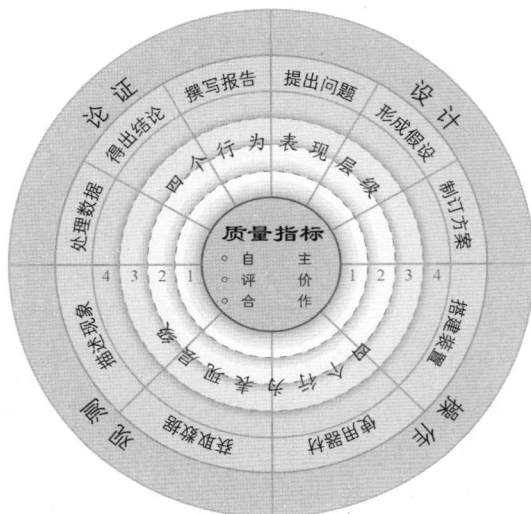

实验能力要素·指标·层级图
图 2-1

指学生在实验中体现出对他人及自我成果的评价、反思与改进;"合作"是指学生在实验中体现的交流与合作,能主动与他人沟通、分享成果等方面的表现。每个指标有 3 个逐渐提升的水平划分,如表 2-1 所示。

表 2-1　实验能力评价的质量指标及其水平

各级水平	质量指标		
	自主	评价	合作
水平 1	能理解或者完成教师给定的实验内容、过程	能对自己或他人的实验过程有基本的比较和判断	能在教师创设的交流活动中,完成与他人的简单沟通
水平 2	能在教师或者同伴的帮助下,理解实验内容或完成实验过程	能理解他人的表述,对自己或他人的实验过程、结论进行简单评价	能有主动交流的意识,懂得协作的重要性,能在实验中尝试与他人进行有意义的沟通

（续表）

各级水平	质量指标		
	自主	评价	合作
水平 3	能独立完成实验中的某项任务或对实验的某方面有独创性的认识	能在实验中反思和总结，改进不足，能合理、客观地评价自己和他人	能主动寻求与他人交流、协作的机会，能在交流中顺畅表达自己观点，倾听他人观点，体现对他人的尊重

以质量指标为维度，由其 3 个指标综合决定学生行为表现的不同层级，随着质量指标的水平不断提升，行为表现层级也不断提升。同时各能力要素的行为表现，还体现了学生在各实验环节的物理行为特征，如"提出问题"是指学生能否在实验中基于现象提出与之关联的物理因素、提炼出可用实验研究的物理问题并明确实验任务和目标等，为此，"提出问题"能力的（外显）行为表现可从针对性、合理性方面进行描述。以此类推，"形成假设"可从合理性、逻辑性方面加以描述；"制订方案"中原理与方法的选择可从正确性和可行性方面进行描述，器材选择与步骤制订可从适用性和完整性方面进行描述，记录与处理数据可从预见性和合理性方面进行描述；"搭建装置"可从搭建过程的规范性和排除故障的预判性方面进行描述；"使用器材"可从操作过程的规范性和熟练度方面进行描述；"获取数据"中获取数据可从准确性和全面性方面进行描述，记录数据则可从规范性方面进行描述；"描述现象"可从表述的完整性、流畅性以及结果的完整性和科学性方面进行描述；"处理数据"可从过程的熟练度、灵活性以及结果的准确性和完整性方面进行描述；"得出结论"可从准确性、全面性和严谨性等方面进行描述；"撰写报告"则可从报告内容的完整性、规范性以及语言使用的科学性角度进行描述。

在实验能力发展框架的结构基础上，通过对学生行为表现的案例分析，得到了更为具体的包含物理行为特征、3 个质量指标和 4 个层级水平的物理实验能力发展框架内容，如表 2 - 2 所示。

表2-2　物理实验能力发展框架

实验能力		实验能力行为表现水平			
方面	要素	水平1	水平2	水平3	水平4
设计	提出问题	能基于现象,理解给定的、可用实验研究的物理问题,知晓实验任务,有主动交流的意识	能基于现象提出与之关联的物理因素,提出可用实验研究的物理问题,且能用对应的物理量表述,认识实验任务,能主动与他人交流	能基于现象提出与之关联的物理因素,形成可用实验研究的物理问题,且能用对应的、可实验测量的物理量表述,明白实验任务和目标,能在交流中尊重他人	能基于现象提出与之关联的物理因素,提炼出可用实验研究的物理问题,且能用对应的、可实验测量的物理量表述,并能在交流中判断物理量的适切性,明确实验任务和目标
	形成假设	能在他人指导下预测各物理量之间存在关系	能在他人指导下预测各物理量之间的关系,能对多因素问题运用控制变量的思想,能有主动交流的意识	能依据已有知识和经验,能准确运用控制变量的思想对多因素问题中各物理量的关系进行预测,且能意识到预测的多种可能性,能主动与他人交流	能依据已有知识和经验,准确运用控制变量的思想对多因素问题中各物理量的关系作出多种预测,能意识到预测存在的不确定性,能在合作中提出观点,改进不足
	制订方案	能在他人指导下理解已有方案	能在他人指导下,理解已有方案,比较方案中的原理与方法、步骤与器材、记录与处理,并作出选择	能在他人指导下,提出科学、可行的实验原理和方法,能选择合适的器材并制订完整的实验步骤,能选择合理的方法记录及处理数据,能改进已有方案,有主动交流的意识	能提出科学、可行的实验原理和方法,选择合适的器材,制订完整准确的实验步骤,能对数据作出预判,并据此选择合理的方法记录及处理数据,能改进已有方案,并主动交流

（续表）

实验能力		实验能力行为表现水平			
操作	搭建装置	能在他人指导下,搭建实验装置	能将已部分搭建的装置补充完整,有合作意识;能判断装置是否存在故障,有主动与他人交流的意识	能依据方案合作搭建规范的装置;能大致确定故障的位置,并主动交流	能依据方案协作搭建规范的装置;能充分考虑他人的意见,共同排除装置的故障
	使用器材	能在他人指导下规范地使用指定的器材;能认识到误差是不可避免的	能规范地使用指定器材,有合作的意识,但操作过程中出现明显的停顿;能认识到减小误差的重要性	能依据方案选择规格合适的基本器材;能规范、流畅地使用指定器材,能与他人交流使用过程;能分析误差的来源并分享	能依据方案选择规格合适的基本器材;能使用说明书,学会规范、流畅地使用新器材,能在使用器材中,尊重他人的意见;能设法减小实验误差
观测	获取数据	能在他人指导下观察现象,或测量数据,并记录	能观察到部分现象,或测量到部分数据,并记录,有合作的意识	能较为全面地观察到现象,或测量到可靠的数据,并设计表格记录,能主动与他人合作	能全面地观察现象,或测量到充分、可靠的数据,并通过合适的方式记录,能主动寻求合作,并尊重他人;能在实验过程中对表格做必要的调整
	描述现象	能用词或短句描述观测结果,且在他人指导下用科学术语表达	能用准确的科学术语描述观测结果,并在他人指导下将描述补充完整,能有主动与他人交流的意识	能用准确的科学术语完整地描述观测结果,并主动与他人交流	能用准确的科学术语完整地描述观测结果,并且能在与他人的沟通协作中,客观地评价他人的表达结果

（续表）

实验能力		实验能力行为表现水平			
论证	处理数据	能对数据进行初步整理，并懂得主动交流	能用指定的方法处理简单的数据，得到较为准确的结果，能主动寻求合作或交流	能选择合理的方法处理较为复杂的数据，得到准确的结果	能使用不同的方法，准确地处理复杂的数据，并比较结果的差异
	得出结论	能区分他人结论中的事实、观点和推论	能用简单的证据形成初步结论；能比较自己和他人结果的异同，能有主动交流的意识	能根据证据得出合理的结论，并交流论证过程，但论证过程不充分；能对自己或他人的结论作出简单的评价，并主动与他人交流	能根据证据，在交流中通过充分的论证形成合理的结论；能在交流中对自己或他人的结论作出全面评价
	撰写报告	知道实验报告的基本结构；能理解给定的实验报告，并有与他人主动交流的意识	能将给定的实验报告中缺少的部分补充完整，并主动与他人交流	能用科学的语言撰写完整的实验报告，并尊重他人的交流过程	能用科学的语言撰写完整、规范的实验报告；能通过交流对他人的实验报告作出合理评价

二、物理实验能力发展框架的设计理念及原则

　　物理实验能力发展框架的制订是为了解决实验教学中所暴露的实际问题，更是为了系统、全面地开展实验教学，并通过实验教学关注学生的能力发展，进一步落实核心素养。该框架是通过调研教师实际需求，参照专家研究结果，解析核心素养内涵，评估学生表现特征，考量实验必要环节等，构建出的完整、实用、科学的工具；其设计定位贴近实际教学，符合学生基本情况，能"解码"物理实验教学，全面培养学生实验能力，深化教育改革，丰富育人方式。对教师而言，该框架既能有助于制订实验教学目标，指导实验教学活动的组织，设计实验

教学评价，开发实验课程等，还能从整体性、发展性和协调性上对教师的实验教学能力提升有所帮助。

基于以上的设计理念，物理实验能力发展框架的构建本着实践性、前瞻性、全面性、发展性的基本原则，具体如下：

实践性原则。实验能力发展框架应服务一线教师的教学工作，指导学生开展实验，因此其必须有很强的可操作性。首先，在构建实验能力发展框架前，须了解教师的需求，包括教师对核心素养内涵的理解、教师的实验教学观、实际教学时的困难及疑惑等；其次，还应该把握学生的发展性特征，了解学生的初始状态、行为特征、问题处理时的共性及个性等问题；再次，为了提高实验能力发展框架的可操作性，同时考虑到实验过程中同一实验环节所采用的思维模式、应用的技能、调用的感官等要具有高度的统一性，所以实验要素均由实验的必要环节组成；最后，能力要素的各水平层级也均以外显的，能够对被考查的学生行为进行描述。10 个实验能力要素的设定、水平层级的划分及行为表现的描述均参照核心素养中科学探究能力及学业质量水平，并与学业质量的描述保持一致。

前瞻性原则。实验能力发展框架的构建必须走在教育改革的前沿，解决教育中出现的新问题，这需要充分研究和把握新的教育改革趋势。2017 年新课标提出物理学科核心素养，指明物理教学须提升学生的必备品格和关键能力；2019 年《关于新时代推进普通高中育人方式改革的指导意见》指出，"深化课堂教学改革……认真开展验证性实验和探究性实验教学……"；2019 年《关于加强和改进中小学实验教学的意见》提出，"完善实验教学体系……提高教师实验教学能力……"。近年来，多份重要文件均指出在新的教育实践中物理实验教学必将面临重大的改革，变革育人方式、重视能力培养、完善评价机制、丰富实验体验、创新课堂形式等都将成为实验教学改革的新趋势。在这一重要契机下，实验能力发展框架就是以核心素养为蓝本，以科学探究能力为依据，以学业质量评价为参考，构建起的重要评价工具。它关注学生实验能力的发展，促进教师形成新的实验教学观，在"双新"背景下利用这一框架对物理实验进行"解码"，将有助于推动教学方式的变革，真正实现"教—学—评"一体化，有助于在物理教学中实现五育融合。可以说，物理实验能力发展框架的构建走在了物理实验教学变革的最前沿。

全面性原则。实验能力发展框架的全面性须表现在,它既适用于所有种类的实验评价,又能对学生一般性实验能力进行描述。与科学探究不同,实验的分类较多,不同实验的侧重点各不相同,如探究性实验重视问题的提出、方案设计等环节;演示实验则更加看重现象的观察及描述。假如实验能力发展框架中的要素及指标无法覆盖各种类型实验的所有环节,实验能力结构将出现缺损,不但对学生的实验能力描述会过于片面,也无法体现学生实验能力发展的连贯性,因此实验能力框架设计之初就需要对所有类型实验的必要环节进行评估,实验能力发展框架的能力要素应尽量覆盖实验的所有必要环节。另外,物理实验不仅只存在于课堂上,同样实验能力发展框架也应能延伸到一般性实验类问题的解决中,所以对同一个能力要素不同层级的学生行为描述需要全面而准确,为此在设定之初,我们不仅观察了丰富的教学场景(常规课、公开课、比赛课等),也结合研究了不少学生在参与开放性实验时所表现出来的行为特征,如国际青年物理学家竞赛、全国高中物理竞赛(操作类考试)等。需要强调的是,实验能力发展框架中的 4 级行为表现可以描述学生的一般性实验能力,但须与学业质量水平中的 4 个水平一一匹配。

发展性原则。实验能力发展框架的发展性不仅体现在其行为表现能反映学生成长发展的实际情况,同时还应体现在使用者能将其作为工具对教学的再创造上。在反映学生的成长方面,首先,随着学生能力的发展,他们在解决同一问题时,完成的质量将越来越高,因此在构建能力发展框架时除了使用层级描述学生的能力提升与发展外,还需要加入某些重要的物理行为特征,用以表现学生在该实验能力要素上的行为要求及发展方向;其次,随着学生实验能力的提升,学生需要从外界获取的支持越来越少,对实验过程的反思与评价更加深刻和客观,也表现出与他人合作的意识与合适的行为,因此加入质量指标是符合实验能力发展的实际情况。在再创造方面,实验能力发展框架应被视为教研工具,因此在设计时对其实践性、前瞻性、全面性等方面的考量均是希望能力发展框架能被教师深度学习、全面实践、广泛应用,并最终获得更多的"解码"实验,成为教师成长的重要资源,同时也能从实验课程的视角出发,培养学生的实验能力,落实核心素养的培育。

三、物理实验能力发展框架构建过程

根据以上的实验能力发展框架构建原则,实验能力发展框架的构建过程主要分为以下几个环节：

1. 基于理论研究，明确实验的定义

在构建实验能力发展框架前，需要先通过理论研究，明确物理实验的定义。对于实验定义的梳理，能明确物理实验的边界，尤其是与一般性科学探究间的差别，这有助于划定实验能力发展框架的范畴。

在本书第一章中（见 P.2）给出了关于物理实验的定义。对于这一定义，需要强调两点：(1)物理实验开始于自然观察之后，人们有目的地提出可供研究的问题，这表明物理实验起始于问题的提出，但是这并不表示观察不包括在实验的过程中，基于一定目的和手段开展的观察是获取数据的一种手段，仍然是实验中的重要部分；(2)与理论探究不同，物理实验的过程非常重视利用仪器控制或模拟现象，因此对于器材的选择和使用也应该成为物理实验能力的范畴。

2. 基于实验定义，梳理实验的环节

我们在实验能力发展框架的设计原则中提到过，实验能力发展框架必须具有实践价值，因此要参照核心素养中科学探究的学业质量水平，从具体的学生实验行为出发，即以学生经历的实验环节作为最重要的实验能力要素。物理实验的一般性步骤包括提出物理问题、形成猜想和假设、设计实验与制订方案、获取和处理数据、基于证据得出结论、作出解释等。

探究性实验、验证性实验、测量性实验和制作性实验等不同类型的实验，在环节（或步骤）上既有共通之处，也有各自偏重，如验证性实验的重点在方案设计、获取数据、分析论证等方面，观察性实验则以观察现象、描述分析、形成结论为主要环节，制作性实验则更多偏重方案设计、器材使用、成果展示等。

在梳理实验文本（包括不同类型的实验以及实验能力的研究基础）和咨询专业教师的意见后，我们罗列出了高中物理实验包含的 10 个环节，依次是：提出问题、形成假设、制订方案、搭建装置、使用器材、获取数据、描述现象、处理数据、得出结论、撰写报告。

3. 基于实验环节，提炼实验能力要素

梳理完物理实验的 10 个环节，我们进一步明确了每个环节所对应的实验过程。其中，"提出问题"指的是明确实验所需要解决的问题，即在自然观察之后，将一般性问题或物理现象抽象、概括成可供研究的物理问题并明确涉及的物理量；"形成假设"指的是依据已学的物理概念和规律，猜测问题中涉及的物理量间可能的关系；"制订方案"指的是根据已学概念及规律,结合需要研究的问题,明确实验原理、确定实验方法、选择实验器材、规划实验步骤等；"搭建装置"主要针对器材的组装,如连接电路,搭建轨道等；"使用器材"主要针对单个器材,包括器材的规格选择与使用,以及在使用过程中减小误差,虽然在"制订方案"时已经确定了器材的基本要求,但是在开始实验时,仍然应该根据具体的情境确定器材的规格等；"获取数据"包括现象观察、数据采集和数据记录；"描述现象"常纳入"得出结论"中,此处单列是为了突出演示实验和学生实验中现象观察后的定性或半定量描述,是对学生科学表述能力不足的回应；"处理数据"包括数据处理方法的选择与使用；"得出结论"指的是运用证据得出实验结论；"撰写报告"体现学生对整个实验的认识。上述提及的高中物理实验 10 个环节包含了不同类型实验的共性与特点,并不是所有的实验都必须经历这些环节。同时,对这些环节的准确定义也为后续进一步确认学生的行为表现特征奠定了基础。

在此基础上,我们将 10 个实验环节确立为实验能力要素,并将其归纳成 4 个方面,分别是"设计""操作""观测""论证"。其中,"提出问题""形成假设""制订方案"对应"设计","搭建装置""使用器材"对应"操作","获取数据""描述现象"对应"观测","处理数据""得出结论""撰写报告"对应"论证",这 4 个方面是在原有理论研究的基础上对核心素养中方案设计、实验操作、分析论证、交流表达能力培养的呼应。以上的 10 个能力要素覆盖了不同类型实验的共性与特点,虽然并不是所有的实验都能在这些能力要素上有所体现,但是框架的完整性是其能够全面反映学生实验能力的保障。

4. 设立行为特征及质量指标,划分能力表现层次

在确定了能力要素后,就需要设定其水平层级。为了能使实验能力发展框架的水平层级更贴近《课标》的学业质量水平,实验能力发展框架共设 4 个层级,分别对应学业质量水平中的水平 1 至水平 4;每一层级均从学生在该环节中应有的物理行为特征出发,结合 3 个质量指标,即自主、评价、合作进行行为表现的描述。

物理行为特征指的是,结合各环节的具体内容,学生在每个环节的实验行为应指向的要求和目标。在较低的水平层级中,学生的行为表现对该要求的达成度越低,随着学生实验能力的发展,学生的行为会越来越接近要求。因此框

架中的学生行为表现的基本内容是围绕着行为特征的达成度而逐步提升的。例如,"形成假设"是指学生能否在进行实验之前,根据已有的知识、经验和理论对研究现象或问题提出的一种可能的解释或预测,为此,"形成假设"能力的(外显)行为表现可从合理性、逻辑性方面加以描述。前文已有关于所有实验能力要素行为特征的描述,此处不再赘述。

质量指标是基于核心素养提炼而出的,体现学生行为表现背后所反映的实验能力品质。它由"自主""评价""合作"三个指标组成,其中,"自主"是指学生在完成实验时显现出的独立性、独创性;"评价"是指学生在实验中体现出对他人及自我成果的评价、反思与改进;"合作"是指学生在实验中体现的交流与合作,能主动与他人沟通、分享成果等方面的表现。这 3 个指标又各分 3 个水平层次,它们共同决定了框架中不同层级学生的行为表现,随着质量指标的不断提升,层级也不断提升。

例如,在实验能力发展框架中对"制订方案"的描述从水平 1 到水平 4 分别是:"能在他人指导下理解已有方案",到"……比较方案中的原理与方法、步骤与器材、记录与处理,并作出选择",再到"能在他人指导下……",最后到"能提出科学、可行的实验原理和方法,选择合适的器材,制订完整准确的实验步骤……"。由此可见,"自主"这一质量指标随着水平层级的发展也不断提升,并体现在学生行为中。

综上,物理行为特征和 3 个质量指标建立起遵循课标、层次分明、重点突出、富有实践价值的物理实验能力发展框架结构。

第三节　物理实验能力发展框架的应用及意义

一、物理实验能力发展框架能"解码"实验教学，转变教师的教学行为

　　实验能力发展框架给了教师一个以培养学生实验能力发展为抓手的教学设计模式，使用实验能力发展框架可以对物理实验教学进行"解码"，从关注能力发展进阶性的角度解读实验教学。利用实验能力发展框架，教师可以在实验教学目标的制订中关注实验能力的发展，在实验教学中落实能力的培育，在评价反馈中关注学生能力的提升，因此可以说实验能力发展框架是一个具有实践价值和教育意义的研究工具。教师使用实验能力发展框架不仅能对自身的实验教学行为产生影响，也能从真正意义上落实学生核心素养的培育。

　　后面几章内容就是利用实验能力发展框架对教材中的学生必做实验进行"解码"，从能力提升的角度重新解析实验教学的目标、过程、策略、环境、评价等。值得注意的是，教材中所规定的学生必做实验的实验方案一般是确定的，甚至是唯一的，实验器材是规定的、专用的，但是这并不表示教学的目标仅被设定为技能的掌握，教学的过程是告知学生实验步骤和要求，学习的评价是依据学生的实验结果（数据）。面对开放度很低的学生必做实验，实验能力发展框架会指导教师在目标设定时深挖由实验类型、实验功能所决定的能力发展侧重点，在教学实施中让学生体会、经历方案的设计过程，比较和选择合适的器材等，在作业设置中增加梯度性问题（如控制已知条件，建立结构不良问题等），观察学生的解答过程，从而评价学生的能力发展。对于更加开放的学期活动，教师也可以根据实验能力发展框架编制学生自评、互评表格，关注过程性评价。有研究表明，在项目式学习中，将优秀的项目成果或者评价标准展现给学生，能提升学生学习的有效性，也能提升学生的学习效率。借助这几章对实验教学的"解码"，实验能力发展框架将更加富有生命力，教师将通过阅读学会使用、体会用意、感悟方法，开发更多的"解码"实验，从而使实验能力发展框架从真正意义上改变教师的教学行为，促进实验教学范式的形成。

二、物理实验能力发展框架能"可视"实验教学,形成实验的课程体系

实验能力发展框架不仅可以从观念上改变教师的教学行为,还能真正帮助教师形成系统的、符合能力发展水平实际的实验课程体系。利用实验能力发展框架可以设计出一套可视化的能力发展层级图,使每个实验教学的能力目标和着重培养目标清晰可见,并成为实验教学的"标签"。以"测量电源电动势及内阻"实验为例,其实验能力发展层级如图 2-2 所示,图中浅色部分为学生已经具备的水平,深色部分为本实验重点培养的能力及应该达到的水平,即课程教学后学生应该具备的实验能力水平。在该实验中,运用间接测量法和伏安法设计实验方案、减小实验误差、运用图像法处理数据是重点,因此"制订方案""搭建装置""处理数据"为水平 3,且为着重培养的目标。

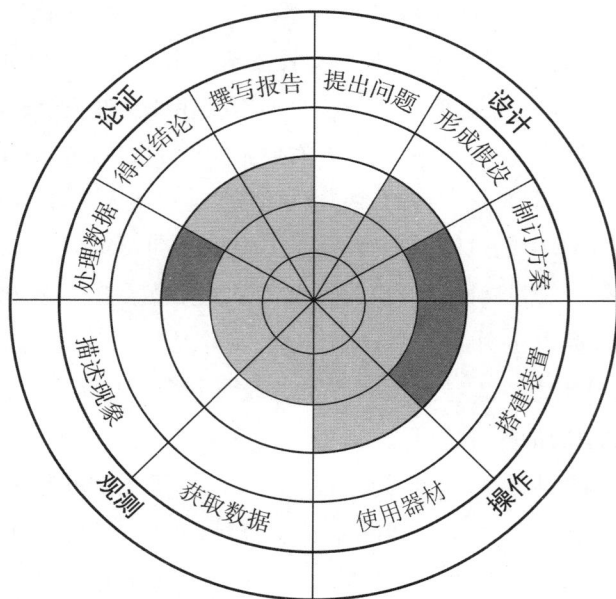

"测量电源的电动势和内阻"的实验能力发展层级图

图 2-2

基于物理实验能力发展框架的目标可视化不仅有利于单个实验教学目标的明确,还有利于对高中物理实验教学进行整体设计。通过为每个实验设置"标签",可以平衡单个实验中着重培养的目标数量,有效提升课堂教学的针对性,同

时还能规划某一能力跨单元、跨学年的连续培养,如"撰写报告"在前期实验中更多以填空的方式完成,强调某一部分的规范性和语言科学性,而随着学习的深入,不断减少支持,最终实现学生自主完成一份完整、规范、科学的报告。从单元教学、学期教学的角度来看,实验能力应该呈现全覆盖和进阶提升两大特点,即学生通过实验学习后,全方位的实验能力都应得到培养,教师也可以根据学生的年龄特点、能力发展情况设计符合学生实际的实验课程,真正使实验教学自成体系。

总之,教师可以借助实验能力发展框架,通过审视高中阶段的全部实验,形成发展性的实验能力系列,从而设计出学生实验能力图谱,为学生实验能力的系统培养奠定基础。

三、物理实验能力发展框架能"多元评价"学生,促进学生的个体发展

在实验能力发展框架指导教师教学行为从观念及做法上发生转变后,实验能力发展框架的最终目标是通过"教—学—评"一体化,实现学生的个体发展,落实核心素养培育。而最终目标的达成离不开使用实验能力发展框架对学生的实验能力进行评价。

关于学生实验学习的评价方式有三类,分别是校内检测学习结果的各项考试、与升学挂钩的学业水平考试和实验操作考试。前两者均属于纸笔测试,后者属于实践操作类检测,这三者均与课堂内的实验教学紧密联系,考查学生对已学实验的掌握程度及操作的熟练程度。而实验能力发展框架则可在此基础上提供过程性评价,教师可以依据能力框架设置行为表现评价表,在课堂教学的过程中,教师、学生、学伴可以通过判断行为所对应的水平等级及时进行他评和自评,帮助教师判断学生的现有学习情况。教学完成后,教师还可以依据能力框架设置不同难度层级的检测问题,通过结果评价了解教学目标的达成程度,从而丰富评价依据。

在面对拓展性实验(或者学期活动)时,实验能力发展框架可以检测学生的一般性实验能力,以水平指标和水平表述为依据,形成具有可操作性的评价表。例如,在"处理数据"中,数据复杂度可以通过所研究物理量的数量、所测量数据的数量等指标进一步量化,而且考虑到能力评价的模糊性特征,教师可以在符合学生行为表现的层级上通过赋分制的方式进一步区分学生的表现。

第三章 测量与观察性实验解析

第一节 测量与观察性实验的特点

一、测量与观察的含义

1. 测量的含义

测量是常用的实验方法。建筑构建、矿石开采、工程施工等诸多方面都需要用到测量的知识与技术。科技发展到今天，测量学已经发展成为门类众多的科学，例如，工程测量、医学测量、心理测量等。

广义上讲，测量是按照某种规律，使用特定的仪器或方法，用数据来描述观察到的现象，即对事物做出量化描述的过程。

本书中的测量主要聚焦于物理量的测量，是将待测物理量与选作计量标准的同类物理量进行比较并求出其比值的过程。比值的倍数值，为待测物理量的数值，选作计量标准的物理量称为单位。[①]

物理量的具体测量方法称为物理测量方法。物理测量方法是以物理理论为依据，以实验技术为手段，以实验装置为工具进行科学研究，取得所需结果的方法。[②]

2. 观察的含义和特点

观察是最基本、最古老、最直接的科学方法，也是当今科学研究最常用的方法。

心理学中，观察是有目的、有计划、有思维活动参与的、比较持久的主动感知过程。观察是感知觉的高级形态，是人主动获得感性认识的重要途径。[③] 观

---

① 李春密.中学物理实验教学研究[M].北京:北京师范大学出版社,2018:27-60.

② 同上.

③ 成云.教育心理学[M].成都:西南财经大学出版社,2020:70-85.

察既具有和知觉一样的对当前事物反映的直观性,又具有比一般知觉更大的理解性,观察过程需要有思维的参与。

张宪魁在《物理学方法论》中指出,观察是人们对自然现象,在自然发生的条件下进行考察的一种方法,人类探索自然、利用自然的一切实践活动都离不开观察方法;自然科学研究中的观察方法又称为科学观察。[1]

物理观察作为观察的一种,既具有观察的一般特点,又有着明显的学科特色。物理观察的对象一般是物理现象或过程、事物的物理结构等。物理观察的基础是物理理论,观察活动需要在物理理论的指导下展开。

观察是物理学习的起点,学生的物理观察能力也是物理学习能力的构成之一。任何一个物理实验,都离不开科学细致的观察。在高中物理各种类型的实验中,演示实验是培养学生观察能力的重要载体。

在《课标》中,学生必做的观察性实验只有 1 个,即"观察电容器的充、放电现象"实验。由于测量实验都是在观察基础上开展的,高中物理测量性实验涵盖了观察实验的主要特点,所以本书以测量性实验的特点为主展开讨论。

二、测量性实验的主要类型

根据不同的标准,中学物理测量性实验可以划分为不同类型。

1. 按物理学科分支分类

按待测物理量所属的学科分支,物理测量性实验可以分为力学量测量实验、电磁学量测量实验、光学量测量实验、热学量测量实验等。《课标》中涉及的各类型测量实验主要如表 3-1 所示。

表 3-1　《课标》中涉及的各类型测量实验

物理学科分支	实验名称
力学量测量实验	测量做直线运动物体的瞬时速度
	长度的测量及其测量工具的选用
	用单摆测量重力加速度的大小

---

① 张宪魁,李晓林,阴瑞华.物理学方法论[M].杭州:浙江教育出版社,2007:33.

（续表）

物理学科分支	实验名称
电磁学量测量实验	测量金属丝的电阻率
	测量电源的电动势和内阻
	用多用电表测量电学中的物理量
	利用电流天平等简易装置测量安培力
光学量测量实验	测量玻璃的折射率
	用双缝干涉实验测量光的波长
热学量测量实验	用油膜法估测油酸分子的大小

2. 按测量手段与方法分类

按获得测量结果的手段，即测量结果是否可以直接得到，测量性实验可以分为直接测量实验和间接测量实验两种类型。

直接测量实验不需要进行数学计算，被测量的物理量的数值可以直接由测量仪器得到。间接测量实验需要根据定义或规律变形进行计算或者作图，代入若干可以直接测量的物理量值才能得出测量的结果。[①]

高中物理中的直接测量实验相对较少，在《课标》中，学生必做的直接测量实验有 2 个，分别是长度的测量及其测量工具的选用、用多用电表测量电学中的物理量。其余测量实验均为间接测量实验。

与初中物理测量性实验相比，高中物理测量性实验更加注重理解测量原理、处理测量数据和解释测量结果。例如，"长度的测量及其测量工具的选用"这个直接测量实验，不仅要求学生会使用测量工具进行读数，而且还要求学生知道测量工具的测量原理，能根据测量场景和精度要求来选择测量工具并规范使用，知道分度值要小于测量精度的要求，等等。

同样的实验目的，采用不同的测量手段，测量结果的获得过程一般不同。

例如，对于"测量做直线运动物体的瞬时速度"，如果使用传统的打点计时器（以下简称"打点计时器法"），学生的主要操作将是：选择明确计数点，测量并记录各计数点到起始点 0 的距离 x，计算位移 Δx，记录对应的时间 Δt；最后根

---

① 朱娜.高中物理测量性实验教学研究[D].重庆：西南大学，2022.

据 Δx 和 Δt 计算出 Δx 这一区间内任意一点的瞬时速度①。如果使用数字化信息系统中的光电门传感器(以下简称"光电门法"),学生的主要操作将是:确定光电门的位置,测量一下挡光片的宽度并输入软件,点击一下"开始记录"按钮,计算机就可以直接把物体的瞬时速度给显示出来。②

对比"打点计时器法"和"光电门法"可以发现,不同的测量方法培育学生素养的侧重点不同。使用打点计时器的方法,学生的测量操作较多,数学运算量较大,实验更加侧重于对测量工具的使用、测量原理的理解和科学探究素养的培育。而使用光电门的方法,学生的动手操作量相对减少,实验的测量精度相对较高,实验更加侧重于对测量误差的分析、应用和科学思维的培养、锻炼。

三、测量性实验的基本特点

高中物理测量性实验具有"量化性""精确性与不确定性""可重复性""正确使用仪器或设备""合理进行实验设计"等基本特点,这些基本特点使得其在科学探究中具有基础性地位。

1. 量化性

测量是对事物作出量化描述的过程,所以,量化性是测量性实验的一个基本特点。

一般来说,物理量的测量结果都是由数值和单位两部分组成,当然也有无单位的物理量,例如动摩擦因数、相对介电常数等。作为比较标准的测量单位,其大小是按一定科学依据人为规定的,我国法定计量单位规定,物理量的单位以国际单位制(SI)为基础。

2. 精确性与不确定性

物理量的测量在一定精度范围内具有精确性。高中物理量的不确定性主要以测量误差的形式体现。

任何客观存在的物理量,在一定客观条件下都具有不以人的意志为转移的量值,这个客观量值称为该物理量的真值。实验中常将理论真值、约定真值、算

---

① 人民教育出版社,课程教材研究所,物理课程教材研究开发中心.普通高中教科书　物理　必修第一册[M].北京:人民教育出版社,2019:25-26.
② 上海市中小学(幼儿园)课程改革委员会.普通高中教科书　物理　必修　第一册[M].上海:上海科学技术出版社,2021:14-15.

数平均值视为真值。因受实验仪器的灵敏度、实验人员的习惯与素养以及实验环境的不稳定性的制约,物理量的真值不可测,测量值与真值之间总会存在或多或少的偏差,这种偏差就称为误差。误差始终存在于一切实验之中,绝对真值是不可测的。[①]

误差是不可避免的,是普遍存在的。高中物理实验教学的目标之一,就是引导学生科学认识实验误差,能判断误差的来源,能分析实验中存在的误差,具有尽量减小实验误差的意识,能提出减小误差的方法。

3. 可重复性

多次测量求平均值,是降低测量误差的常用方法。而这种方法基于在相同测量方法、相同观测者、相同测量仪器、相同场所、相同工作条件和短时期内,对于同一被测量,连续测量所得结果之间的一致程度,即测量的可重复性。

4. 正确使用仪器或设备

正确使用仪器或设备是测量性实验的基本特点。测量性实验需要使用各种仪器或设备来进行测量,例如刻度尺、电子天平、温度计、多用电表等。测量仪器或设备的使用,可以提高实验的可重复性。数字实验系统是教育信息化发展的需要,[②]利用数字实验系统可使很多难以测量的实验得以顺利进行,例如使用光电门传感器、力传感器、电压传感器、电流传感器等,可以使实验的测量精度大大提升。

5. 合理进行实验设计

高中物理中的测量实验多为间接测量实验,需要根据实验原理和实验目的设计合理的实验方案,包括实验条件、实验步骤和数据处理方法等。实验方案设计得合理与否,将直接影响实验的准确程度、精确程度。

例如,在"用单摆测量重力加速度的大小"实验中,待测量的测量方式就需要进行设计,比如,对于"周期"的测量,可以用秒表测量 30 次全振动的总时间再求平均的方式测得,也可以使用光电门传感器测量。数据处理的方式也需要进行设计,可以用公式法直接处理数据,也可以用图像法处理数据,使用不同的方法,误差也不同。这些都需要学生在老师或同伴的帮助下制订详细的实验

① 李春密.中学物理实验教学研究[M].北京:北京师范大学出版社,2018:31.
② 中华人民共和国教育部.普通高中物理课程标准(2017 年版 2020 年修订)[S].北京:人民教育出版社,2018:77.

设计。

四、测量性实验的方法和工具器材

物理测量的方法很多,例如比较法、放大法、模拟法、传感器法等。

(一) 比较法

比较法是最基本和最重要的物理测量方法。测量即定量比较。比较法可以分为直接比较法和间接比较法。[①]

将待测物理量与选作计量标准的同类物理量(或标准量)直接进行比较,得出其大小的测量方法,称为直接比较法。[②]中学物理中基于直接比较法的测量实验较多,例如用米尺、游标卡尺测量长度,用天平测量质量等。直接比较法,操作相对简便实用,但需要制作出各种量具或标准件,因此它的测量精度取决于标准量具的精度。

很多物理量的测量,没有标准的量具,不能通过直接比较法来测量,所以需要利用物理量之间的函数关系,制成与待测量有关的物理量的测量仪器或装置,再利用这些仪器或装置进行比较测量。这种借助于中间量,将待测量进行某种变换来间接实现比较测量的方法,称为间接比较法。[③]例如,电流表是根据力矩平衡原理,利用指针偏转角与电流大小的关系测量电流的。

(二) 放 大 法

在测量中,有时需要通过某种途径将待测量放大(或减小)再进行测量。放大(或减小)待测量所用的原理和方法就称为放大法。常用的放大法有机械放大、光学放大、电磁放大、累积放大等。

比如,卡文迪许扭秤实验中用到了机械放大和光学放大,微电流放大器常常用来将微弱电流信号进行电学放大,"用油膜法估测油酸分子的大小"实验中用到了累积放大原理。

(三) 模 拟 法

建构与研究对象有一定关系的模型,用对模型的研究代替对原型的研究,这种方法称为模拟法。被用来模拟的实际系统称为原型,模拟的系统称为模型。模拟的基础是相似性,模拟的前提是科学性。例如,用恒定电流场模拟静

①②③　李春密.中学物理实验教学研究[M].北京:北京师范大学出版社,2018:60-96.

电场,进行静电场的相关测量和描绘,就属于物理模拟测量。

五、《课标》对测量与观察性实验的要求

《课标》中明确的学生必做测量与观察性实验一共有 10 个,必修课程中有 6 个,选择性必修课程中有 4 个,分别如表 3-2 和表 3-3 所示。

表 3-2　必修课程中的学生必做测量与观察性实验列表

1	测量做直线运动物体的瞬时速度
2	长度的测量及其测量工具的选用
3	测量金属丝的电阻率
4	用多用电表测量电学中的物理量
5	测量电源的电动势和内阻
6	观察电容器的充、放电现象

表 3-3　选择性必修课程中的学生必做测量与观察性实验列表

1	用单摆测量重力加速度的大小
2	测量玻璃的折射率
3	用双缝干涉实验测量光的波长
4	用油膜法估测油酸分子的大小

除了学生必做测量与观察性实验外,《课标》中还有很多隐含的测量与观察性实验,例如,《课标》中有以下教学要求表述①:

"让学生经历建构速度、加速度、力等重要物理概念的过程,了解测量这些物理量的方法,进而学习定量描述生活中物体运动和相互作用的方法。"

"会做'探究平抛运动的特点'等实验。能明确实验需要测量的物理量。"

"利用电流天平等简易装置测量安培力。"

测量性实验是很多实验开展的基础,没有准确的测量,就难以开展深入的科学探究。例如,在"探究等温情况下一定质量气体压强与体积的关系"实验中,如果不能准确测量封闭气体的压强和体积,就无法得出压强与体积的定量

---

① 中华人民共和国教育部.普通高中物理课程标准(2017 年版 2020 年修订)[S].北京:人民教育出版社,2018.

关系。

测量性实验是在明确实验目的前提下进行的实验,主要用于加深对概念和规律的认知,强化学生的操作能力。《课标》中对核心素养中的科学探究方面做了详细的水平划分,结合本书提出的实验能力发展框架,教师在测量性实验目标的制订时,可以重点从"观测"要素方面关注学生实验能力的发展,如表 3-4 所示。《课标》中有关各测量性实验的具体教学参考,详见本章后面的测量性实验解析。

表 3-4 实验能力发展框架中的"观测"要素及其发展水平

实验能力要素		实验能力行为表现水平			
一级	二级(环节)	水平 1	水平 2	水平 3	水平 4
观测	获取数据	能在他人指导下观察现象,或测量数据,并记录	能观察到部分现象,或测量到部分数据,并记录,有合作的意识	能较为全面地观察到现象,或测量到可靠的数据,并设计表格记录,能主动与他人合作	能全面地观察现象,或测量到充分、可靠的数据,并通过合适的方式记录,能主动寻求合作,并尊重他人;能在实验过程中对表格做必要的调整
	描述现象	能用词或短句描述观测结果,且在他人指导下用科学术语表达	能用准确的科学术语描述观测结果,并在他人指导下将描述补充完整,能有主动与他人交流的意识	能用准确的科学术语完整地描述观测结果,并主动与他人交流	能用准确的科学术语完整地描述观测结果,并且能在与他人的沟通协作中,客观地评价他人的表达结果

第二节 《课标》中学生必做实验之 测量与观察性实验解析

1. 测量做直线运动物体的瞬时速度

本实验的目的是测量做直线运动的物体在某时刻或某位置瞬时速度的大小。结合瞬时速度概念的建构,通过测量极短过程中的时间间隔和位移,该实验间接测得瞬时速度的大小,引导学生体会研究物理问题的极限方法。实验装置如图 3 - 1 所示。

扫一扫,看实验视频

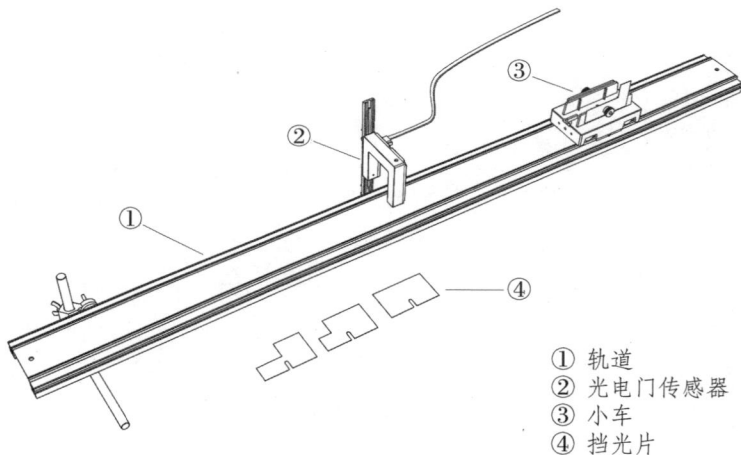

① 轨道
② 光电门传感器
③ 小车
④ 挡光片

图 3 - 1

本实验是《课标》必修 1 "1.1　机械运动与物理模型"主题的内容,属于测量性实验。

一、教学要求

《课标》对本实验的要求是"结合瞬时速度概念的建构,体会研究物理问题的极限方法",明确列为学生必做实验。

学生通过本实验理解物体在做变速直线运动时,在某一位置的瞬时速度本质上是物体无限逼近该位置(或该时刻)的一段位移(或一段时间)内的平均速度。知道本实验需要更换不同宽度的挡光片,使小车从导轨的同一位置由静止释放,记录挡光时间,从而计算出挡光片通过光电门的平均速度。挡光片的宽度越窄,平均速度就越接近小车通过光电门的瞬时速度。实验要求学生能根据方案搭建实验装置;知道测量挡光时间 Δt 的工具、原理和方法;会准确读取数据;结合瞬时速度概念的建构,体会研究物理问题的极限方法并理解无限逼近法;能表达科学探究的过程和结果。

二、实验能力要素及行为表现

1. 实验能力发展层级图

本实验能力发展层级图如图 3-2 所示。

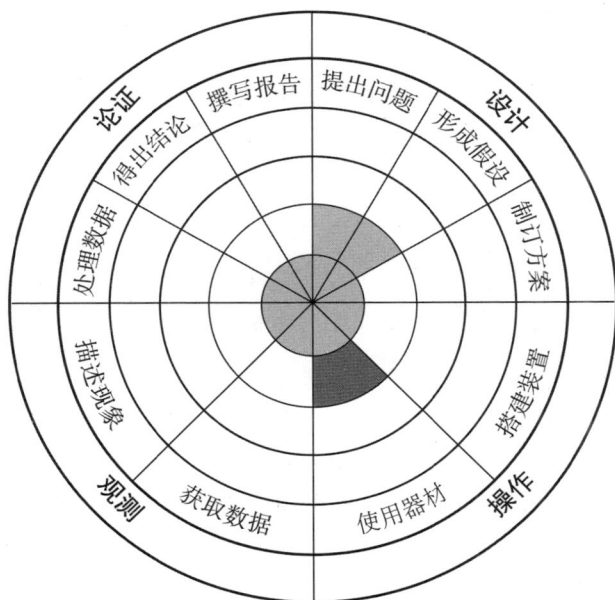

图 3-2

注:图中浅色部分为学生已经具备的水平,深色部分为本实验重点培养的能力及应达到的水平。

2. 实验能力行为表现水平

本实验能力行为表现水平如表 3-5 所示。

表 3-5 "测量做直线运动物体的瞬时速度"实验能力行为表现水平表

能力要素	环节	行为表现	水平
设计	提出问题	能基于瞬时速度概念的建构,提出并准确表达实验需测量的两个物理量:时间间隔和相应的位移	2
	形成假设	能提出"时间间隔(或相应位移)越短,该时间段(位移)内的平均速度越接近瞬时速度的测量值"的方法	2
	制订方案	能在指导或提示下完成以下内容: 1. 知道要获得极短时间 Δt 和位移 Δx 的实验数据,计算 $v = \dfrac{\Delta x}{\Delta t}$; 2. 知道选择安装有挡光片的小车作为实验对象,知道利用光电门传感器测量挡光片通过光电门传感器的时间,会测量挡光片的宽度 Δx; 3. 知道逐步改变挡光片的宽度 Δx,测量对应的时间 Δt; 4. 知道每次从导轨上同一位置释放小车; 5. 知道挡光片越窄越接近瞬时速度; 6. 能写出完整的实验步骤	1
操作	搭建装置	能将光电门传感器固定在老师准备好的倾斜导轨上的适当位置,并使光电门传感器的支架与导轨垂直;会将挡光片固定在小车的中心位置;会更换不同宽度的挡光片,挡光片固定在小车的同一位置;会用数据线连接光电门传感器、数据采集器和计算机	1
	使用器材	意识到实验中要确保小车从导轨的同一位置由静止释放;会用刻度尺测量挡光片的宽度 Δx;会操作 DIS 软件测量挡光时间 Δt	2
观测	获取数据	知道从宽到窄或从窄到宽更换不同宽度的挡光片,记录挡光片的宽度 Δx 和挡光时间 Δt,实验数据不少于 4 组。 能分析、判断误差的来源,并在老师和同伴的帮助下设法减小误差	1
	描述现象	根据测量获得的数据清晰、准确地表达:挡光片越窄,挡光时间越短,所测得的平均速度越接近挡光片通过光电门传感器时小车的瞬时速度	1

（续表）

能力要素	环节	行为表现	水平
论证	处理数据	能根据公式 $\bar{v}=\dfrac{\Delta x}{\Delta t}$，结合测量的实验数据，计算出瞬时速度的大小	1
	得出结论	会分析实验数据得出：相同实验条件下，选择宽度最窄的挡光片所测得的平均速度作为挡光片通过光电门传感器时的瞬时速度	1
	撰写报告	能理解给定的实验报告，知道完整实验报告的基本结构	1

三、教学活动建议

本实验在测量时间时使用精度较高（0.1 ms）的光电门传感器。为了设置简单，又便于学生理解，使用一个光电门传感器，通过改变挡光片宽度来改变 Δx，从 Δx 的逐次变窄获得平均速度的实验数据，进而得出瞬时速度。这里虽然没有从平均速度取极限过渡到瞬时速度，但在换插不同宽度的挡光片的过程中渗透了极限的思想。学生通过实验体会研究物理问题的极限方法，为以后探究其他科学问题提供思路。

1. 在实验中体验研究物理问题的极限方法，发展学生的科学思维能力

教师引导学生经历物理概念的建构过程和物理规律的形成过程，是发展科学思维的重要途径。建议结合瞬时速度概念的建构，引导学生提出需要测量的物理量，在实验的过程中体会极限的思维方法，得出结论：某时刻（或某位置）附近极短时间（或极短位移）内的平均速度可视为物体在该时刻（或该位置）的瞬时速度。

2. 指导学生选择实验器材，组织讨论设计实验方案，提高学习制订计划的能力

由于时间间隔和位移都很小，很难用停表和刻度尺来精确测量。要获得极短时间间隔和位移的实验数据，通常可以采用以下几种实验方法：一是使用打点计时器，二是使用光电门传感器，三是使用频闪照片（或视频拍摄）。在本实验中，引导学生选择用光电门传感器来提高测量精度。

提供器材：导轨、小车、光电门传感器、多个不同宽度的挡光片、数据采集

器、计算机。

指导学生思考、讨论并回答以下几个问题：

（1）如何搭建装置？

（2）如何记录数据？记录数据表格中应该有哪些栏目？怎样组织这些栏目？

（3）如何分析处理数据得出结论？

（4）如何确保测量数据的准确性，以减少实验误差？

本实验重点关注的是研究物理问题的极限方法。数据记录表要能体现极限思维的思想，要有原始数据（挡光时间内的位移 Δx、挡光时间 Δt），有构建概念需要的物理量数据（平均速度 $\bar{v}$），物理量要有单位。

3. 培养学生的科学态度和科学精神

在实验过程中，受传感器灵敏度的影响，挡光片宽度 Δx 逐次变窄时，测得的数据并未趋近于一个值，会出现数值"反弹"，须引导学生尊重实验结果与事实，如实记录、客观对待所获取的实验数据，杜绝编造和修改实验数据，遵循基本的学术道德规范，并把实事求是的作风带到平时的学习和生活中去。

4. 组织讨论不同的实验方案，培养科学探究的能力

使用位移传感器采集数据，经数据处理后获得小车沿斜面做变速直线运动的 x-t 图像，通过对 x-t 图像的分析也可以获得物体在某一位置的瞬时速度。

四、实验注意事项

从理论上讲，挡光片的宽度 Δs 越窄，平均速度 $\bar{v} = \dfrac{\Delta s}{\Delta t}$ 越接近瞬时速度，所以在换用越来越窄的挡光片时，测量的速度会趋近一个值。但实际测量中，会发现并未趋近一个值，这是因为光电门传感器是个门式结构，通过一个小孔发射和接收红外线。由于孔本身孔径的关系，红外线并非是一条"线"，导致红外线挡光时有一个敏感的感应区，因而并不是挡光片一接触到红外线即会启动测量，而是要挡光片接触到敏感感应区时才会启动，所以，当孔径和挡光片的宽度越接近，误差就会越来越大。因此，与 20 mm 的挡光片相比，10 mm 的挡光片误差会更大一些。

在实验操作过程中要注意以下 3 点：

1. 更换不同宽度的挡光片时，挡光片要固定在小车的同一位置；

2. 安装光电门传感器时，要使光电门传感器的支架与导轨垂直；

3. 要确保小车每次从导轨的同一位置由静止释放。

五、评价与测试

1. 在"用 DIS 测变速直线运动的瞬时速度"实验中，除了光电门传感器、数据采集器、计算机、轨道、小车外，还必需的器材是（　　）。

A. 滑轮　　　　　　B. 钩码　　　　　　C. 挡光片　　　　　　D. 配重片

2.（多选）某研究小组在学习了 DIS 实验后，设计了一个测物体瞬时速度的实验，其装置如图 3-3 所示。在小车上固定挡光片，使挡光片的前端与车头齐平，将光电门传感器固定在轨道侧面，垫高轨道的一端。小组成员将小车从垫高的一端同一位置由静止释放，获得了如表 3-6 所示几组实验数据。

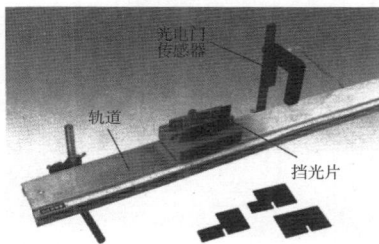

图 3-3

表 3-6

实验次数	不同宽度的挡光片	通过光电门传感器的时间/s	速度/(m·s^{-1})
1	Ⅰ	0.230 44	0.347
2	Ⅱ	0.174 64	0.344
3	Ⅲ	0.116 62	0.343
4	Ⅳ	0.058 50	0.342

则以下表述中正确的是（　　）。

A. 四个挡光片中，挡光片Ⅰ的宽度最小

B. 四个挡光片中，挡光片Ⅳ的宽度最小

C. 四次实验中，第 1 次实验测得的速度最接近小车车头到达光电门时的瞬时速度

D. 四次实验中，第 4 次实验测得的速度最接近小车车头到达光电门时的瞬时速度

3. 图 3-4 所示是做"用 DIS 测定位移和速度"实验时所获取的电脑屏幕截图。点击"选择区域"，若选择 AD 区域，Ⅲ区"速度"窗口中显示的数值表示

_____（选填"瞬时速度"或"平均速度"）；能较准确求出物体在 A 时刻的瞬时速度的操作是_____。

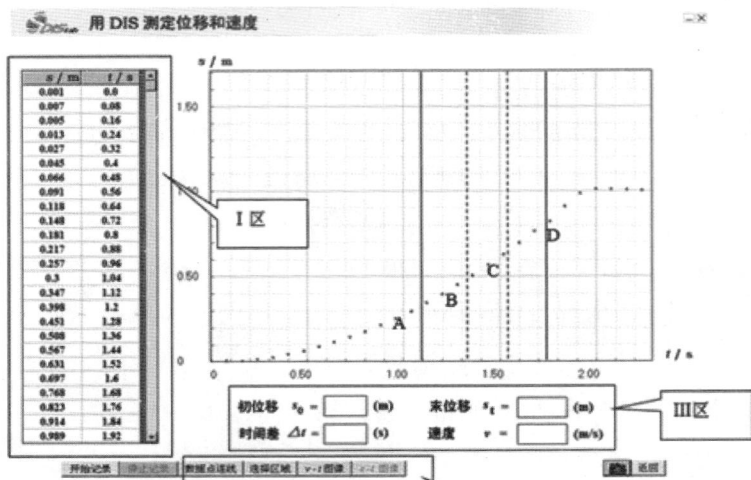

图 3‐4

六、思考与讨论

1. 换用频闪照片（或手机连拍功能）来进行实验,有什么优点? 有什么缺点?

2. 采用手机连拍功能进行实验对培育核心素养的影响有哪些?

七、参考答案

（一）评价与测试

1. C。　2. B、D。　3. 平均速度；点击"选择区域"时,应选择在 A 附近时间较短的区域,比如 AB 区域。

（二）思考与讨论

1. 该实验的原理和方案为：某时刻（或某位置）附近极短时间（或极短位移）内的平均速度可视为物体在该时刻（或该位置）的瞬时速度。实验需要测量两个物理量：时间间隔和相应的位移。由于时间间隔和位移都很小,很难用停表和刻度尺来精确测量,因此教材选用光电门传感器来提高测量精度。换用频闪照片进行实验,优点在于可以同时获得多个位置的速度,缺点是需要配备暗室。使用手机或照相机的连拍功能进行实验,设备简单,有利于学生在课外自行利用相关知识进行科学探究,后期数据处理也可以提升学生使用数字化工具的能力。

2. 在用光电门传感器做"测量做直线运动物体的瞬时速度"实验后,学生可以学习使用手机连拍功能测量瞬时速度。这有利于学生进行充分的探究式活动,逐步培养学生收集和处理科学信息的能力、获取新知识的能力、分析问题和解决问题的能力。

上海市市东实验学校(上海市市东中学)　张　婕　撰写

2. 观察电容器的充、放电现象

本实验是观察电容器在充、放电过程中电流的变化和电容器两极板间的电压变化,以形成对充、放电的正确认识。本实验是《课标》必修 3"3.2　电路及其应用"主题中的内容,实验类型为观察性实验。

扫一扫,看实验视频

本实验使用方块电路。由于电流和电压是无法用肉眼直接观测的,所以实验中我们要利用一定的器材进行观察。本实验一共有三种方案。方案一是利用小灯泡,通过与电容器串联的小灯泡的亮度变化来观察电路中电流的变化情况,其电路图如图 3-5 所示;方案二是利用电流表和电压表,通过电流表和电压表的示数变化来观察电路中电流的变化和电容器两极板间电压的变化,其电路图如图 3-6 所示;方案三是利用 DIS 实验数据采集系统和专用软件,用电流传感器和电压传感器分别替代电流表和电压表,得到电容器两极板间的电压 U 随时间 t 变化的图像(U-t 图像)和电路中电流 I 随时间 t 变化的图像(I-t 图像),从而正确认识电容器的充、放电过程。三种方法的实验装置线路图如图3-7、图 3-8、图 3-9 所示。

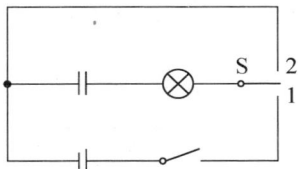

图 3-5

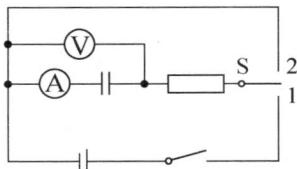

图 3-6

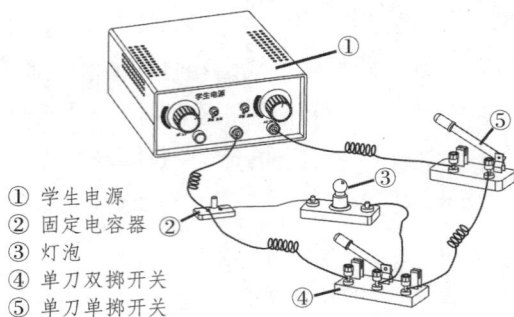

① 学生电源
② 固定电容器
③ 灯泡
④ 单刀双掷开关
⑤ 单刀单掷开关

图 3 - 7

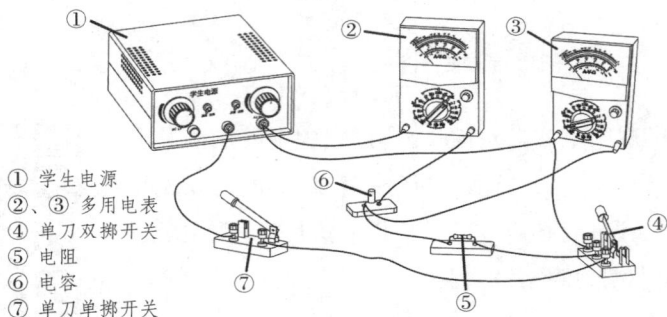

① 学生电源
②、③ 多用电表
④ 单刀双掷开关
⑤ 电阻
⑥ 电容
⑦ 单刀单掷开关

图 3 - 8

① 学生电源
② 固定电容器
③ 电流传感器
④ 单刀双掷开关
⑤ 电阻
⑥ 单刀单掷开关
⑦ 电压传感器

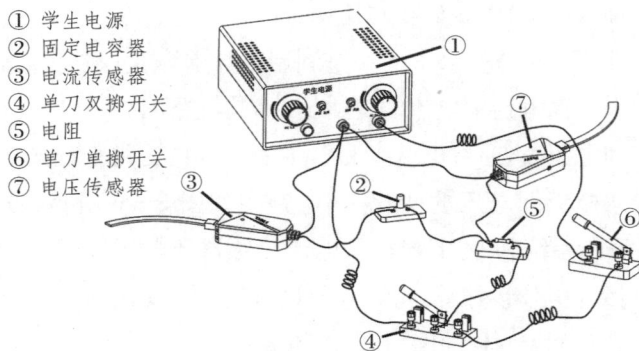

图 3 - 9

实验中得到的 U-t 图像和 I-t 图像如图 3 - 10 所示。

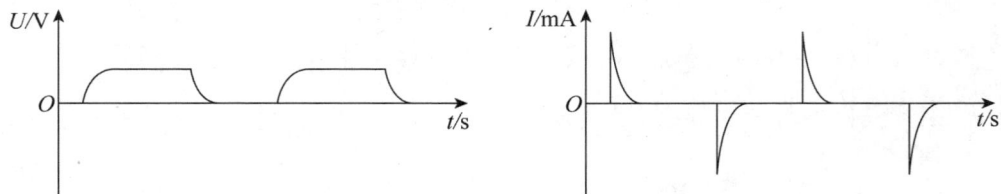

图 3 - 10

一、教学要求

《课标》对本实验的要求是：观察电容器在充、放电时电路中的电流变化情况和电容器两极板间的电压变化情况。学生通过本实验学会观察电容器在充、放电时电路中电流的变化情况和电容器两极板间电压的变化情况，形成对充、放电的正确认识。知道方块电路中电源模块、单向开关模块、双向开关模块、小灯泡模块、电压表模块、电流表模块、拓展版模块、拓展插片（电阻、电容等）、接口模块、折线模块、T形线模块、直线模块的用法；会根据实验需要选择器材，设计充电电路和放电电路，搭建实验装置；知道电流表、电压表的用法，会准确读取数据；知道多量程电流传感器、电压传感器的用法，能正确使用 DIS 8.0 专用软件（或通用软件），能合理设置横坐标和纵坐标的大小，能正确记录或保存 U-t 图像和 I-t 图像；知道如何从图中读取信息，运用图像法对实验数据进行分析得出电流和电压的特点并形成结论；知道实验存在误差；会撰写实验报告，表达科学探究的过程和结果。

二、实验能力要素及行为表现

1. 实验能力发展层级图

本实验能力发展层级图如图 3-11 所示。

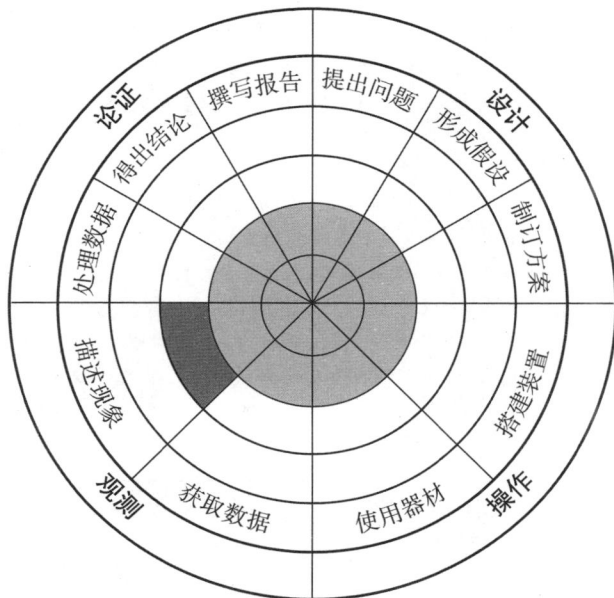

图 3-11

2. 实验能力行为表现水平

本实验能力行为表现水平如表 3 - 7 所示。

表 3 - 7　"观察电容器的充、放电现象"实验能力行为表现水平表

能力要素	环节	行为表现	水平
设计	提出问题	观察小灯泡的亮暗变化情况并提出问题:如果我们把电容器分别接入充电电路和放电电路,电容器的充、放电现象是怎样的? 在充、放电过程中,电路中的电流变化情况和电容器两极板间的电压变化情况是怎样的?	2
	形成假设	预测:在充电过程中,电容器两极板间的电压从零开始逐渐增大,达到最大值(等于电源电压)后保持稳定;电路中的电流从最大值开始,然后逐渐减小到零。在放电过程中,电容器两极板间的电压从最大值开始,逐渐减小,最后变为零;电路中的电流方向改变(与充电过程的电流方向相反),数值上从最大值开始,然后逐渐减小到零	2
	制订方案	会选择电容器作为实验对象;知道搭建实验装置所需的实验器材;会写出实验步骤;知道测量电流和电压的工具和方法;知道电流传感器和电压传感器的优势;意识到实验过程中电流传感器和电压传感器既能在量程范围内工作,示数又能有明显变化;知道记录或保存 DIS 8.0 物理软件的 U - t 图像和 I - t 图像的方法;知道实验数据的处理方法;能分析、判断误差的来源,并在老师或同伴的帮助下制订减小误差的方法和步骤	2
操作	搭建装置	方法一:会将电源模块、拓展模块、电容插片、小灯泡模块、开关模块和导线模块等接入电路。方法二:会将电源模块、拓展模块、电容插片、电阻插片、电流表模块、电压表模块、开关模块和导线模块等接入电路。方法三:会将电源模块、拓展模块、电容插片、电阻插片、电流传感器、电压传感器、双向开关模块、导线模块等接入电路,连接数据采集器和电脑,使用 DIS 8.0 物理专用(或通用)软件	2
	使用器材	会使用方块电路的相关模块;会使用电流表、电压表;能够使用多量程电流传感器的毫安挡、电压传感器	2

（续表）

能力要素	环节	行为表现	水平
观测	获取数据	经过观察到灯泡亮度改变,在教师指导下,能够初步感受充、放电过程中灯泡亮度的变化情况。 观察充、放电过程中电流表和电压表示数的变化。 若使用通用软件,在 DIS 8.0 物理通用软件中,显示方式选取"曲线显示",在计算机的屏幕上可直接显示出 U-t 图像和 I-t 图像,观察图像,保存图像	2
	描述现象	根据测量获得的数据和图像,清晰、准确地表达充、放电过程中电路中的电流变化情况和电容器两极板间的电压变化情况	3
论证	处理数据	分析电流表和电压表的示数。 分析 U-t 图像和 I-t 图像。 能分析、判断误差的来源,并在老师或同伴的帮助下设法减小误差	2
	得出结论	会根据图像或计算的数据分析归纳得出结论:在充电过程中,电路中的电流从最大值开始,然后逐渐减小到零;电容器两极板间的电压从零开始逐渐增大,达到最大值(等于电源电压)后保持稳定。在放电过程中,电路中的电流方向改变,从最大值开始,然后逐渐减小,最后变为零;电容器两极板间的电压从最大值开始,逐渐减小,最后变为零	2
	撰写报告	用规范用语撰写完整的实验报告	2

三、教学活动建议

学生经历完整的科学探究过程,可以为以后探究其他科学问题提供思路。实验中完成设计和搭建电路、设计表格记录数据、使用传感器记录图像并分析图像中的数据得出结论等任务而形成的能力,可以为后面的实验打下基础。

1. 启发学生基于观察自主提出问题

电容器既可以存储电荷,也可以释放电荷。建议从这个问题的背景开始,引导学生观察生活中的电容器,诸如超级电容车、智能手机屏幕等,激发学生对电容器充、放电过程的思考,进而提出具体的研究问题。

2. 从定性研究到定量研究,借助信息技术便捷操作

在教学中,可以引导学生先定性观察电路中灯泡的亮度变化,再进行定量研究。在定量研究时,先观察电流表和电压表的读数,但是由于数据变化过快,

不易观察和记录,再用电流传感器和电压传感器记录数据。这样从定性研究到定量研究,借助信息技术的便捷操作来不断优化实验方案。

3. 指导学生选择实验器材,通过讨论设计实验方案

提供器材:电源模块、开关模块、双向开关模块、小灯泡模块、电压表模块、电流表模块、拓展版模块、拓展插片(电阻、电容等)、接口模块、折线模块、T 形线模块、直线模块、多量程电流传感器、电压传感器、DIS 8.0 物理通用软件、数据采集器和计算机。

指导学生思考、讨论并回答以下几个问题:

(1) 如何搭建充电电路? 如何搭建放电电路?

(2) 如何测量电流和电压? 与电流表相比,电流传感器的优势在哪里? 同样,与电压表相比,电压传感器的优势在哪里?

(3) 如何记录数据? 怎样组织这些物理量的数据?

(4) 专用软件标度的设置已经比较合适,一般不用再专门放大,如果需要放大的话,左边有调整按钮可以放大标度。如果是通用软件,计算机图像中坐标的标度如何选择才能让数据点占据坐标主要空间?

(5) 在实验中,我们直接使用了方块电路中给定的小灯泡和电容器,如果可以自由选择器材,应选择何种小灯泡? 电阻小(几欧)的灯泡和电阻大(几百欧)的灯泡,哪一种好? 为什么? 选择何种电容? 电容小(小于 1 微法)的电容器和电容大(几百微法)的电容器,哪一种好? 为什么?

4. 引导学生理解 I-t 图像的意义

可以组织学生讨论 I-t 图像所包围的面积的物理意义,得到对应的电荷量 Q,为下一步学习 $C=\dfrac{Q}{U}$ 打下基础。

5. 知识拓展

根据学生的实际水平和学习情况,介绍电容器的充、放电公式。

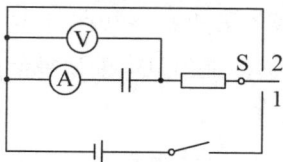

图 3－12

图 3−12 所示电路由一个电容和一个电阻串联构成,这样的电路称为 RC 电路。

(1) 对于充电过程,有

$$U=E(1-\mathrm{e}^{-\frac{t}{RC}}) \qquad ①$$

$$I=\frac{E}{R}\mathrm{e}^{-\frac{t}{RC}} \qquad ②$$

(2) 对于放电过程,有

$$U=E\mathrm{e}^{-\frac{t}{RC}} \qquad ③$$

$$I=-\frac{E}{R}\mathrm{e}^{-\frac{t}{RC}} \qquad ④$$

令 $\tau=RC$,τ 称为 RC 电路的时间常数。当 $t=\tau=RC$ 时,由式③可知

$$U=E\,\mathrm{e}^{-1}\approx0.368E$$

τ 表示放电过程中 U 由 E 衰减到 $36.8\%E$ 所需要的时间。τ 值越大,U 变化越慢,即电容器充、放电进行得越慢。通过时间常数 τ,电压 U、时间 t 以及 R、C 数值之间建立起了对应关系。

四、实验注意事项

1. 方块电路中的电容器为无极性电容器,无须考虑电容器的极性。但如果换用有正负极性的电容器,使用时应注意将正极接高电位,负极接低电位,一旦极性接反,会击穿电容器。

2. 方块电路中的电容器的击穿电压为 35 V,而电源模块的电压为 5 V,因此电容器不会被击穿。但如果换用其他电容器和电源,电源电压不能超过电容器的击穿电压。

3. 合理选择一定大小的电容 C 和电阻 R,以保证有恰当的充、放电时间,这样有利于学生观察。一般电容的值为几微法,电阻的值为几千欧。

4. 在使用传感器测量电流时,由于电路中电流比较小,一般使用多量程电流传感器的 mA 挡,这样示数变化会更加明显。

五、评价与测试

1. 电容器在充电过程中获得的能量来自哪里? 在放电过程中,电容器储存的电能又去了哪里?(电源内阻视为零)

2. 一位同学测得电容器放电过程中的 I-t 图像如图 3-13 所示,电源电压是 8 V。

（1）他在图 3-13 中画一个竖立的狭长矩形(图中最左边),它的面积的物理意义是什么？

（2）怎样根据图像估算电容器在放电过程中释放的全部电荷量？

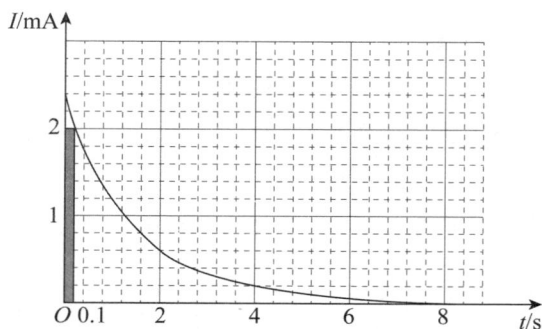

图 3-13

六、思考与讨论

1. 在实验中,小灯泡可以用发光二极管来代替吗？

2. 从图 3-14 中电压与电流随时间变化的规律可以发现,电容器充、放电的时间非常短,如何适当延长充、放电的时间？

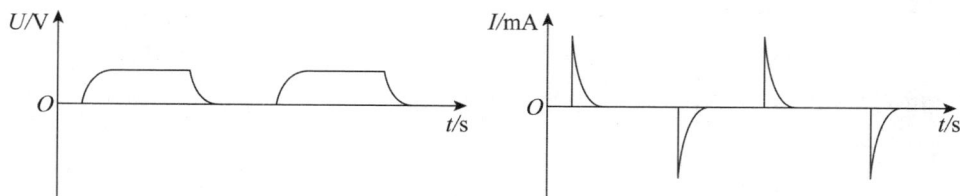

图 3-14

3. 实验中使用的器材是学生电源和传感器,如果使用信号发生器和示波器等,这对培养学生的实验能力素养有什么不同？

七、参考答案

（一）评价与测试

1. 在充电过程中,电容器中获得的能量来自电源提供的电能;在放电过程中,电容器储存的电能最终转化为电路中的内能。

2.(1)这段时间内释放的电荷量;(2)由图像与纵、横坐标围成的区域共 39 格,每格为 8×10^{-5} C,所以释放的全部电荷量为 3.12×10^{-3} C。

（二）思考与讨论

1. 可以。

2. 选择电容较大的电容器、阻值较大的电阻。

3. 学生学会使用更多的实验器材,在实验设计时有更多的选择。

复旦大学附属中学　刘　玲
上海市杨浦高级中学　茅艳婷　撰写

3.长度的测量及其测量工具的选用

本实验的目的是掌握螺旋测微器（见图 3-15）和游标卡尺（见图 3-16）的使用方法,并能根据所测对象的长度范围和精度要求选用合适的测量工具。

本实验是《课标》必修 3"3.2　电路及其应用"主题中的内容,实验类型为测量性实验。

扫一扫,看实验视频

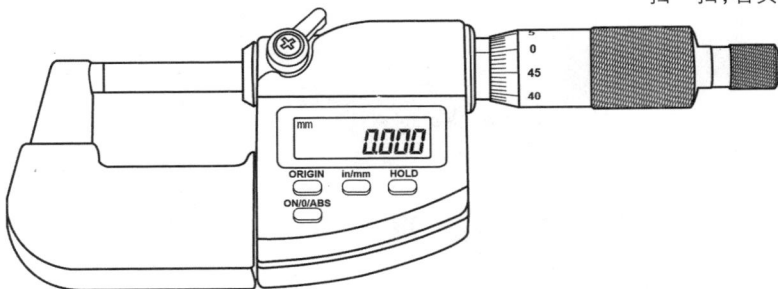

图 3-15

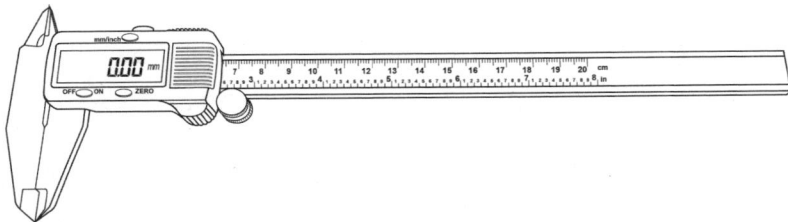

图 3-16

一、教学要求

《课标》对本实验的要求是：了解螺旋测微器和游标卡尺的工作原理，在测量金属丝直径的实验中，掌握螺旋测微器和游标卡尺的使用方法。

学生通过本实验学会正确使用螺旋测微器和游标卡尺；了解刻度尺、游标卡尺、螺旋测微器有着不同的测量范围和精度，在测量长度时能根据不同的场景和要求选取不同的测量工具；知道测量需要估读；了解游标卡尺和螺旋测微器的工作原理；知道游标卡尺和螺旋测微器使用前需要查零；初步认识多次测量取平均值可以减少误差；在实验中形成严谨的科学态度；会撰写实验报告。

二、实验能力要素及行为表现

1. 实验能力发展层级图

本实验能力发展层级图如图 3-17 所示。

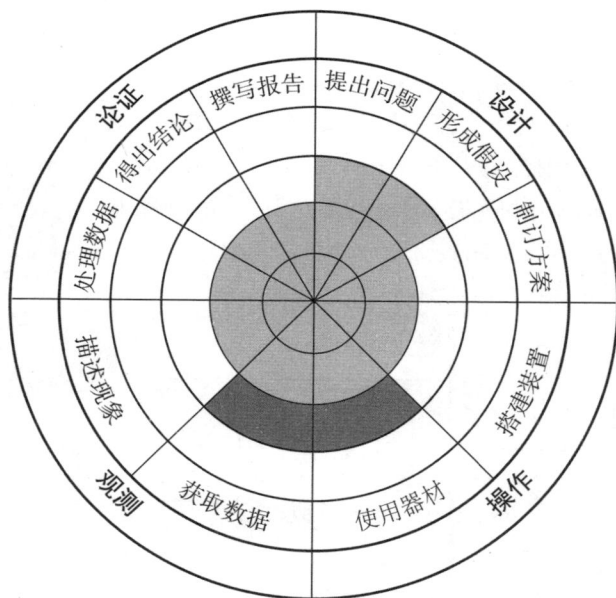

图 3-17

2. 实验能力行为表现水平

本实验能力行为表现水平如表 3-8 所示。

表 3-8　"长度的测量及其测量工具的选用"实验能力行为表现水平表

能力要素	环节	行为表现	水平
设计	提出问题	能基于本实验测电阻丝的长度和直径的要求,提出测量精度的问题	3
	形成假设	能预测电阻丝长度和直径的数量级,从而选用不同精度和量程的仪器进行测量	3
	制订方案	选择电阻丝作为测量对象;在教师的指导下,用米尺测量金属丝的长度,用数字式螺旋测微器和数字式游标卡尺分别测量金属丝直径,比较不同测量工具的精度,知道测量工具的精度值要高于测量精度的要求,且知道待测物体的长度要小于测量工具的量程;知道设计表格记录多组数据;知道需要通过多次测量求平均值减小实验误差;能分析、判断误差的来源,并在老师或同伴的帮助下制订减小误差的方法和步骤	2
操作	搭建装置	能根据需要测量的精度和长度选取合适的测量工具	2
	使用器材	了解游标卡尺的使用规则: 1. 根据测量对象的不同,合理选择外径测量爪、内径测量爪或者深度测量杆; 2. 根据测量精度的要求选择不同分度值的游标卡尺。 了解螺旋测微器使用规则: 1. 使用前保持测微螺杆的清洁; 2. 使用前先查零; 3. 使用过程中当测微螺杆靠近待测物体时,就旋转微调旋钮,不能拧过紧,听到声音即可	3
观测	获取数据	准确读取数据,游标卡尺读数时要对准主尺和游标的刻度线,知道游标卡尺不需要估读;螺旋测微器读数时要注意初始值的处理,知道螺旋测微器需要估读。数据记录在设计好的表格中,且不少于5组	3
	描述现象	能够测得符合精度要求的数据	2

（续表）

能力要素	环节	行为表现	水平
论证	处理数据	测量金属丝的不同位置，多次测量取平均值；能分析、判断误差的来源，并在老师或同伴的帮助下制订减小误差的方法和步骤；对用刻度尺、游标卡尺和螺旋测微器测量的多组数据，分别求平均值	2
	得出结论	能独立且准确地使用螺旋测微器和游标卡尺测量长度并获取数据。能比较不同测量工具的精度和范围	2
	撰写报告	能将给定的实验报告缺少的部分补充完整	2

三、教学活动建议

本实验作为测量金属丝电阻率的准备实验，在对金属丝的长度和直径进行测量的同时，还要学习螺旋测微器和游标卡尺等传统测量工具的使用方法。在本实验学习之前，学生已经非常熟悉利用刻度尺进行长度的测量，为了提高测量精度，本实验使用游标卡尺和螺旋测微器测量金属丝的直径。本实验要求学生知道测量工具的分度值（测量工具所能测量的最小值）决定了测量工具所能达到的精度；知道要根据不同的场景和要求选择不同的长度测量工具；知道测量结果需要估读以及需要多测几次取平均值这种普遍的测量规则，以培养严谨的科学态度与责任。

1. 基于真实情景的问题设定

对于测量性实验，如何提高测量值的精度是实验的核心。在该实验中，可以提出如"哪种测量工具能较为准确地测量金属丝的直径"等问题，从而凸显实验的价值，激发学习兴趣，也能培养学生严谨的科学态度与责任。

提供器材：刻度尺，不同分度值的游标卡尺和螺旋测微器，直径不同、长度不同的金属丝、金属圆环、金属垫片、金属球、铜质方块等。

指导学生思考、讨论并回答以下几个问题：

（1）测量金属丝长度时，用哪种测量工具？

（2）测量金属丝长度时，能否选用量程小于金属丝长度的刻度尺？

（3）哪种测量工具能较为准确地测量金属丝的直径？有什么注意事项？

（4）测量金属圆环的内径时，用哪种测量工具？有什么注意事项？

本实验的目的之一是让学生会根据测量场景和精度要求来选择测量工具并规范使用，知道测量工具的分度值要小于或等于测量精度的要求，知道测量前需要查零、读数时视线正对刻度线、微调旋钮的作用、测量工具需要估读等注意事项。

2. 理解测量原理

除了正确使用数字显示螺旋测微器和游标卡尺以外，让学生通过自主学习，了解传统螺旋测微器（见图 3-18）和传统游标卡尺（见图 3-19）的工作原理。可以让学生进一步思考除了常用的三种游标卡尺以外，是否可以有其他分度的游标卡尺。为了让学生理解和掌握螺旋测微器的工作原理，可以把螺旋测微器的工作原理与拧螺丝进行类比。

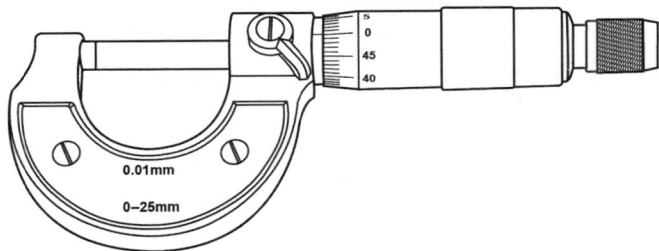

图 3-18

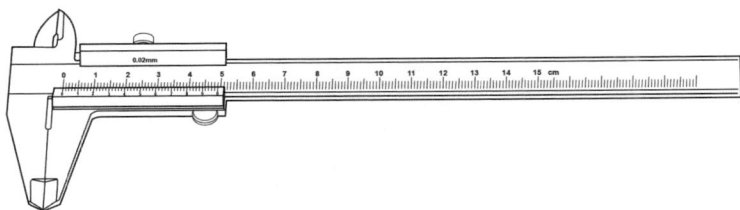

图 3-19

3. 培养严谨的科学态度与责任

本实验通过让学生练习使用螺旋测微器和游标卡尺，体会物理实验中测量结果要尽可能准确，培养学生严谨的科学态度与责任。

四、实验注意事项

1. 准备测量工具阶段,要求学生会根据测量范围和精度要求来选择测量工具。

2. 在使用螺旋测微器测量长度时,要注意旋钮和微调旋钮的配合使用,不要使测微螺杆对待测物体的压力过大,以免影响测量结果或损坏测微螺杆。

3. 提醒学生按游标卡尺和螺旋测微器的使用方法和注意事项进行测量,以保护测量工具,同时避免器材划伤手指。

五、评价与测试

1. 在图 3 - 20(a)中,游标卡尺的精度是多少? 读数是多少? 图 3 - 20(b)中呢?

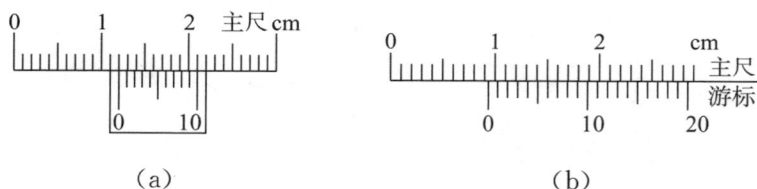

（a） （b）

图 3 - 20

2. 图 3 - 21 中螺旋测微器的读数是多少?

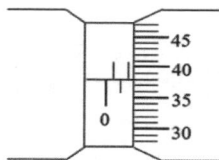

图 3 - 21

六、思考与讨论

1. 螺旋测微器的测量原理是什么? 在日常生活中有没有什么器件或者装置的工作原理与其类似?

2. 游标卡尺的测量原理是什么? 你还能设计出不同分度值的游标卡尺吗?

七、参考答案

(一) 评价与测试

1. 图 3-20(a)中精度 0.1 mm，读数 1.20 cm；图 3-20(b)中精度 0.05 mm，读数 0.930 cm。

2. 0.188 0 cm。

(二) 思考与讨论

1. 螺旋测微器固定刻度的螺距是 0.5 mm，可动刻度有 50 个等分刻度，可动刻度转一周，测微螺杆前进或者后退 0.5 mm，所以可动刻度每一小格表示 0.01 mm。

在日常生活中，螺丝就是类似的装置，通过旋转螺丝可以让螺丝逐渐深入。

2. 以 10 分度游标卡尺为例，主尺上的最小分度是 1 mm，游标上 10 个等分度的总长度为 9 mm，这样游标上每一个分度为 0.9 mm，与主尺上的最小分度差 0.1 mm。在测量时，游标上第几个刻度线和主尺上某个刻度线对齐，就说明游标的 0 刻度线从主尺上最临近的刻度向右移动了几个 0.1 mm，读数就是游标 0 刻度线最临近的主尺上的刻度再加上游标移动的长度。

游标尺把 99 mm 分成 100 个格子，每个格子为 0.99 mm，这样游标卡尺的分度值为 0.01 mm。

上海市控江中学　张海英　撰写

4. 测量金属丝的电阻率

本实验是在金属丝的长度和直径测量的基础上，通过伏安法进一步测出金属丝的电阻 R，然后利用公式 $R = \rho \dfrac{L}{S}$ 得到金属丝的电阻率。实验电路图如图 3-22 所示，实物图如图 3-23 所示。

扫一扫，看实验视频

本实验是《课标》必修 3"3.2　电路及其应用"主题中的内容，实验类型为测量性实验。

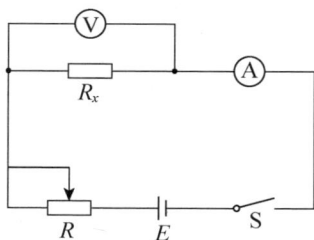

图 3 - 22

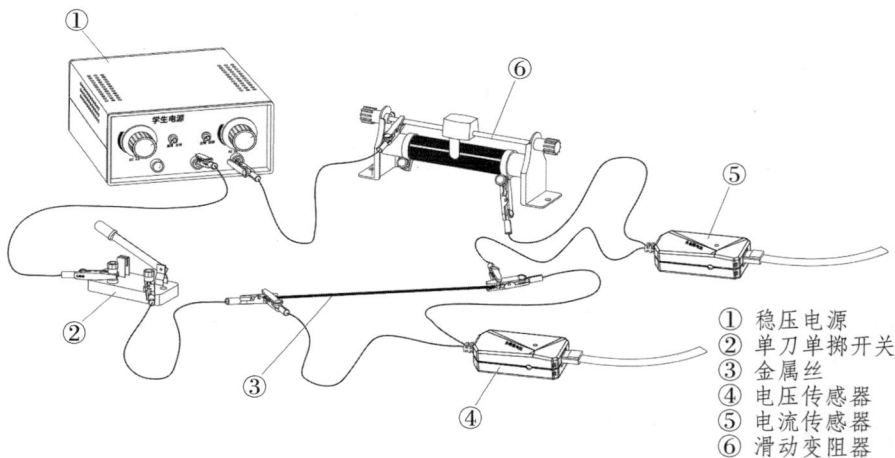

① 稳压电源
② 单刀单掷开关
③ 金属丝
④ 电压传感器
⑤ 电流传感器
⑥ 滑动变阻器

图 3 - 23

一、教学要求

《课标》对本实验的要求是会测量金属丝的电阻率。本实验是学生在学会使用游标卡尺和螺旋测微器测量金属丝长度 l 与金属丝的直径 d 的基础上，利用伏安法测量金属丝的阻值 R 进而计算出待测电阻丝的电阻率。实验要求学生会设计实验电路图，会根据实验需要选择实验器材，并知道测量待测电阻丝两端电压和通过电阻丝电流的工具;会设计表格记录实验数据,能正确描绘 U-I 图像或借助计算机软件绘制拟合图像,能熟练运用 U-I 图像的斜率求出 待测电阻丝的阻值 R;能与其他实验小组分享比较同一金属丝电阻率的测量结 果,并和标准值进行比较,分析误差;会撰写实验报告,表达科学探究的过程和 结果。

二、实验能力要素及行为表现

1. 实验能力发展层级图

本实验能力发展层级图如图 3-24 所示。

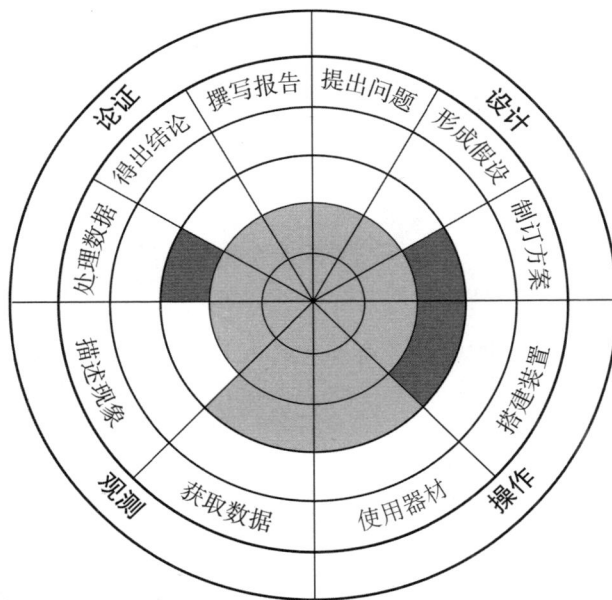

图 3-24

2. 实验能力行为表现水平

本实验能力行为表现水平如表 3-9 所示。

表3-9 "测量金属丝的电阻率"实验能力行为表现水平表

能力要素	环节	行为表现	水平
设计	提出问题	知道实验任务是测量金属丝的电阻率,能基于实验任务提出问题:如何测量电阻阻值,并由此测量金属丝的电阻率?	2
	形成假设	能够提出运用伏安法测量电阻阻值	2
	制订方案	能在他人指导下完成以下内容:知道间接测量法,理解电阻定律 $R=\rho\dfrac{L}{S}$ 是测量的原理;能够根据给出的实验电路图选择最优方案进行实验;会预设完整的实验步骤;会设计数据表格并能提出数据处理的方法,知道图像法处理数据的优势;能在已有方案基础上,比较方案中的原理与方法、步骤与器材、记录与处理,并作出选择	3
操作	搭建装置	能依据制订好的实验方案,规范连接电路;能够发现是否存在故障,并能大致确定故障的位置	3
	使用器材	能选择合适的电表(或传感器);能在一定范围内挑选出规格合适的滑动变阻器;知道开始测量前滑动变阻器和开关所处状态;知道开始实验后须闭合开关,并调节滑动变阻器,观察数据,避免超过电表(或传感器)量程;知道调节滑动变阻器时,电压表示数变化过小或取数据过少都会造成误差	3
观测	获取数据	能准确读取电压表和电流表的示数(多组);能把数据记录在事先设计好的表格中	3
	描述现象	仔细观察记录好的数据,能够准确描述电压表和电流表示数的比值基本上为一个定值	2

（续表）

能力要素	环节	行为表现	水平
论证	处理数据	能在正确的坐标系中准确描点,通过绘制光滑的直线对数据进行拟合	3
	得出结论	能根据拟合图像的斜率得到待测金属丝的电阻值 R;会利用公式 $R=\rho\dfrac{L}{S}$ 计算得到金属丝的电阻率;能基于证据,比较他人的结论与自己的异同	2
	撰写报告	能撰写完整的实验报告,在报告中呈现设计的数据表格,以及数据分析过程和实验结论;能进行反思与交流	2

三、教学活动建议

本实验是在上一个实验学生掌握了准确测量金属丝的长度和横截面积之后进一步利用伏安法测量电阻丝的电阻,进而利用公式求出金属丝的电阻率。学生在初中学习的基础上,利用 DIS 实验和通用软件辅助再次进行伏安法测电阻,经历设计数据表格、记录数据、建立坐标、数据描点、拟合图线、得到函数关系式、得到电阻阻值等数据处理的完整过程,是物理测量性实验的进阶。学生能认识到图线拟合是处理数据的重要方式之一,是为后续学习"测量电源的电动势和内阻"实验作铺垫。

1. 指导学生选择实验器材,设计出可行的实验电路图

首先明确测量电阻的原理,即伏安法测电阻。然后请学生根据所给的器材设计电路,如图 3 - 25 所示。

提供给学生电压表(电压传感器)、电流表(电流传感器)、开关、滑动变阻器(0~20 Ω)、待测电阻丝(已知长度和直径)、稳压电源、导线若干。

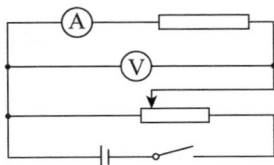
(a)

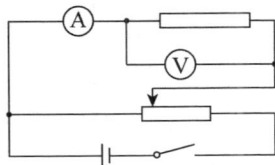
(b)

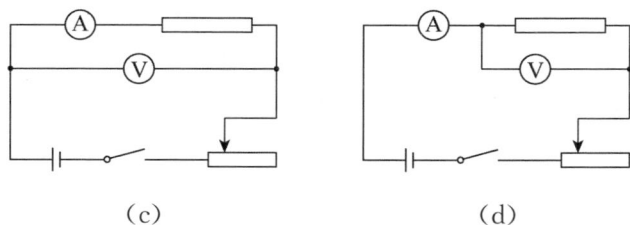

（c）　　　　　　　　　　（d）

图 3-25

进一步引导学生讨论哪一种电路最好，并说明理由。可以通过理论分析选出最优电路图，在时间允许的情况下也可以让学生分成四组实验，根据得到的数据进行分析。

排除图（a）和图（c）所示电路后，根据给定的滑动变阻器最大阻值和待测电阻丝的阻值关系可知，图（b）、（d）所示电路皆可，考虑到图（d）所示电路的接线比较简单，故选图（d）所示电路。

最后引导学生从安全性和测量准确性两个方面考虑，如何选择电压表和电流表的量程。

2. 引导学生深刻体会用拟合图线处理数据的方法

如果用电压传感器和电流传感器进行实验并利用计算机软件拟合数据绘图，建议使用 DIS 实验通用软件，因为通用软件对数据处理更加自由灵活，不束缚学生的思维。值得强调的是，计算机软件纯粹是一种现代化信息工具而不是给学生预设好结果。学生在教师指导下，在软件中建立数据表格、坐标系、拟合图线、得到函数关系式一气呵成，大大提高实验教学的课堂效率及学生探究、学习的效率。实验数据处理结果如图 3-26 所示。

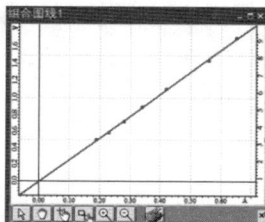

（a）数据表格　　　（b）数据的图线拟合　　　（c）拟合出的函数表达式

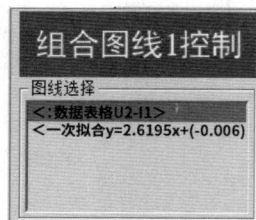

图 3-26

3. 交流与协作

不同小组可以测量相同材料、不同规格的电阻丝的电阻率，在完成实验后，分享自己测得的电阻率，并与其他小组进行比较，看看同种材料的电阻丝的电阻率和长度、横截面积是否有关。可以通过查表对比电阻丝的电阻率的标准值，各小组讨论产生差异的原因及减少差异的方法。

4. 知识拓展

介绍不同电阻率材料的特点及半导体材料的应用。

四、实验注意事项

1. 电流表内接法和外接法的选择。本实验所用到的待测电阻丝的阻值不超过 3 Ω，所以用电流表外接法比较合适。

2. 利用通用软件进行实验时，要选择手动输入，且在开关闭合前要进行传感器调零。

3. 本实验采用滑动变阻器限流器接法，所以滑动变阻器的最大阻值不宜太小。

4. 本实验建议使用电压可调的直流稳压电源，选择合适的电压，通过被测金属丝的电流不宜过大，通电时间不宜过长，以免金属丝的温度明显升高，造成其电阻率在实验过程中逐渐增大。

5. 采用图像法求电阻阻值时，记录的各数据点电压或电流要变化明显，而且要取 6 组以上数据。

五、评价与测试

1. 为测量一根合金金属丝（电阻约 10 Ω）的电阻率 ρ，选用的器材有：电压表（选用量程 0～3 V，内阻约 3 kΩ），电流表（选用量程 0～0.6 A，内阻约 0.2 Ω），滑动变阻器（0～50 Ω），学生电源（恒压输出 3 V），开关，导线若干。

（1）请用笔画线代替导线将图 3-27 所示的电路补充完整。

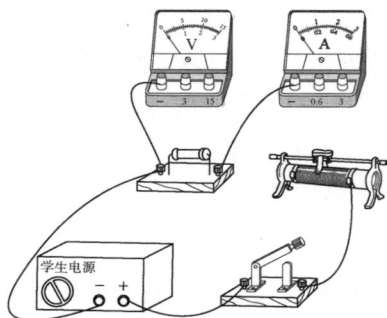

图 3-27

（2）实验数据记录在表 3-10 中，请在图 3-28 中作出 U-I 图线，并求出该金属丝的电阻。

表 3-10

序号	1	2	3	4	5	6
电压 U/V	0.80	1.20	1.60	2.20	2.50	2.80
电流 I/A	0.10	0.15	0.20	0.27	0.31	0.35

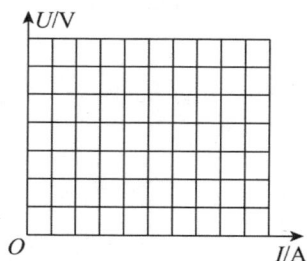

图 3-28

（3）已知测得的金属丝直径为 6.495 mm，长度为 0.7 m，求它的电阻率。

2. 实验室购买了一捆标称长度为 100 m 的铜导线，某同学想通过实验测定其实际长度。该同学首先测得导线横截面积为 1.0 mm²，查得铜的电阻率为 1.7×10^{-8} Ω·m，再利用图 3-29 所示电路测出铜导线的电阻 R_x，从而确定线的实际长度。

可供使用的器材有：

电流表:量程 0~0.6 A,内阻约 0.2 Ω;

电压表:量程 0~3 V,内阻约 9 kΩ;

滑动变阻器 R_1:最大阻值 5 Ω;

滑动变阻器 R_2:最大阻值 20 Ω;

定值电阻:$R_0 = 3$ Ω;

电源:电动势 6 V,内阻可不计;

开关、导线若干。

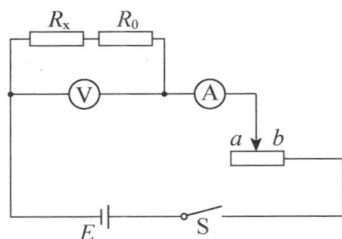

图 3-29

回答下列问题:

(1)实验中滑动变阻器应选_____(选填"R_1"或"R_2"),闭合开关 S 前应将滑片移至_____端(选填"a"或"b")。

(2)这里 R_0 的作用是什么?

(3)改变滑动变阻器的位置,读取多组数据并处理后得到 U-I 图线,如图 3-30 所示:

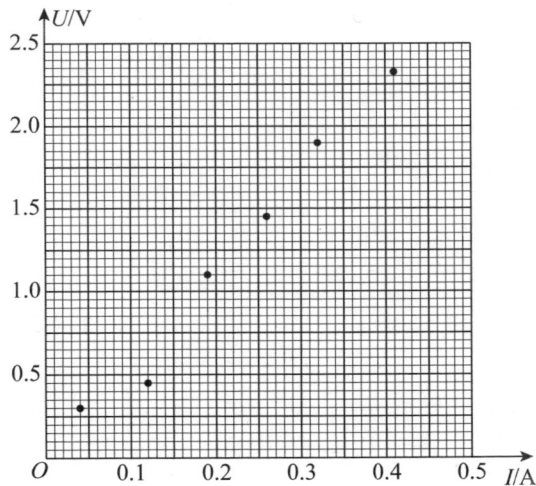

图 3-30

该铜导线的实际长度为 _____ m。(保留 2 位有效数字)

六、思考与讨论

1. 如果本实验电路图[见图 3-31(a)]改成分压电路[见图 3-31(b)],是否可行? 比较一下采用这两种电路进行实验的优缺点。

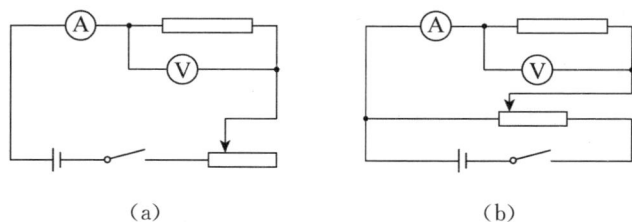

图 3-31

2. "列表记录数据,用公式求出电阻率,并求电阻率的平均值""用传统描点在方格纸上再画图的方法""利用计算机软件描点拟合图线",比较这三种处理数据的方法,它们对培育学生物理学科核心素养有何不同? 各有什么优点和缺点?

七、参考答案

(一) 评价与测试

1. (1) 如图 3-32 所示。 (2) 如图 3-33 所示,8 Ω。

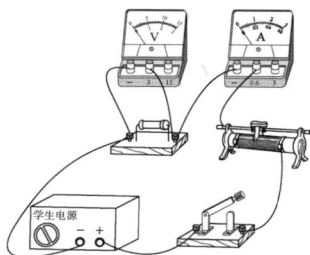

图 3-32

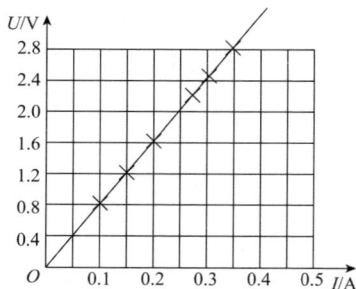

图 3-33

(3) 3.78×10^{-4} Ω·m。

2. (1) R_2,a;(2) 限流;(3) 1.6×10^2。

(二) 思考与讨论

1. 实验中采用限流电路,可能会发生电压传感器(电压表)变化范围过小的情况,由此可以引导学生分析原因,学生讨论后给出解决方案。通过实践滑动变阻器的两种接法,学生能够体会到:限流器连接比较简单,但在电阻丝阻值比滑动变阻器总阻值大很多的情况下,它两端电压变化范围会很小;分压器接法连接比较复杂,而且相对来说比较耗能,但是可以让电阻丝两端电压从 0 开始变化且变化范围更大一些。

2. 只要是测量的物理量不随客观环境因素改变，都可以用多次测量取平均值的方法来减小误差。但是如果测量中有一次偏离真值特别大，若采用平均值的方法就会导致最终的结果误差较大，而采用描点拟合图线的方法可以清楚、直观地看出明显偏离、误差大的值，从而可以直接舍去，通过拟合图线的斜率得到电阻值，因此拟合图线法是对实验数据分析的重要方法。图线拟合的过程可以是学生在方格纸上自己取合适的标度用铅笔描点作图，体会拟合图线法的完整过程，培养学生严谨的科学态度；也可以利用计算机软件描点拟合图线实现高精度、高速度，能够提高课堂效率。可以让学生课后完成作图，课堂上进行用计算机作图规范性和准确性的说明。

上海理工大学附属中学　陆　煜　撰写

5. 用多用电表测量电学中的物理量

本实验是学习使用指针式多用电表测量电路中的电阻 R 两端电压、流过电阻 R 的电流及电阻 R 的阻值。实验装置图如图 3 - 34 所示。

扫一扫，看实验视频

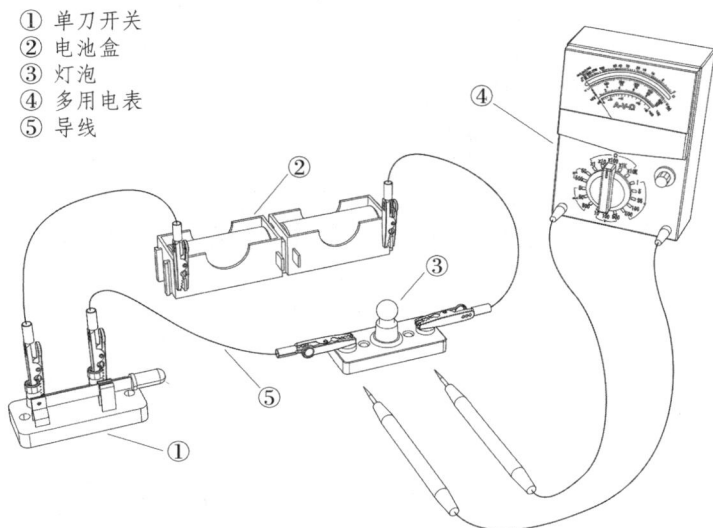

① 单刀开关
② 电池盒
③ 灯泡
④ 多用电表
⑤ 导线

图 3 - 34

本实验是《课标》必修 3"3.2　电路及其应用"主题中的内容,属于测量性实验。

一、教学要求

《课标》对本实验的要求是:会使用多用电表测量电路中的电流和电压,会测量导体的电阻。

学生通过本实验能了解指针式多用电表的外观特点;知道多用电表的主要测量功能;掌握多用电表的使用方法;知道指针式多用电表测量电阻的原理;会使用多用电表测量电路中的电阻 R 两端电压 U、流过电阻 R 的电流及电阻 R 的阻值;能够根据测量要求选择正确的挡位;能够正确读数;知道使用指针式多用电表测量电压与电流时会存在误差;知道使用多用电表测量电阻是一种较为粗略的测量方法;会撰写实验报告;会正确表述实验的过程和结果;通过体验使用多用电表测量电路中的物理量,体会科学工作者的科学责任和科学设计中的创新精神。

二、实验能力要素及行为表现

1. 实验能力发展层级图

本实验能力发展层级图如图 3-35 所示。

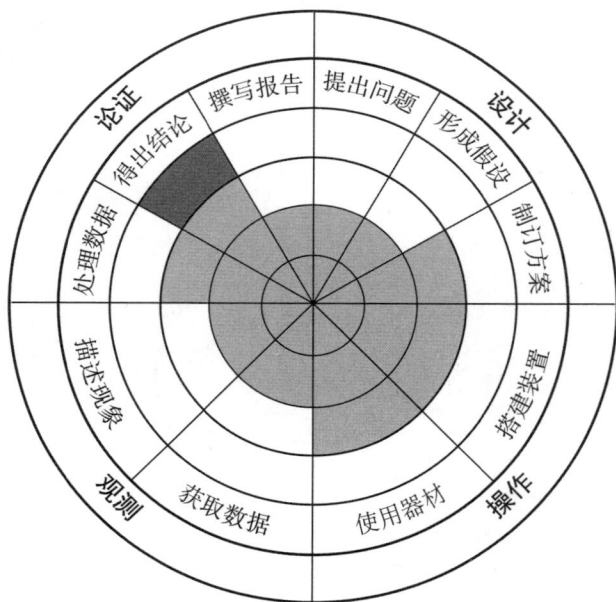

图 3-35

2. 实验能力行为表现水平

本实验能力行为表现水平如表 3-11 所示。

表 3-11 "用多用电表测量电学中的物理量"实验能力行为表现水平表

能力要素	环节	行为表现	水平
	提出问题	根据已经学习的电学物理量,提出用多用电表可以测量哪些物理量	2
	形成假设	对要测量的电压、电流和电阻的大小,作出初步的预估,根据预估值选择量程或倍率	2
设计	制订方案	能在教师指导下,知道要测量电路中某处的电流,应该把选择开关调节到恰当的电流挡位,把多用电表串联在所要测量的电路中;要测量电路中某两点之间的电压,应该把选择开关调节到恰当的电压挡位,把多用电表表笔直接跟所测的两点接触;要测量导体的电阻,应该把选择开关调节到恰当的电阻挡位,在被测电阻脱离电源的情况下,把多用电表表笔与导体两端相连。 能根据教材内容,知道测电流时,先用器材组成如图 3-34 所示的闭合电路,再用多用电表测量电路中某处的电流,会操作选择开关,正确选定电流量程,会把红表笔、黑表笔正确连接到电路中,并能够正确读取电流数值;知道测电压时,要正确选定电压量程,会正确地把红表笔、黑表笔连接到所需测量的元件两端,并正确读取电压数值;知道测电阻时,要正确选定电阻挡倍率,会正确完成电阻挡调零的操作,会根据指针位置和倍率正确读取电阻的读数	3

（续表）

能力要素	环节	行为表现	水平
操作	搭建装置	测电流时,先用器材组成如图3-34所示的闭合电路,把红表笔、黑表笔正确连接到电路中;测电压时,把红表笔、黑表笔连接到所需测量的元件两端;测电阻时,在被测电阻脱离电路的情况下,把多用电表表笔与导体两端相连。在合作搭建过程中,能注意检查电源两端是否可能发生短路;注意电表是否正确连接,并主动交流,以免无法正常工作或损坏	3
	使用器材	使用前,检查多用电表的指针是否停在表盘刻度线的零刻度线位置,若不指零,则会用小螺丝刀进行机械调零。会根据要测量的不同物理量选择相应的挡位;能注意到多用电表的量程。 测量电压、电流时:会根据对元件物理量的估计值或标示值,选择正确的量程;能根据所测量的物理量,正确地把多用电表并联或串联接入电路内;知道多用电表不能测量负值,红色表笔须与高电势点连接。 测量电阻时:会根据对元件物理量的估计值或标示值,选择正确的倍率;意识到测量电阻时,每次改变倍率,需要重新调零后测量;能分析、判断误差的来源,并在教师或同伴的帮助下设法减小误差。 多用电表使用后,将选择开关置于"OFF"挡或交流电压的最高挡,拔出表笔	3
观测	获取数据	会选择与测量的物理量对应的刻度线正确读数	2
	描述现象	能够描述多用电表正确接入电路中元件两端时指针的偏转情况及示数	2
论证	处理数据	能通过电压表和电流表示数计算得到电阻阻值,用多用电表测量同一电阻的阻值	3
	得出结论	能完整清晰地表述测量的电压、电流和电阻的测量值,并清晰、准确地记录在表格内。 能有依据地评估自己和他人的测量结果是否存在异常。若存在异常,能进一步分析讨论造成异常的原因	4
	撰写报告	能撰写完整的实验报告,在报告中能呈现设计的实验步骤、实验表格,以及数据分析过程和实验结论,能有针对性地反思过程与结果	2

三、教学活动建议

在本实验之前,学生已学习过有关直流电路的基本知识,而且已经基本掌握实验室常用的电压表和电流表的使用方法。本实验是在此基础上,进一步学习直流电路基本知识的具体应用,特别是多用电表的使用方法和用多用电表测电阻的原理,为后续的学习打下基础,这样能激发学生的学习兴趣,对于培养学生的合作、探究、交流能力具有重要的实际意义。

1. 指导学生观察多用电表,明确使用注意事项

(1) 观察多用电表的外形,认识选择开关的档位(测量项目及量程或倍率);

(2) 如何进行机械调零;

(3) 红、黑表笔接电路的电势高低情况,以及在表内它与电源正、负极连接的情况;

(4) 选取不同的挡位读数时所对应的刻度盘位置;

(5) 选取不同的挡位和量程时,如何进行准确读数。

2. 提高利用多用电表解决实际问题的能力

在学会使用多用电表测量电流、电压和电阻的基本操作之后,可以引导学生使用多用电表测量二极管的正反向电阻,以探究二极管这个元件的特性。此外,还可以用多用电表探究黑箱中的电学元件、检查电路故障。

3. 协作与共享

一堂课的时间有限,一个小组不可能完成多种不同型号电器元件的测量,因此需要小组之间就实验过程、误差情况和实验数据进行共享。在共享过程中,注重交流实验过程中测量电器元件时对量程的估测、减少误差的方法和实验数据的不同点。

4. 延伸拓展

根据学生的情况,可拓展多用电表的内部结构、量程或倍率改变的原理,也可以介绍多用电表在工业测量中的用途,如高精度数字多用电表在铂热电阻测温中的应用。

四、实验注意事项

1. 表内电源正极接黑表笔,负极接红表笔,但是红表笔插入"＋"插孔,黑表

笔插入"—"插孔,注意电流的实际方向。

2. 区分"机械零点"与"欧姆零点"的调整,机械零点是指表盘刻度左侧的"0"位置,调整的是表盘下边中间的定位螺丝;欧姆零点是指刻度盘右侧的"0"位置,调整的是欧姆挡的调零旋钮。

3. 测电压时,多用电表应与被测元件并联;测电流时,多用电表应与被测元件串联。

4. 测量电阻时,每变换一次挡位都要重新进行欧姆调零。

5. 由于欧姆表盘难于估读,测量结果只需取两位有效数字;读数时注意乘以相应挡位的倍率。

6. 使用多用电表时,手不能接触表笔的金属杆,特别是在测电阻时,更应注意不要用两只手同时接触表笔的金属杆。

7. 测量电阻时,待测电阻要与其他元件和电源断开,否则不但会影响测量结果,甚至可能损坏电表。

8. 如果长期不用电表,应把表内电池取出。

9. 在研究二极管的单向导电性时,切记在二极管正向导通的情况下电路中必须连接灯泡或其他用电器,不能只连接一个二极管,否则极易烧坏二极管。

五、评价与测试

1. 用多用电表进行了几次测量,指针分别处于 a 和 b 的位置,如图 3-36 所示。若多用电表的选择开关处于表 3-12 中所指的挡位,则 a 和 b 的相应示数是多少?请填在表中。

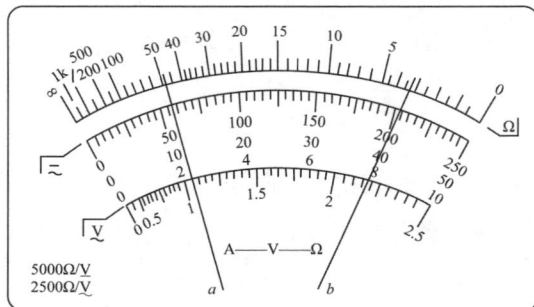

图 3-36

表 3 - 12

指针位置	选择开关所处挡位	示数
a	直流电流 100 mA	_____mA
	直流电压 2.5 V	_____V
b	电阻×100	_____Ω

2. 在"练习使用多用电表"实验中：

(1) 某同学欲测量一节干电池的电压，下述操作中正确的是_____。（填字母）

A. 欧姆调零，选择挡位，表笔接触电池两极（其中红表笔接触正极），读数

B. 机械调零，选择挡位，表笔接触电池两极（其中红表笔接触正极），读数

C. 选择挡位，机械调零，表笔接触电池两极（其中黑表笔接触正极），读数

D. 选择挡位，欧姆调零，表笔接触电池两极（其中黑表笔接触正极），读数

(2) 该同学欲测量如图 3 - 37(a)所示生活用电中插座的电压，则应把多用电表的选择开关打到如图 3 - 37(b)所示的_____位置（选填 A、B、C、…、或 Q）。

(3) 经过正确操作后，电表指针指向如图 3 - 37(c)所示，则插座的电压为_____V。

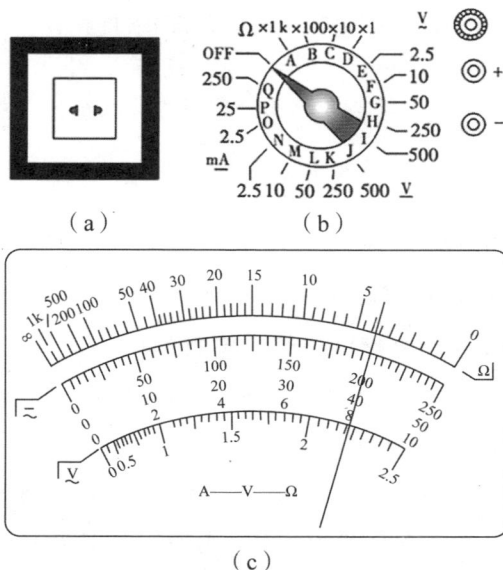

（a）　　　　（b）

（c）

图 3 - 37

3. 一学生用多用电表测电阻,他在实验中有违反使用规则之处,他的主要实验步骤如下:

(1) 对多用电表进行机械调零;

(2) 将选择开关扳到欧姆挡"×1 k"上;

(3) 把表笔插入测试笔插孔中,将两根表笔相接触,旋转调零旋钮,使指针指在电阻刻度的零刻度线处;

(4) 把两根表笔分别与某一待测电阻的两端相接,发现这时指针几乎满偏;

(5) 换用"×100"的欧姆挡,发现这时指针的偏转适中,随即记下示数;

(6) 把表笔从测试笔插孔中拔出后,就把多用电表放回桌上原处,实验完毕。

这个学生在测量时已注意到:待测电阻与其他元件和电源断开,不用手碰表笔的金属杆。他在实验中违反了哪一条或哪些重要的使用规则?

4. 在用多用电表正确测量了一个 10 Ω 的电阻后,需要继续测量一个阻值大约是 3 kΩ 的电阻。在用红、黑表笔接触这个电阻两端之前,以下哪些操作是必需的? 请选择其中有用的,按操作顺序写出:＿＿＿＿＿＿＿。

A. 调节调零旋钮使指针指着欧姆零点

B. 用螺丝刀调节表盘下中间部位的调零螺丝,使指针指零

C. 将红表笔和黑表笔接触

D. 把选择开关旋转到"×100"位置

E. 把选择开关旋转到"×1 k"位置

六、思考与讨论

1. 可以让学生对实验操作中的易犯错误或原理问题进行讨论:

(1) 如某同学在使用多用电表测电阻时,双手不小心碰到两支表笔的金属部分,判断电阻的测量值与真实值之间的大小关系,简述判断理由。

(2) 某同学发现在如图 3 - 38 所示的电路中,开关闭合后小灯不亮。已经确定是由于灯泡开路或短路引起的,在不允许拆开电路的情况下,简述使用多用电表

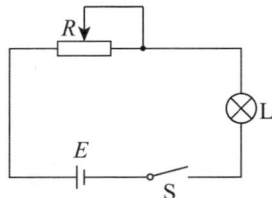

图 3 - 38

检测故障的过程。

2.《课标》中并没有指定使用指针式多用电表还是数字式多用电表,实验中使用了指针式多用电表进行实验设计。如果使用数字式多用电表,对于该实验的教学该如何开展? 与指针式多用电表的实验教学有什么区别?

七、参考答案

（一）评价与测试

1. 23；0.57；3.2×10^2。　2. B；H；200。　3. 步骤(4)换到合适的量程后,要重新欧姆调零；步骤(5)使用后不能把选择开关置于欧姆挡。　4. D、C、A。

（二）思考与讨论

1.（1）双手不小心碰到两支表笔的金属部分时,可测电阻与人体电阻并联,所以测量的阻值为并联总电阻的阻值,应该比真实值偏小。

（2）将多用电表调至电压挡,先接在灯 L 两端,再接在滑动变阻器两端。接在灯 L 两端时无示数,接在滑动变阻器两端时有示数,证明灯泡短路。否则,证明灯泡开路。

2. 与指针式多用电表相比较,数字式多用电表有如下优良特性:

（1）高准确度和高分辨力

三位半数字式多用电表表头的准确度为 $\pm 0.5\%$,四位半的表头可达 $\pm 0.03\%$,而指针式多用电表中使用的磁电式表头的准确度通常仅为 $\pm 2.5\%$。

分辨力即表头最低位上一个字所代表的被测量数值,它代表了仪表的灵敏度。通常三位半数字式多用电表的分辨力可达到电压 0.1 mV、电流 0.1 μA、电阻 0.1 Ω,远高于一般的指针式多用电表。

（2）电压挡具有较高的输入阻抗

电压挡的输入阻抗越高,对被测电路影响越小,测量准确性也越好。

三位半数字式多用电表电压挡的输入阻抗一般为 10 MΩ,四位半的则大于 100 MΩ。而指针式多用电表电压挡的输入阻抗是 $20 \sim 100$ kΩ。

（3）测量速率快

数字式多用电表的测量速率指每秒钟能完成测量并显示的次数,它主要取决于 A/D 转换的速率。三位半和四位半数字式多用电表的测量速率通常为每秒 $2 \sim 4$ 次,高的可达每秒几十次。

（4）自动判别极性

指针式多用电表通常采用单向偏转的表头，被测量极性反向时指针会反打，极易损坏。而数字多用电表能自动判别并显示被测量的极性，使用起来格外方便。

（5）全部测量实现数字式直读

指针式多用电表尽管刻画了多条刻度线，也不能对所有挡进行直接读数，需要使用者进行换算、小数点定位，易出差错。特别是电阻挡的刻度，既反向读数（由大到小）又是非线性刻度，还要考虑挡的倍乘。而数字式多用电表则没有这些问题，换挡时小数点自动显示，所有测量挡都可以直接读数，不用换算、倍乘。

（6）自动调零

由于采用了自动调零电路，数字式多用电表校准好以后使用时无须调校，比指针式多用电表方便许多。

（7）抗过载能力强

数字式多用电表具备比较完善的保护电路以及较强的抗过压、过流的能力。

当然，数字式多用电表也有一些弱点，如：

（1）测量时不像指针式仪表那样能清楚直观地观察到指针偏转的过程，在观察充、放电过程时不够方便。不过，有些新型数字表增加了液晶显示条，能模拟指针偏转，弥补这一不足。

（2）数字式多用电表的量程转换开关通常与电路板是一体的，触点容量小，耐压不很高。有的机械强度不够高，寿命不够长，导致用旧以后换挡不可靠。

（3）一般数字式多用电表的 V/Ω 挡共用一个表笔插孔，而 A 挡单独用一个插孔。使用时，应注意根据被测量的物理量调换插孔，否则可能造成测量错误或仪表损坏。

根据数字式多用电表的特点，在教学过程中，可多设计一些让学生通过使用数字式多用电表了解电子元件特性的实验，比如测量可变电阻器（电位器）的阻值范围，观察其变化是否线性；测量光敏电阻器的阻值，观察其阻值随光照强度的变化情况；测量热敏（NTC）电阻器的阻值，观察其阻值随温度的变化情况；测量人体皮肤的电阻（不同部位、不同干湿状态）；测量仪器中的小灯泡灯丝，先用电阻挡测出灯丝的冷态（常温）电阻，再用伏安法测出其在几种不同发光状态下的电阻，画出灯丝的伏安特性曲线，分析其电阻随温度的变化情况。

上海市民星中学　华　蕾　撰写

6. 测量电源的电动势和内阻

本实验是测量电源的电动势及内阻。根据闭合电路欧姆定律,通过测量闭合电路的外电压、外电阻或者回路电流等物理量,可以间接测得电源的电动势及内阻。本实验根据测量方案的不同,测量的物理量及采用的实验电路图不同,其中伏安法测电动势及内阻为本案例涉及的主要方法,其电路图及实物图如图 3-39 所示。

扫一扫,看实验视频

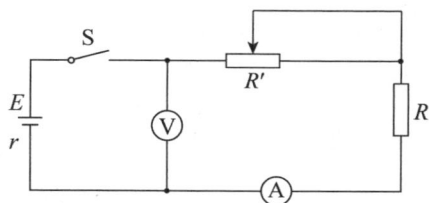

(a)电路图

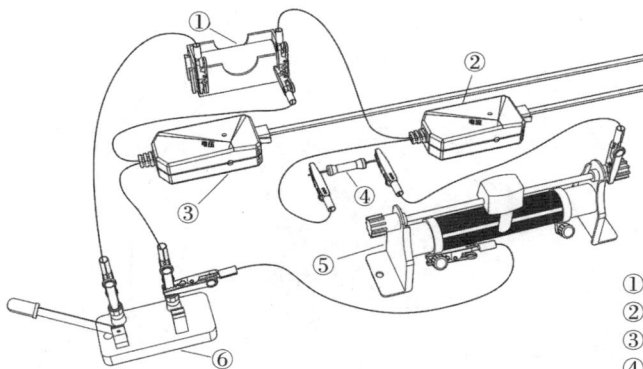

① 待测干电池
② 电流传感器
③ 电压传感器
④ 定值电阻
⑤ 滑动变阻器
⑥ 开关

(b)实物图

图 3-39

本实验是《课标》必修 3"3.2　电路及其应用"主题中的内容,实验类型为测量性实验。

一、教学要求

《课标》对本实验的要求为"理解闭合电路欧姆定律。会测量电源的电动势和内阻"。

在学习本实验前,学生应知道电动势及内阻是电源的两个重要参数,通过运用闭合电路欧姆定律测量电源电动势及内阻,提升物理观念;能通过实验,掌握间接测量及伏安法等重要的思想方法和测量方法,提炼科学思维;能在教师指导下完成测量电动势及内阻的实验方案设计,选择合适的实验器材,通过对图像法和计算法的分析,初步掌握减小误差的方法,提升方案设计及数据处理能力;了解电池的串并联在生活中的应用,体会物理与生活、科技的关系,并在测量各类电池的实验中培养实事求是、严谨务实的科学态度。

二、实验能力要素及行为表现

1. 实验能力发展层级图

本实验能力发展层级图如图 3 - 40 所示。

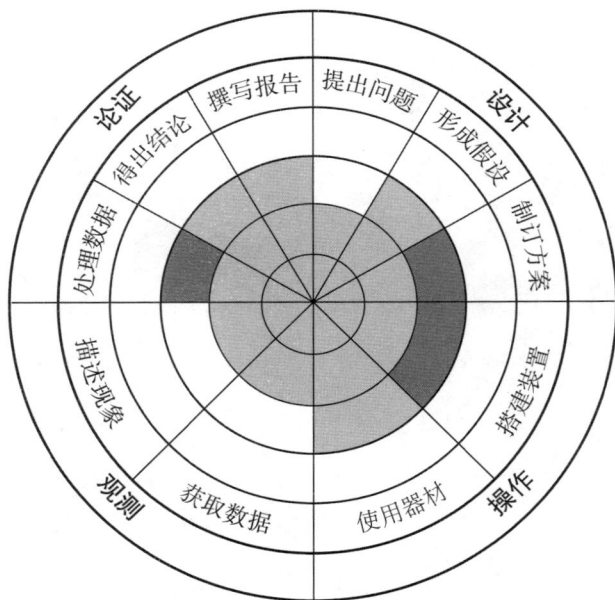

图 3 - 40

2. 实验能力行为表现水平

本实验能力行为表现水平如表 3 - 13 所示。

表 3 - 13 "测量电源的电动势和内阻"实验能力行为表现水平表

能力要素	环节	行为表现	水平
	提出问题	知道测量电源电动势及内阻的重要性,能了解测量电源电动势在解决实际问题中的作用	2
	形成假设	知道电源电动势及内阻是反映电源特性的物理量,不随外电路的变化而变化,但可以通过测量外电路而间接获得	3
设计	制订方案	能在教师指导或提示下完成以下内容:知道间接测量法,闭合电路欧姆定律为测量方法及原理,并能根据现有条件选择合适的待测量,如 U 和 I、I 和 R、U 和 R;能依据实验方法,设计实验电路图[知道开关、电压表(或电压传感器)、电流表(或电流传感器)的作用及位置],会根据需求,提出所需器材的规格并预设完整实验步骤;会设计 U-I、I-R、U-R 数据表格,能提出处理数据的方法,明白图像法处理数据的优势;能在已有的实验方案基础上,从原理与方法、器材与步骤、数据处理等方面进行改进、比较,了解他人的测量方案与自己的异同	3
操作	搭建装置	能按照实验方案准确搭建装置,能根据电表或 DIS 数据变化判断电路是否存在故障;若发生电路故障,能大致确定故障所在位置	3
	使用器材	能选择合适的电压表、电流表;能在一定范围内挑选出合适的保护电阻和滑动变阻器;知道开始测量前滑动变阻器和开关所处状态;知道开始实验后须闭合开关,并调节滑动变阻器,观察数据,避免超过电表量程;知道调节滑动变阻器时,电压表或电压传感器示数变化过小,会造成误差	3
观测	获取数据	能正确判断电压表(或电压传感器)、电流表(或电流传感器)的示数随外电阻的变化规律是否正确;能准确读取电压表(或电压传感器)、电流表(或电流传感器)的示数;能将数据准确记录在表格中	2
	描述现象	能准确描述实验中外电压随外电阻变大而变大、干路电流随外电阻的变大而变小等电路变化现象	2

（续表）

能力要素	环节	行为表现	水平
论证	处理数据	能根据不同的方案(U-I、I-R、U-R)将数据"化曲为直";能正确描点,绘制光滑的曲线或直线,会使用图像法剔除数据中的粗差;能从图像中获得正确的截距及斜率	3
	得出结论	能根据图像数据及实验方案得出正确的电动势及内阻;能基于证据,比较他人的结论与自己的异同,知道不同电池的电动势及内阻各有差异,知道电池的新旧会影响电动势及内阻的数值	3
	撰写报告	能用科学术语撰写实验报告,实验报告格式完整,包含测量数据及实验注意事项等	3

三、教学活动建议

在本实验前,学生已经基本掌握了闭合电路欧姆定律及电学量的测量等规律及技能,因此本实验能够帮助学生全面加深对规律的认知,强化操作技能,提升实验设计、使用器材和处理数据的能力。同时,实验方案中运用的重要思想方法如间接测量法、伏安法、图像法等,也在之前的同类实验中出现过,因此本实验还应起到总结、提炼重要研究方法,促进科学思维能力发展的作用。

1. 基于真实情景的问题设定

测量性实验不存在问题提出和形成假设的环节,但是在教学时还是应该加入真实问题,如"为什么要做这个实验""如何解决这个问题"等,从而凸显实验的价值,激发学习兴趣,也能为学生提供感性的素材,建立理论与实践的联系。在本实验教学时,可以适时提出基于生活或者实验结果的问题,引起学生的讨论,从而形成课堂中的生成问题,提升教学的有效性。

问题一:(观看视频后)土豆电池能为手机充电,这是真的吗?

问题二:干电池用久了,电动势和内阻会不会发生变化呢?

问题三:为什么遥控汽车用过的电池(无法使用),还可以在一般的遥控器上使用?

意义:认识电动势及内阻是电源的重要特性,使本实验成为有意义的测量,即回答"为什么要做这个实验"这一问题。

问题四：通过直接测量电源两端的电压和短路电流得出电动势和内阻，这种方法有问题吗？

意义：了解测量性实验的安全原则，提出间接测量法的价值，并比较不同测量方法的误差来源。

2. 突出思想方法的台阶铺设

人们完成某方面任务能力的强弱，与掌握方法的自觉程度与熟练程度有着密切的关系，因此突出思维方法的培养，是教学活动的关键。在本实验中，对于方法的自觉程度与熟练程度决定了制订方案能力的高低，因此可以设置多个活动台阶，让学生有意识总结方法，形成共同认知，随后再对方案进行制订或改进，可以提高学生的决策力。

台阶一：实验开始时可组织学生讨论测量电阻的实验方案。

意义：借助熟悉的方案讨论，回顾间接测量法、伏安法等物理测量方法，比较计算法与图像法的区别；借此思考测干电池电动势和内阻的方法，训练类比、迁移等思维方式；思考"如何做这个实验"，为后续在教师指导下设计实验方案埋下伏笔。

台阶二：了解电路设计的"安全"原则后，讨论如何改进伏安法测电动势及内阻的实验电路图。

意义：了解保护电阻的意义及开关所在位置的缘由，了解电路安全操作的原则，为后续的实验操作搭建台阶。

3. 借助现代技术的便捷操作

现代技术是推进实验教学方式变革的重要因素。在本实验中，现代技术主要可应用于获取和处理实验数据，这不仅符合时代发展，同样也有利于对课堂时间的调控，突出对误差来源和操作要求的关注。值得注意的是，在本实验前学生已经熟练掌握了指针式电压表及电流表的使用及读数规范，而本实验的目的是形成对测量性实验的方案制订的系统认识，并能根据数据结果，通过对误差来源的分析，不断优化操作过程，因此在记录数据并绘图上，不应花费太多时间。

技术一：采用电压传感器和电流传感器测量电路的外电压及电流。

意义：节省测量时间，能获得准确且稳定的数据，有助于全面关注数据呈现的变化规律,同时便于数据的处理。

技术二:使用计算机绘制 U-I 图像,获得测量结果。

意义:节省了绘制图像的时间,能够有效剔除粗差;通过对比他人数据结果,了解 U-I 图像中所有的点都较集中在外电压较大时的原因,以及获取实验数据时该如何减小实验误差的方法,并能留存截图,对比重复实验(减小误差)后的结果。

4. 提升实验能力的教学延伸

课堂的教学内容可以通过问题、制作、课题等形式延续到课后,供学有余力的学生拓展。本堂课的重点培养目标是提升伏安法的方案设计能力,而其余的两种方法(使用电压表及电阻箱和使用电流表及电阻箱)应该是后续习题课的重要学习内容之一,因此在课堂中可以通过课后问题的形式,为习题课的学习增加联系实际的意义。

延伸一:能否使用同样的方法(伏安法)测量土豆电池的电动势和内阻呢?

延伸二:若实验时不存在合适的电压表或电流表,能否转变实验方案呢?

意义:打破思维定式,培养质疑与创新精神;促进对设计方案的反思,提升课堂思维容量,产生新方案。

四、实验注意事项

1. 器材选择的注意事项:干电池应选择内电阻较大的旧电池,定值电阻(保护电阻)的阻值约为 $2\sim4\Omega$,滑动变阻器的规格为"20Ω $2A$",开关应保证良好接触。

2. 实验操作的注意事项:实验开始前,滑动变阻器的滑片应置于阻值最大位置,开关须断开;实验操作时,应调节滑动变阻器,尽量使外电压变化范围大一些(在不短路和超量程的情况下),避免长时间大电流引起电池及设备损坏。

五、评价与测试

1. 在测量干电池电动势 E 及内阻 r 的实验中,某同学按照如图 3-41(a)所示的电路图连接器材,并读取了多组电压表 U 及电流表 I 的示数,绘制了 U-I 图线,如图 3-41(b)所示。则该图线的表达式为_____(用 E、r、U、I 表示),该同学可以通过图线中的_____测得电动势及内阻。

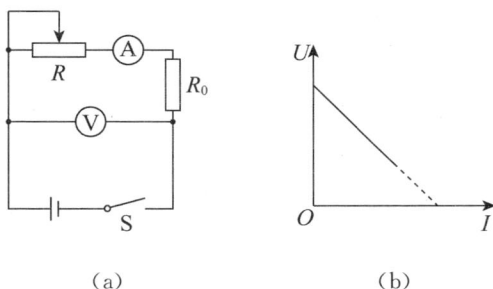

（a） （b）

图 3-41

2. 在设计测量电源的电动势和内阻的方案时，某同学想到了如图 3-42 所示的电路。若已知电阻 R_1 和 R_2 的阻值，当开关分别连接到位置 1 和位置 2 时，获得电流表示数后，（   ）。

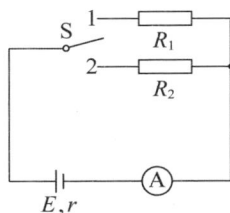

图 3-42

A. 可以得出电源的电动势，但不能得出电源的内阻

B. 可以得出电源的内阻，但不能得出电源的电动势

C. 可以得出电源的电动势，也可以得出电源的内阻

D. 不能得出电源的电动势，也不能得出电源的内阻

3. 某同学计划用图 3-43(a) 所示的电路测量电源的电动势 E 和内阻 r，R_1 是滑动变阻器，已知定值电阻 R_2。

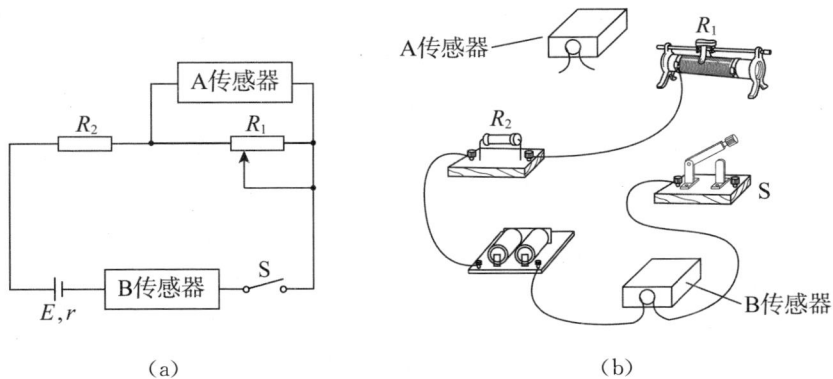

（a） （b）

图 3-43

(1) 图 3-43(a) 中 A、B 分别是_____传感器、_____传感器。

（2）请根据图 3-43(a)，用笔画线代替导线将图 3-43(b)中实物图补充完整。

（3）在该实验中，设 A 传感器的示数为 a，B 传感器的示数为 b，则 a 关于 b 的函数关系式为 $a=$ _____ 。（用 b、E、r、R_2 表示）

4. 用电流表和电压表测定由三节干电池串联组成的电池组（电动势约 4.5 V，内阻约 1 Ω，允许通过的最大电流为 0.5 A）的电动势和内阻，除待测电池组、开关、导线外，还有下列器材供选用：

A. 电流表：量程 0.6 A，内阻约 1 Ω；

B. 电流表：量程 3 A，内阻约 0.2 Ω；

C. 电压表：量程 3 V，内阻约 30 kΩ；

D. 电压表：量程 6 V，内阻约 60 kΩ；

E. 滑动变阻器：0～1000 Ω，额定电流 0.5 A；

F. 滑动变阻器：0～20 Ω，额定电流 2 A。

（1）为了使测量结果尽量准确，电流表应选用_____，电压表应选用_____，滑动变阻器应选用_____。（均填仪器的字母代号）

（2）请在方框中画出相应的电路图。

（3）实验前发现电压表坏了，于是不再使用电压表，剩余仪器中仅用电阻箱替换了滑动变阻器，则实验时读出几组电阻箱的阻值 R 和对应电流表的示数 I。用图像法处理采数据，为使在直角坐标系中得到的函数图像是一条直线，则可以以_____为纵坐标，以_____为横坐标。

5. 某同学通过实验测量一节干电池的电动势和内阻，可供选择的器材有：

电流表（0～0.6 A～3.0 A）；

电压表（0～3 V～15 V）；

滑动变阻器 R_1（10 Ω，2 A）；

滑动变阻器 R_2（100 Ω，2 A）；

定值电阻 R_0(1.5 Ω,2 A);

电键 S 及导线若干。

（1）为方便实验调节且能较准确地进行测量,滑动变阻器应选用_____（选填"R_1"或"R_2"）。

（2）按照如图 3 - 44(a)所示的电路图连接线路,测得数据如表 3 - 14 所示:

表 3 - 14

次数	1	2	3	4	5
I/A	0.15	0.20	0.30	0.40	0.50
U/V	1.46	1.45	1.43	1.42	1.39

由上表数据可看出,电压表示数变化不明显,其原因可能是:_____。

（3）为使电压表的示数变化更明显,该同学打算调整实验方案,他将上述器材的连线略加改动,在图 3 - 44(b)中画出改动后的实物连接图。

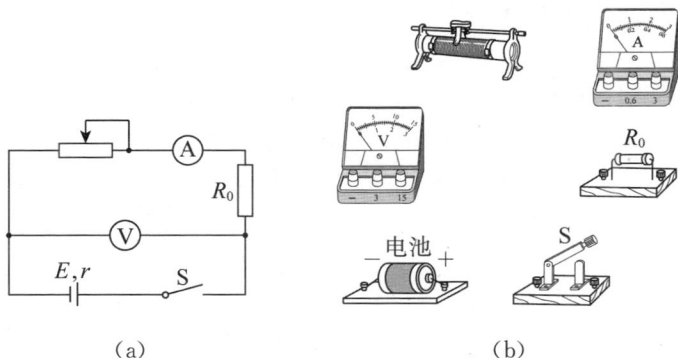

（a）　　　　　　　　　（b）

图 3 - 44

6. 各取一片铜片、锌片,相隔一定距离插入水果(如苹果等)内,就构成了简易水果电池。用电阻箱、内阻为 300 Ω 的微电流表(量程 0～500 μA)、水果电池、开关等连接构成如图 3 - 45 所示的电路。闭合开关后,某同学调节电阻箱,并将电阻箱阻值及微电流表示数记录于表 3 - 15 中。

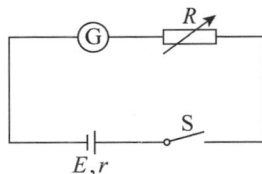

图 3 - 45

表 3 - 15

$R/\mathrm{k}\Omega$	1	2	3	4	5
$I/\mu\mathrm{A}$	150	127	110	97	88

（1）该水果电池的电动势为多大？内阻为多大？

（2）若想进一步研究水果电池的电动势大小与金属片（铜片、锌片）插入水果的深度间的关系，请选择合适的器材，并设计实验方案。

六、思考与讨论

1. 若想要测量土豆或者可乐电池的电动势及内阻，应选择怎样的方式？试画出电路图，简述测量过程。

2. 在测量干电池的电动势及内阻时，应选择旧电池还是新电池？为什么？

七、参考答案

（一）评价与测试

1. $U = E - Ir$；纵坐标截距、斜率（纵坐标截距为电动势，斜率的绝对值为内阻）。2. C。

3.（1）电压；电流。提示：A 传感器与滑动变阻器并联，则 A 传感器是电压传感器；B 传感器串联在电路中，则 B 传感器是电流传感器；

（2）如图 3 - 46 所示。提示：电源、传感器 B、开关、滑动变阻器、定值电阻组成串联电路，A 传感器并联在滑动变阻器两端；

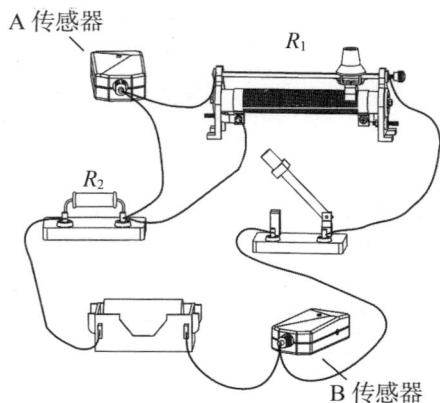

图 3 - 46

（3）$E-b(r+R_2)$。

4.（1）A;D;F。提示：实验中电流较小，若选用 3A 量程测量误差较大，故为了准确测量，电流表应选 A；电源的电动势约为 4.5V，电压表应选 D；若滑动变阻器的总电阻值太大，则调节不方便，为方便实验操作，滑动变阻器应选 F；

（2）如图 3-47 所示；

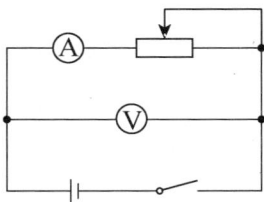

图 3-47

（3）$\frac{1}{I}$;R。提示：电压表不能用，则变阻器换为电阻箱，由闭合电路欧姆定律得 $E=I(r+R)$，由此可以得到 $\frac{1}{I}=\frac{1}{E}R+\frac{r}{E}$。因此，要以 $\frac{1}{I}$ 为纵坐标、R 为横坐标作图求解。

5.（1）R_1;（2）干电池的内阻很小，所以导致内电路的电压降很小;（3）如图 3-48 所示。

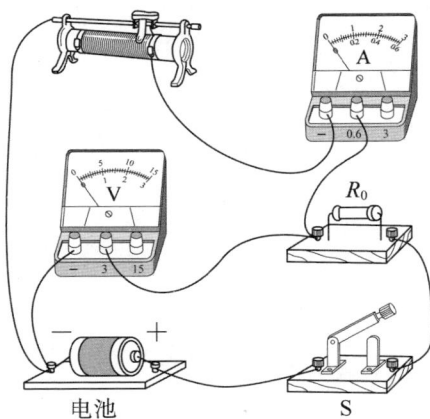

图 3-48

6. (1) 0.84 V；4 300 Ω；

(2) 方案：本实验可采用安阻法。根据 $E=U_外+U_内$，可知 $E=I(r+R_G)+IR$，只需测得 I 及 R 便可求得 E。为了减小误差，也可绘制 $\frac{1}{I}$-R 图线，由直线斜率得出 E。

由于水果电池的电动势较小、内阻较大，因此需采用 $0\sim99\,999.9$ Ω 的电阻箱以及微电流表。微电流表的内阻不可忽略，因此 $\frac{1}{I}=\frac{1}{E}(R+r+R_G)$。

器材：水果电池（铜片、锌片）、微电流表、电阻箱、开关、导线若干。

步骤：

(1) 在两块金属片上标记刻度；

(2) 断开开关，连接实验电路；

(3) 控制金属板插入深度不变，调整电阻箱，记录微电流表示数和电阻箱阻值；

(4) 绘制 $\frac{1}{I}$-R 图线，得出电动势 E；

(5) 改变插入深度，重复实验；

(6) 根据插入深度及电动势数据，判断插入深度是否对电动势存在影响。

（二）思考与讨论

1. 可以采用伏阻法，电路图如图 3-49 所示：

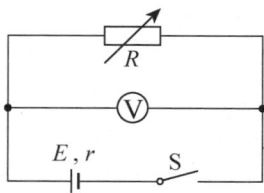

图 3-49

(1) 按照电路图，连接电路；

(2) 闭合开关，记录电压 U 及电阻箱阻值 R；

(3) 改变电阻箱阻值，多次记录电压 U 及电阻箱阻值 R；

（4）绘制 $\dfrac{1}{U} - R$ 的图像；

（5）根据图像斜率及截距计算电动势及内阻。

2. 旧电池。因为旧电池的内阻更大，内电压也会更大，更容易被测量。

复旦大学附属中学　赖佳颖　撰写

7．用单摆测量重力加速度的大小

　　本实验的目的是用单摆测量重力加速度的大小。由单摆周期公式 $T = 2\pi\sqrt{\dfrac{l}{g}}$ ，可得 $g = \dfrac{4\pi^2 l}{T^2}$ ，通过测量单摆的摆长和周期，间接测得重力加速度的大小。实验装置如图 3–50 所示。

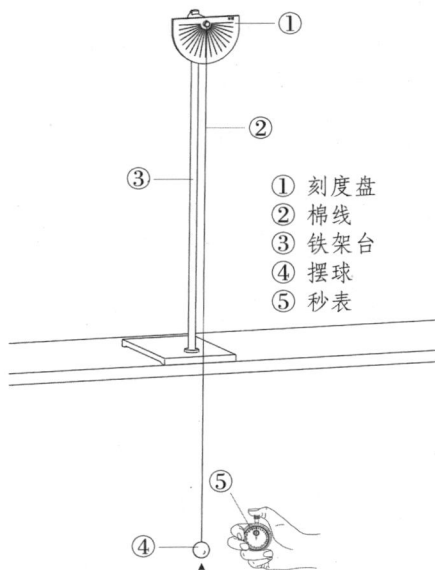

　　本实验是《课标》选择性必修 1"1.2　机械振动与机械波"主题中的内容，实验类型为测量性实验。

① 刻度盘
② 棉线
③ 铁架台
④ 摆球
⑤ 秒表

图 3–50

一、教学要求

《课标》中对本实验的要求是"会用单摆测量重力加速度的大小"。

学生在学习本实验时,能分析相关事实,在他人的帮助下设计实验方案;能选用器材进行实验,获得实验数据,能注意减小实验误差;能分析数据,得出重力加速度的大小;能用科学的语言撰写实验报告,在报告中呈现设计记录数据的表格、数据分析过程和实验结论;能反思评估测量加速度的方法和减小误差的方法。

二、实验能力要素及行为表现

1. 实验能力发展层级图

本实验能力发展层级图如图3-51所示。

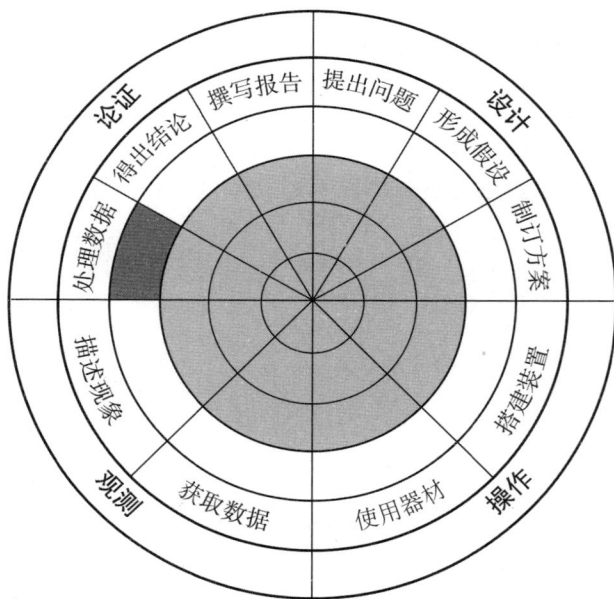

图3-51

2. 实验能力行为表现水平

本实验能力行为表现水平如表3-16所示。

表 3-16　"用单摆测量重力加速度的大小"实验能力行为表现水平表

能力要素	环节	行为表现	水平
设计	提出问题	在学习了单摆周期公式后,从应用物理规律的角度,提出"如何利用单摆测量重力加速度的大小"等问题	3
	形成假设	根据单摆周期公式 $T=2\pi\sqrt{\dfrac{l}{g}}$,若测出单摆的摆长 l 和周期 T,则可计算出 $g=\dfrac{4\pi^2 l}{T^2}$,从而得到重力加速度的大小	3
	制订方案	能在他人指导或提示下完成以下内容:选择单摆作为实验对象;知道摆线的长度远大于小球的直径,质量远小于小球的质量;知道选择直尺测量摆线的长度 l_0、游标卡尺测量摆球的直径 d,知道摆长 $l=l_0+\dfrac{d}{2}$;知道测量小球连续完成30～50次全振动的时间 t,计算得到单摆的周期 $T=\dfrac{t}{n}$;知道改变几次摆长,测量摆长对应的周期,根据 $g=\dfrac{4\pi^2 l}{T^2}$,分别计算几个重力加速度,然后求平均值,或者作 l-T^2 图像,根据图线的斜率求得重力加速度 g;能写出完整的实验步骤;设计合理的记录数据的表格;能预判误差的来源,并在教师或同伴的帮助下设计减小误差的方法和步骤	3
操作	搭建装置	能按照实验方案准确搭建装置,能在铁架台的横杆上用铁夹固定摆线上端,防止单摆摆动过程中悬点发生变化导致摆长改变;能针对单摆的条件确保摆线长度合理($l\gg d$);能在计时基准点做好标记	3
	使用器材	会通过改变摆线长度的方式改变单摆振动的周期,知道摆线长度的改变要在合适的范围内($l\gg d$);知道实验过程中要确保小球偏离平衡位置的摆角不超过5°;知道由静止释放摆球,且要确保单摆的运动在同一竖直平面内;知道为了尽量准确地测量周期,应以平衡位置作为开始计时和结束计时的位置,并且要测量30～50次全振动的时间	3

（续表）

能力要素	环节	行为表现	水平
观测	获取数据	在用停表测量单摆做简谐振动的周期时,会读取停表的示数;在用刻度尺测量悬挂状态下摆线的长度和用游标卡尺测量小球的直径时,会正确读数;能设计表格记录数据	3
	描述现象	实验中能准确描述摆角和摆长是否合理、开始计时和结束计时的位置是否准确;能准确记录单摆的摆长、全振动的次数和时间	3
论证	处理数据	利用计算法处理数据时,知道根据 $T=2\pi\sqrt{\dfrac{l}{g}}$ 计算多组 l、T 对应的 g,然后求 $\bar{g}$,作为测量结果。 利用图像法处理数据时,能选择合适的物理量作为横、纵坐标将数据"化曲为直",在坐标系中能正确描点绘制光滑的直线,能从图像中获得重力加速度的测量值。 通过交流各组测得的重力加速度值及数据处理方法,认识实验误差是不可避免的,能在教师的指导下初步掌握减小误差的方法	4
	得出结论	能根据计算法或图像法得出重力加速度的测量值	3
	撰写报告	能在实验报告的各个板块中用科学术语撰写完整的实验报告,在报告中能呈现设计的实验表格、数据分析过程及实验结论,能反思评估关于重力加速度的不同测量方法	3

三、教学活动建议

根据《课标》,本实验可分为两个任务。第一个任务是:要求学生通过实验收集单摆的周期和摆长的关系的数据,尝试用不同的曲线拟合实验曲线,得出周期与摆长的二次方根成正比的关系;第二个任务是:要求学生知道单摆周期与摆长、重力加速度的定量关系,并能依据单摆周期公式用单摆测量重力加速度,完成实验,并在实验过程中要注意减小误差。本实验可以设计为 2 课时,第1 课时落实第一个任务:在进行单摆周期公式的理想化条件的教学时,让学生经历建构模型的过程,发展学生的建模能力;在进行单摆周期公式的教学时,通过对单摆周期规律的探究,发展学生分析和处理实验数据的能力,进而发展学科探究能力。第 2 课时落实第二个任务:做用单摆测量重力加速度实验,其中实验方案设计、搭建实验装置和减小实验误差是本实验需要落实的重点内容。

1. 在物理实验中培养学生发现和提出问题的能力

在学习了单摆周期公式后,可以组织学生讨论单摆周期公式在实际生活中的应用情境。比如,对于摆长、周期和重力加速度三个量,只要测量其中任意两个,就可以间接测量出第三个量,从而将单摆周期公式的应用分解为三个相对独立的情境。通过创设任务,学生可以在完成任务中运用科学思维,自己提炼出"用刻度尺测量摆长、停表测量周期,可以间接测量出重力加速度",将测量重力加速度变成一个具有可操作性的实验。

2. 通过实验培养学生制订计划的能力

(1) 指导学生选择实验器材,组织讨论设计实验方案

提供器材:不同材料的摆线、摆球,停表,刻度尺,游标卡尺,铁架台(包括铁夹、横杆)。

指导学生思考并讨论回答以下几个问题:

① 选择哪种材质的摆线,易伸长的还是不易伸长的? 质量小的还是质量大的?

② 选择哪种材质的摆球,密度大的还是密度小的?

③ 实验需要测量的物理量有哪些? 如何测量摆线长度? 如何测量摆球的直径? 如何测量周期?

④ 如何记录数据? 表格中应该有哪些栏目? 怎样组织这些栏目?

⑤ 用图像法处理数据,如何选择合适的物理量作为横、纵坐标? 如何获得重力加速度的测量值?

(2) 启发学生在搭建实验装置的过程中注意单摆周期公式应用的条件

① 如何搭建装置? 悬线上端是用铁夹固定还是缠绕悬挂?

② 释放摆球时,怎么知道释放角度小于 5°? 是使用量角器测量,还是利用振幅公式 $A = \theta L$ 计算出摆球偏离平衡位置释放的最大距离?

(3) 减小实验误差

① 测量摆线长度,是放在桌面上水平测量,还是在悬挂状态下测量? 是在自然下垂状态下测量,还是在拉直状态下测量?

② 如果没有游标卡尺,仅有刻度尺,如何比较准确地测量摆长?

③ 要准确地测量周期,应以摆球位于最高点还是平衡位置作为计时起点? 为什么要测量 n 次全振动的时间?

④ 摆球释放时,须注意哪些事项?

⑤ 摆球释放后,摆动过程中要注意哪些事项? 如何避免形成圆锥摆?

3. 提高反思与质疑的科学探究能力

建议学生改变摆角的大小多次实验,得到不同摆角时的重力加速度,再与当地重力加速度的实际大小进行比较,发现在摆角较小(比如小于 5°)时单摆周期的测量值较准确,从而理解单摆周期公式 $T=2\pi\sqrt{\dfrac{L}{g}}$ 的适用范围。

4. 发展学生的表达能力,让学生体验和享受合作的成果

本实验不同组别选用不同质量的摆球、不同摆角(都小于 5°)释放,比较不同组别测得的重力加速度大小,让学生理解单摆的振动周期与摆角、摆球质量无关。

5. 知识拓展

(1) 组织学生思考讨论测量重力加速度的其他方法,并尝试制订探究计划。

(2) 根据学生的实际情况,介绍用 DIS 实验系统完成单摆测重力加速度的相关内容。

四、实验注意事项

1. 器材选择

单摆要符合实验理论的要求,摆线要选择轻、细、不可伸长的线,摆球要选择密度大且质量分布均匀的摆球,建议准备多个不同质量的摆球。

2. 装置搭建

摆线上端要固定,可以用铁夹夹紧,以免单摆摆动时摆长发生改变。

3. 数据测量

(1) 测量摆长时,要测量自由悬挂状态下细线的长度,读数时还需要估读。

(2) 测量周期时,要测量 n 次全振动的时间,而且应以摆球位于平衡位置的时刻作为计时起始点和终止点。

（3）可以在铁架台上加装一块竖直的板，在板上贴好白纸，当小球静止时在白纸上作好平衡位置的标记，作为开始计时和结束计时的标记。利用量角器测量出摆球偏离平衡位置 5° 的位置，在白纸上作好标记，以确保小球释放时的摆角满足单摆周期公式的条件。

五、评价与测试

1. 利用单摆测量重力加速度时，为了使实验结果尽可能准确，应选择的实验器材是(　　)。

A. 乒乓球、丝线、停表、米尺

B. 软木实心球、细绳、闹钟、米尺

C. 铅质实心球、粗绳、停表、米尺

D. 铅质实心球、丝线、停表、米尺

2. 在"用单摆测量重力加速度的大小"实验中，若测得摆长 l、周期 T，采用公式 $g = \dfrac{4\pi^2 l}{T^2}$ 计算得到的 g 值偏小，可能是因为(　　)。

A. 摆球的质量太大

B. 测摆长时，将线长加小球直径作为摆长

C. 测周期记录全振动次数时，将 n 次全振动误记为 $(n+1)$ 次

D. 摆球上端未固定牢固，摆动中出现松动，摆线变长

3. 在"用单摆测量重力加速度的大小"实验中，改变摆线长度 l 并测出相应的周期 T，再以 T^2 为横坐标、l 为纵坐标，作出 $l\text{-}T^2$ 图像，由此图像计算重力加速度 g 是否准确？

六、思考与讨论

1. 应用 DIS 实验系统，换用光电门传感器来进行实验，有什么优点？有什么缺点？对培育科学探究素养与本实验有哪些异同？

2. 对于本实验的实验数据处理，除了使用传统的纸笔绘制图像的方法，还有哪些计算机软件、手机 App 可以用来绘制图像、分析处理数据？对培育学生的核心素养，两种方法有什么异同？

七、参考答案

（一）评价与测试

1. D。　2. D。　3. 由图像得到的 g 值是准确的。设摆球半径为 r，根据单摆周期公式 $T=2\pi\sqrt{\dfrac{l+r}{g}}$ 得 $l=\dfrac{g}{4\pi^2}T^2-r$；作 l - T^2 图线，图线为一条不过原点的倾斜直线，直线斜率 $k=\dfrac{g}{4\pi^2}$，通过图线计算出斜率 k 后，则 $g=4\pi^2k$。

（二）思考与讨论

1. 换用光电门传感器进行实验的优点是：可以提高实验的精度和效率，缩短实验的时间；缺点是：在数据处理的过程中不用图像法对实验数据进行处理和分析。传统实验方法更注重培养学生的数据处理能力，通过实验数据采集、数据分析、选择合适坐标系绘图来处理实验数据；而 DIS 实验系统，弱化了对学生数据处理能力的要求，由计算机软件完成实验数据的分析和处理。

2. 可采用 Excel、MatLab 等专业实验数据处理软件。科学教学倡导探究式学习，通过为学生提供充分的探究式学习机会，逐步培养学生收集和处理科学信息的能力。

上海市市东实验学校（上海市市东中学）　张　婕　撰写

8. 测量玻璃的折射率

本实验的目的是测量玻璃的折射率。光从空气斜射入另一种介质会发生偏折，其规律满足折射定律。利用插针法可以测绘光在玻璃砖中的传播路径：通过 2 枚大头针确定射入玻璃砖的光线，在玻璃砖的另一侧调整视线观察到前面两枚大头针的像重合，再插上两枚大头针，保证 4 枚大头针看上去在一条直线上，这样就确定了出射光线。

扫一扫，看实验视频

测绘光在玻璃砖中传播路径，可得光从空气入射到玻璃界面处的入射角 θ_1 和折

射角 θ_2，再根据折射定律 $n = \dfrac{\sin\theta_1}{\sin\theta_2}$ 可以得到玻璃的折射率。实验器材以及装置如图 3 - 52 所示。

本实验是《课标》选择性必修 1 "1.3 光及其应用" 主题中的内容，属于测量性实验。

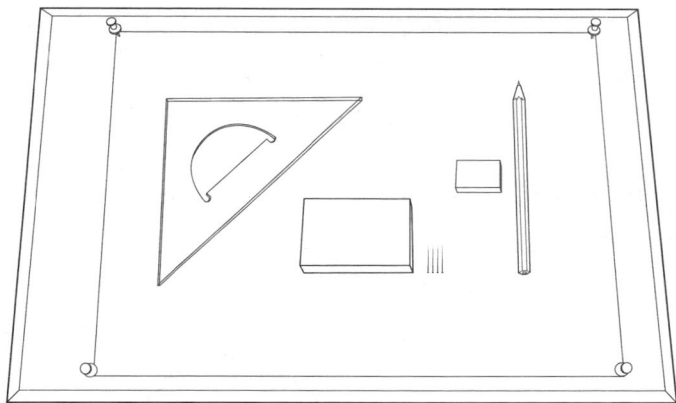

（a）实验器材

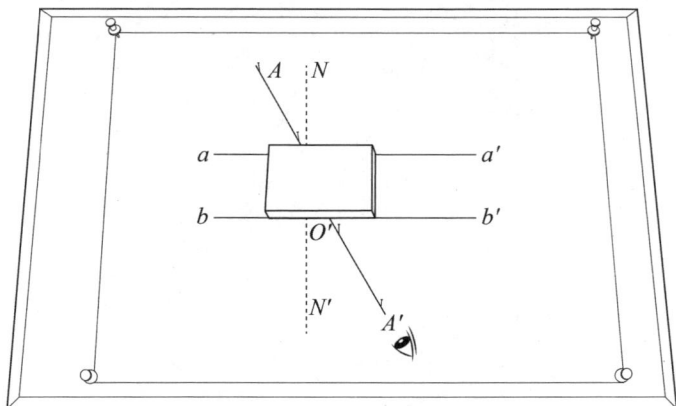

（b）实验装置

图 3 - 52

一、教学要求

《课标》对本实验的要求是"通过实验，理解光的折射定律。会测量玻璃的折射率"。

　　在学习本实验时,学生应知道折射率是由介质本身的性质决定的,通过实验理解折射定律,提升物理观念;能通过实验掌握间接测量的方式;能在他人指导下,理解用插针法间接测量玻璃折射率的方案,能恰当选用基本的实验器材进行实验,能规范地搭建实验装置,对实验器材进行规范操作;会准确读取入射角和折射角,并设计表格正确地记录数据;能利用光的折射定律,通过不同方式处理测量记录的数据,通过计算获得正确的实验结论;认识实验误差是不可避免的,具有尽量减小实验误差的意识;能用科学的语言撰写实验报告。

二、实验能力要素及行为表现

1. 实验能力发展层级图

本实验能力发展层级图如图 3 - 53 所示。

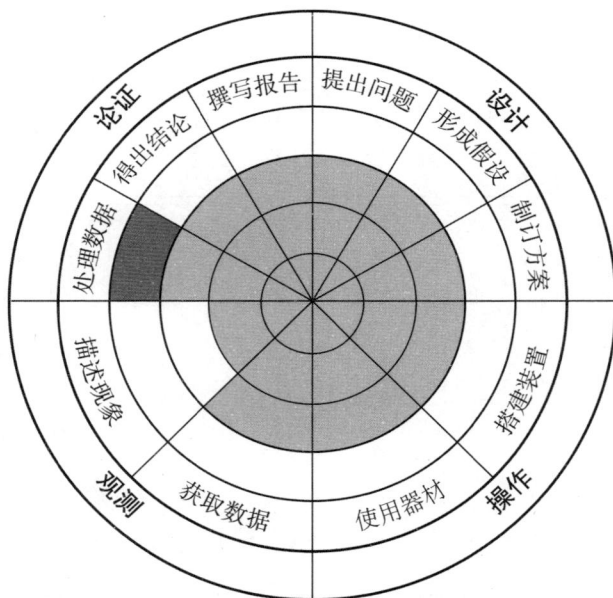

图 3 - 53

2. 实验能力行为表现水平

本实验能力行为表现水平如表 3 - 17 所示。

表 3-17　"测量玻璃的折射率"实验能力行为表现水平表

能力要素	环节	行为表现	水平
设计	提出问题	知道实验任务是测量玻璃的折射率,能基于实验任务提出如何确定光在玻璃中的传播路径,并由此测量光的折射率	3
	形成假设	能提出通过折射定律间接测量玻璃砖的折射率;能提出利用多个物体连续被遮挡住来测绘出一条光线路径	3
	制订方案	能在他人指导下,理解用针插法间接测量玻璃折射率的方案;能理解折射定律,通过比较不同方案,确定利用大头针记录入射光线和出射光线路径的实验方案,且尽量精确描绘光路;比较分别利用量角器和直尺测量入射角和折射角这两种不同的数据记录和处理方式,并作出选择	3
操作	搭建装置	能依据插针法测量玻璃折射率的方案规范搭建装置;若发现透过玻璃砖观察不到前两枚大头针,能大致确定问题出在哪里	3
	使用器材	能依据方案选择厚度、形状合适的玻璃砖、大头针、画图板等基本器材;能规范地利用大头针绘出入射光线和出射光线;能分析误差的来源	3
观测	获取数据	能判断大头针记录的位置是否正确;能画出光在玻璃砖中的传播路径,能正确地根据入射点画出法线;会用量角器测量入射角和折射角,读数时视线正对指示的刻度,能正确读数,并设计表格记录数据	3
	描述现象	能利用遮光法测绘出一条光线的路径,并指出光路中的折射角和入射角	2
论证	处理数据	能多次测量获得多组数据,利用取平均值或是作图,获取准确的数据	4
	得出结论	会根据折射定律公式计算出玻璃的折射率;能基于证据比较自己和他人结果的异同并分析原因	3
	撰写报告	能用科学的语言撰写完整的实验报告,在报告中呈现能记录入射角、折射角等数据的实验表格、实验分析过程及实验结论	3

三、教学活动建议

学生通过实验利用光的直线传播特性找到光的传播路径,再根据折射定律公式计算出玻璃的折射率,这是学生认识光的重要基础,在学生初步形成的运动与相互作用观念和能量观念的基础上,拓展对物理世界的认识和理解。在完成实验的过程中,学生应知道利用折射定律间接测量光的折射率,设计实验方案,通过实验提高制订计划的能力;能对实验器材进行规范操作,获得实验数据;认识实验误差是不可避免的,具有尽量减小实验误差的意识。

1. 启发学生根据测量任务选择合适的研究方法并提出测量中要解决的关键问题

关于光的折射现象,学生有一定的知识基础和生活经验,因此可以引导学生观察生活中的折射现象,诸如光从空气入射到不同介质时折射角度不同激发学生通过测量获得折射率的欲望。在教学中,引导学生依据光的直线传播和折射定律等知识基础形成大致的研究思路,选择合适的物质作为研究对象测量其折射率,进而思考如何确定光在玻璃中的传播路径。

实验前,可以带着学生一起复习回顾有关的光学知识,以避免学生无法进行合理的实验设计,例如学生若能想到用激光观察光路,教师可进一步引导学生寻找更准确地记录光线传播路径的方案。

2. 指导学生选择实验器材,组织讨论设计实验方案

提供器材:4 枚相同的大头针,有平行面的玻璃砖,铅笔,刻度尺,量角器,已固定在画图板上的白纸。

指导学生思考并讨论回答以下几个问题:

(1) 选择哪种测量方式,间接测量还是直接测量?

(2) 如何通过计算间接得到玻璃的折射率?

(3) 实验中需要测量哪些物理量?

(4) 如何在白纸上画出玻璃砖的两条边?

(5) 根据提供的实验器材,如何确定光在玻璃中的传播路径?

(6) 如何测量入射角与折射角?

(7) 表格中应该有哪些栏目? 怎样组织这些栏目?

（8）如何分析处理数据得出玻璃的折射率？

（9）在实验中有哪些操作可以减小实验误差？在使用玻璃砖时，需要注意什么？在找入射光线和出射光线时，插大头针时需要注意什么？描绘光路时，需要注意什么？测量入射角和折射角时，需要注意什么？

（10）在测量实验中，测量一次的数据误差较大，因此需要多次改变入射角测量。计算折射率除了取平均值外，还有更合理的方法处理数据吗？

本实验重点培养的是规范地使用器材、设计记录数据表格的能力，分析实验误差的能力和避免实验误差的意识。数据记录表要能处理数据，要有原始数据（入射角、折射角）、数据处理栏（$n = \dfrac{\sin \theta_1}{\sin \theta_2}$）和玻璃折射率的理论值，物理量要有单位。进行误差分析时，表述要恰当，理由要充分，并且能够通过实验或是理论推导验证想法的正确性。

3. 设计合适的表格记录数据，类比所经历过的实验选择合适的数据处理方法

本实验需要根据测得的入射角和折射角，计算两者正弦的比值。在实验中只有一组数据会有较大误差，因此必须多次测量，在该实验中多次测量需要在不同入射点进行。此外，学生要在教师的指导下设计合适的表格记录数据。实验中需要选择合适的数据处理方式以减小实验误差。初中多利用多次测量取平均值的方式处理数据。但是在之前的实验中，学生曾经历过利用图像法处理多组数据减小误差。因此在该实验中，可试着引导学生利用 $\sin \theta_1 - \sin \theta_2$ 图像得到折射率。

4. 提高反思的科学探究能力，学会协作与共享

在本实验操作过程中，需要同组同学配合完成，例如玻璃砖在实验过程中不能与白纸发生相对移动。完成实验后，让学生一起进行实验误差分析，不同的学生分析误差时思考的角度是不同的，这也需要相互交流想法并可以相互评价。在相互协作和分享中，学生的实验能力会得到逐步提升。

5. 提升学生能力的教学延展

根据学生的实际情况，介绍全反射和光纤的运用。

四、实验注意事项

1. 器材准备:准备一块两面平行的玻璃砖,玻璃砖要有比较大的界面(5 cm 以上);插大头针的底板不宜过硬,否则固定大头针时容易发生弯曲,导致定位出现较大误差;绘图使用的铅笔不宜过粗,以确保实验的精确性。

2. 实验过程:不能触摸玻璃砖的光洁面,更不能把玻璃砖当作尺子画玻璃砖的两边;将白纸固定于底板上,且实验过程中玻璃砖和白纸的相对位置不能发生改变;确定大头针位置的准确性是减小实验误差的关键步骤。大头针要垂直于木板插入,且一条光线上的两枚大头针之间的位置要适当远一些;入射角不能过大,否则透过玻璃砖观察不到前两枚大头针,当然也不宜过小,入射角和折射角的大小最好为 30°~60°。此外,观察大头针的像时,也应该以针脚的像为准,眼睛要与玻璃砖平行,观察 4 枚大头针是否在一条直线上。

3. 其他实验注意事项:实验中需要多次改变入射角重复实验,将入射点取在玻璃砖的不同位置进行测量,最后计算玻璃砖折射率的平均值。

五、评价与测试

1. 已画好玻璃砖界面两直线 ab 和 cd 后,不慎误将玻璃砖向上平移了一些,如图3-54(a)甲中虚线所示,若其他操作正确,则测得的折射率将_____(选填"偏大"、"偏小"或"没有影响")。若在画界面时,将边界向外平移了一些如图 3-54(b)所示,其他操作都正确,则测得的折射率将_____(选填"偏大"、"偏小"或"没有影响")。

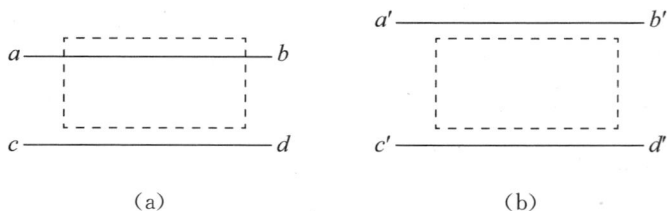

图 3-54

2. 人眼看到的图像信息经大脑处理后会产生空间深度。站在游泳池边观察池底时,感觉深度(视觉深度)比池壁所标的数值 h 要小。若水的折射率为 1.33,池底的感觉深度是多少?

3. 如图 3-55 所示,圆心为 O、半径为 R 的半圆形玻璃砖置于水平桌面上。已知 OP 长为 L,光线从 P 点以 θ 角入射时,光线从玻璃砖圆形表面出射后恰好与入射光线平行,且折射角也为 θ,求玻璃砖的折射率。

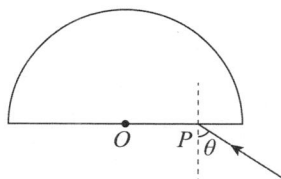

图 3-55

六、思考与讨论

1. 若实验中没有量角器,只用刻度尺测量并处理数据,是否可行? 如果可行,简述实验过程。对比利用量角器的测量,从实验精确度的角度来比较一下两种测量方式。

2. 如果准备插第 3 枚大头针时,发现透过玻璃砖观察不到前两枚大头针,原因是什么? 应该采取什么措施?

3. 对于本实验的实验数据处理,可以通过计算入射角和折射角的正弦比值的平均值来确定玻璃的折射率,是否也可以利用图像法处理数据呢? 这对培养学生的核心素养有什么好处?

七、参考答案

(一) 评价与测试

1. 没有影响;偏小。

2. 感觉深度小于实际深度的原因是从池底某点发出的光线经水面折射进入人眼产生的视觉效果。为此可以简化为由池底某点发出两条夹角较小的光线经水面折射进入空气,如图 3-56 所示。根据几何关系可知:

$AB=OB\cot\theta_1$,

$BC=OB\cot\theta_2$。

可得 $\dfrac{BC}{AB}=\dfrac{\tan\theta_1}{\tan\theta_2}$。

当 θ_1 很小时,θ_2 也很小($\sin\theta_1\approx\tan\theta_1$,$\sin\theta_2\approx\tan\theta_2$),则 $\dfrac{BC}{AB}=\dfrac{\tan\theta_1}{\tan\theta_2}=\dfrac{\sin\theta_1}{\sin\theta_2}=\dfrac{1}{n}$。

因为水的折射率为 1.33,所以池底的感觉深度约为其实际深度的 0.75 倍。

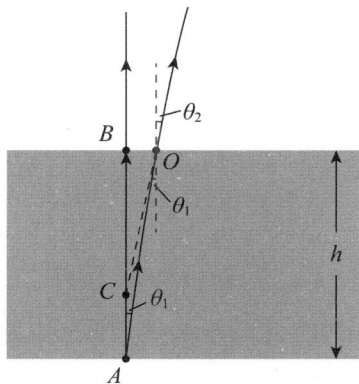

图 3-56

3. 若射出的光线恰好与入射光线平行,入射位置的法线与射出位置的法线应平行,即为竖直方向。由此可以判断射出点应为半圆形玻璃砖的最高点。具体光路如图 3 - 57 所示。

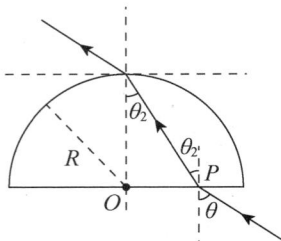

图 3 - 57

利用几何关系可得,$\tan\theta_2 = \dfrac{L}{R}$;

$$\sin\theta_2 = \frac{L}{\sqrt{L^2 + R^2}}。$$

根据折射率的定义可得,$n = \dfrac{\sin\theta}{\sin\theta_2} = \dfrac{\sqrt{L^2 + R^2}\,\sin\theta}{L}$。

(二) 思考与讨论

1. 只用刻度尺测量可行。

在白纸上画一个半径为 R 的圆,将玻璃砖的上边缘与圆的直径对齐,如图 3 - 58 所示。利用插针法找到光在玻璃砖中的传播路径。若入射光线与圆的交点为 A,折射光线与圆的交点为 D,可得

$$\frac{\sin\theta_1}{\sin\theta_2} = \frac{\dfrac{AB}{R}}{\dfrac{CD}{R}} = \frac{AB}{CD}。$$

用刻度尺测量 AB、CD 的长度,即可得到玻璃砖的折射率。

利用量角器测量时,由于量角器的分度值为 1°,因此入射角要适当大一些,不能太小,否则误差较大。若用刻度尺进行测量,当入射角较小时,可以选择半径大一些的圆,这样误差相对小一些。

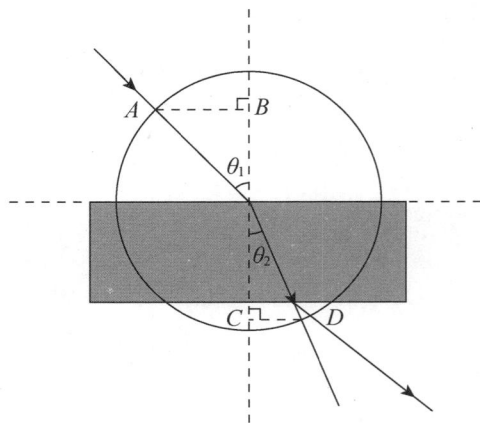

图 3 - 58

2. 可能由于入射角太大，光线没有从下边缘 bb' 射出，所以发现在 bb' 这侧透过玻璃砖看不到前两枚大头针，如图 3 - 59 所示。应适当减小入射角。

3. 作 $\sin\theta_1 - \sin\theta_2$ 图像，计算斜率来确定玻璃的折射率。

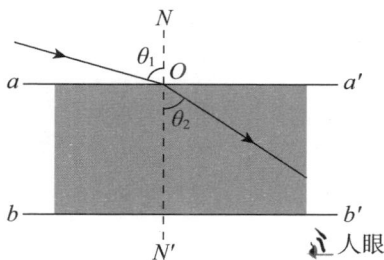

图 3 - 59

测量玻璃的折射率是选择性必修一中的内容，学生在此之前已经有多次利用图像处理数据的经验。在该实验中使用图像法对学生来说是可以想到的，但是本次实验测量了 3 次，数据点较少，使用图像法不是很有明显优势。对学生来说思考选择最合适的方法处理数据，可以培养分析能力、处理信息的能力。

上海理工大学附属中学　王智颖　撰写

9. 用双缝干涉实验测量光的波长

本实验是利用双缝干涉现象，通过测量条纹间距、双缝间距、光屏到双缝的距离，从而间接测量出光的波长。实验装置如图 3 - 60 所示。

本实验是《课标》选择性必修 1 "1.3　光及其应用"主题中的内容，属于测量性实验。

扫一扫，看实验视频

一、教学要求

《课标》对本实验的要求是"会用双缝干涉实验测量光的波长"。

学生已经知道干涉条纹间距与波长成正比，与双缝间距离成反比，与双缝到光屏的距离成正比。知道利用单色光的双缝干涉图样，测量相关的物理量，就可以通过计算间接测量出单色光的波长。能根据实验需要选择合适的实验器材；可以自行搭建实验装置；独立完成实验装置的调试与测量；能对实验结果进行合理分析，可以通过比较归纳得出实验结论。学会科学表达探究的过程与结果，能正确地撰写实验报告。

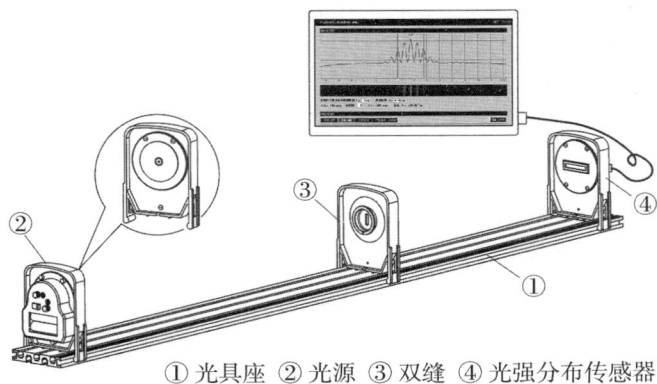

① 光具座 ② 光源 ③ 双缝 ④ 光强分布传感器

图 3 - 60

二、实验能力要素及行为表现

1. 实验能力发展层级图

本实验能力发展层级图如图 3 - 61 所示。

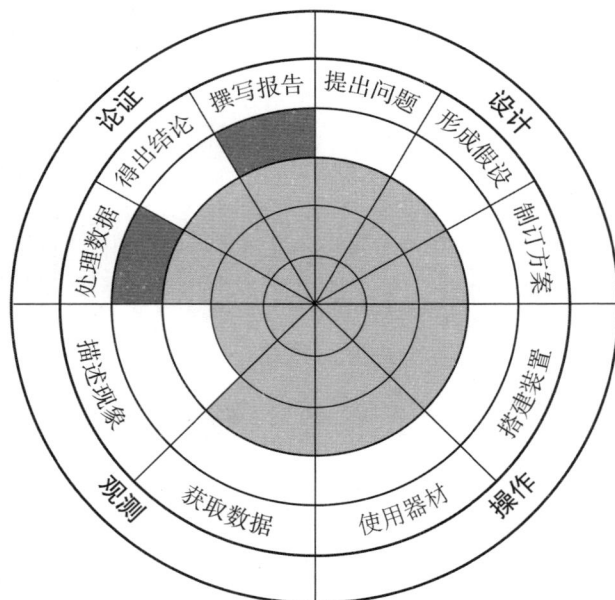

图 3 - 61

2. 实验能力行为表现水平

本实验能力行为表现水平如表 3－18 所示。

表 3－18　"用双缝干涉实验测量光的波长"实验能力行为表现水平表

能力要素	环节	行为表现	水平
设计	提出问题	能基于双缝干涉产生明暗相间的等间距条纹现象提出：是否可以利用单色光干涉条纹的间距来间接测量光的波长？	3
	形成假设	能根据条纹间距 Δx 与双缝间距 d、光屏到双缝的距离 L、光的波长 λ 之间的确定关系 $\Delta x = \dfrac{L}{d}\lambda$ 得出，如果测量出条纹间距 Δx、光屏到双缝的距离 L 及双缝间距 d，那么就能计算出波长 λ	3
	制订方案	能在教师的指导下，理解通过测量条纹间距 Δx、光屏到双缝的距离 L，结合双缝间距 d，就可以间接测量出光的波长 λ。知道完成本实验需要利用单色光源；知道可以利用 DIS 软件完成条纹间距的测量；知道改变光屏到双缝的距离 L 的方法。知道由于光的波长 λ 很短，比值 $\dfrac{L}{d}$ 必须足够大才能较为准确地测量出波长	3
操作	搭建装置	将实验导轨放在平整的水平面上。能在光具座上按照要求依次安装好可调节亮度的激光器（光源）、已知间距的双缝、光强分布传感器等。能正确连接 DIS 传感器	3
	使用器材	实验过程中将双缝平面与水平面垂直。通过调节旋钮，保证光源、双缝、传感器的接收面中心在同一条轴线上。为提高精度，干涉图样应当投射在传感器接收面的中间位置	3

（续表）

能力要素	环节	行为表现	水平
观测	获取数据	打开 DIS 配套的专用软件"用双缝干涉实验测量光的波长"，在实验数据记录界面上，能正确选定不相邻的两条清晰的暗纹，将标线放置在暗纹中心，测出不相邻两条暗纹中心间的距离 s，记录条纹数 n，通过 DIS 软件计算出相邻暗纹的间距 Δx。 用刻度尺测量双缝到传感器接收面的距离 L 并正确记录。 能正确读取双缝装置中双缝的间距 d 并进行记录	3
	描述现象	根据测量获得的数据，清晰、准确地表达各物理量的大小	2
论证	处理数据	能根据测量所得的实验数据，利用公式 $\Delta x = \dfrac{L}{d}\lambda$，计算出实验所用激光器的光波波长	4
	得出结论	能根据测量所得的数据，对实验测量结果进行分析，得出本次测量的单色光的波长数值。能对其他小组的测量结果进行简单评价	3
	撰写报告	能在实验报告中正确记录各测量数据，能用完整、科学的语言撰写实验报告的相关内容，能准确得到实验结论，并计算出正确的波长	4

三、教学活动建议

　　学生通过之前的学习已经初步形成了运动与相互作用观念和能量观念，光的干涉内容安排在学生可感知的光的折射现象之后，此时学生已经具备了几何光学知识的相关基础。在此基础上，教材重点突出光的波动特性，通过认识光的干涉现象，进一步深化对光的本性的理解，通过本实验，体会间接测量的物理思想。在完成实验的过程中，学生需要根据已有知识——干涉条纹间距与双缝距离、双缝到光屏的距离及波长等的关系制订实验方案，明确需要测量的物理量，通过处理实验中获取的数据间接得到实验所用激光的波长，锻炼获取、处理实验数据的能力，进一步体会光的波动性特点，增强证据意识，提升科学探究的能力。

1. 重点锻炼学生基于既有知识设计实验方案、获取和处理实验数据的能力

对于测量性实验,实验方案的合理性将直接影响实验的可操作性及结果的准确性。在完成本实验之前,学生已经知道了光的干涉图样中,条纹间距与双缝距离、双缝到光屏的距离及波长等的关系,建议基于 $\Delta x = \dfrac{L}{d}\lambda$ 公式,引导学生自主设计实验方案,各小组可以在实验开始前交流各自的方案设计,从中选出较优的方案。

在本类实验中,实验数据的测量、选取、近似处理等将直接影响实验结果的精度,通过对条纹间距的测量,可以锻炼学生获取、处理实验数据的能力,为后续分析论证提供科学的事实依据。实验数据的记录、处理与分析是本实验需要重点培养的能力,建议教师给学生提供多样的测量工具,如米尺、刻度尺、带刻度的轨道等,引导学生给出多种测量方案,如光屏的选取,条纹间距的测量方法等,并分析讨论其优劣,提升学生的科学探究能力。

2. 引导学生分析、调整实验方案,改进数据处理方式

在实验方案选取的过程中,引导学生关注以下问题:

① 该方案的可操作性如何? 能否方便地观察到干涉条纹?

② 方案中给出的待测量是否便于测量?

③ 实验步骤设计是否完整?

④ 数据记录表格设计是否完整可行?

在教学中,建议先不给出光强分布传感器,以免禁锢学生思维,在方案优化环节再给出光强分布传感器,让学生体会科技在实验探究中的重要作用。

在数据处理的过程中,引导学生关注以下问题:

① 测量双缝与光强分布传感器接收面间的距离 L 时,应该如何确定起点和终点的位置?

② 选取暗纹间距的起始位置、结束位置,有什么要求?

③ 在选择暗纹间距的过程中,选取几条条纹比较合适? 是否越多误差越小?

④ 能否通过测量亮纹间的间距来得到光的波长?

双缝间的距离是实验器材直接给出的,不需要学生测量;双缝与光强分布传感器接收面间的距离 L 需要学生自己测量,学生可以自行选择直尺来量取数

据,也可以根据光具座上的标尺来得到该距离。在这里,可以引导学生分析思考,每种测量方式的注意事项及优劣,哪种方式测量的 L 精度更高。在测量双缝与光强分布传感器接收面间距离 L 时,需要明确该距离是双缝所在平面与传感器感光器所在平面间的距离,由于实验仪器的特点,这个距离的测量需要估测,这是实验误差来源的一部分。为了减小误差,本实验并不是直接测量相邻两条暗纹间的距离,而是测量两条不相邻暗纹间的距离 s,通过计算间接得到相邻暗纹间的距离 Δx。通过公式 $\Delta x = \dfrac{L}{d}\lambda$,得到 $\lambda = \dfrac{\Delta x d}{L}$,代入测量数据,计算出波长。

3. 知识拓展

根据学生的实际情况,介绍光栅、光的干涉现象在工业上的应用。

四、实验注意事项

1. 实验前应检查激光器、传感器是否处于正常工作状态。

2. 实验过程中需要将光具座放置在水平面上。

3. 避免长时间让传感器处于工作状态。

安全警示:提醒学生激光笔不可对人照射,更不可以直射人眼。

五、评价与测试

1. 如图 3-62 所示,在"(DIS)用双缝干涉实验测量光的波长"实验中,光具座上放置的光学元件依次为①光源、②_____、③_____。对于某种单色光,为增加相邻亮纹(暗纹)间的距离,可_____(选填"增大""减小")双缝间距离或_____(选填"增大""减小")双缝到接收屏的距离,除此之外,还可以改用波长更_____(选填"长""短")的单色光。

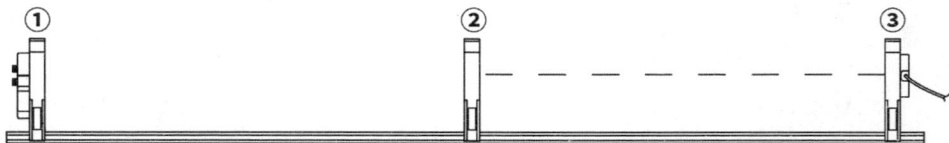

图 3-62

2. 在某次实验中,某同学选取了如图 3-63 所示的测量区间,请问本次实验中,条纹数 $n=$_____。

3. 分别以红光和紫光先后用同一装置进行双缝干涉实验,在屏上得到相邻的明条纹的距离分别为 Δx_1 和 Δx_2,则(　　)。

A. $\Delta x_1 < \Delta x_2$

B. $\Delta x_1 = \Delta x_2$

C. 若双缝间距离 d 减小,而其他条件保持不变,则 Δx_1 增大

D. 若双缝间距离 d 减小,而其他条件保持不变,则 Δx_1 不变

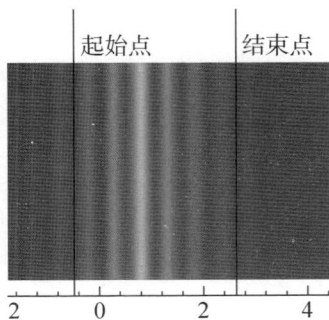

图 3 - 63

4. 在双缝干涉实验中,用白炽灯作光源在屏上出现了彩色干涉条纹,若用红色和绿色玻璃片各挡住一条缝,则屏上会出现(　　)。

A. 红色干涉条纹　　　　　B. 绿色干涉条纹

C. 红绿相间的干涉条纹　　D. 无干涉条纹

六、思考与讨论

1. 如果不用激光器,改用普通的日光灯作光源,可以怎样完成双缝干涉实验呢?这两种方案对学生的能力培养有何异同?

2. 如果没有光强分布传感器,能否利用其他器材通过双缝干涉实验测量出光波的波长?

3. 在实验数据处理中,是否条纹数 n 选取得越多实验误差就越小?

七、参考答案

(一)评价与测试

1. 双缝;光强传感器;减小;增大;长。　2. 6。　3. C。　4. D。

(二)思考与讨论

1. 如果使用普通日光灯作光源,则需要在双缝前添加一个单缝屏,以获得相干光源。这需要学生知道相干光,了解激光、普通日光灯的光源特性,都要求学生能够查找资料,获取不同光源的特性信息。

2. 如果没有光强分布传感器,也可以通过双缝干涉实验测量得出光波的波长。可以使用一与双缝平面平行的光屏代替光强传感器,用刻度尺测量光屏上

的条纹间距后,通过计算得出光波的波长。

3. 在实验数据处理中,并不是条纹数 n 选取得越多实验误差就越小。从实验数据中我们可以看出,越靠近两侧边缘处条纹的清晰度下降越明显,不容易选取到条纹中心位置,因此当条纹数选取过多时,反而会引起更大误差。因此,在实验数据处理中,我们要在条纹显示清晰的区域范围内,选取多条条纹进行测量。

上海外国语大学附属浦东外国语学校　冯亚辉　撰写

10. 用油膜法估测油酸分子的大小

本实验通过测量水面上油酸薄膜的厚度估测油酸分子的大小。被酒精稀释过的油酸滴在水面上时,会形成一片纯油酸组成的单分子薄膜,如图 3-64 所示,测出油膜的体积和面积,即可计算出油膜的厚度。如果将油酸分子看作球形,如图 3-65 所示,则油膜厚度就约等于油酸分子的直径。实验所需器材如图 3-66 所示。

扫一扫,看实验视频

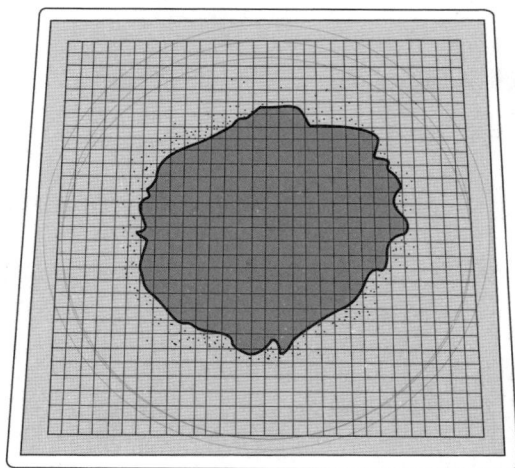

图 3-64

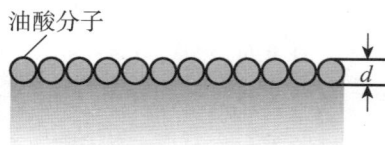

油酸分子

图 3-65

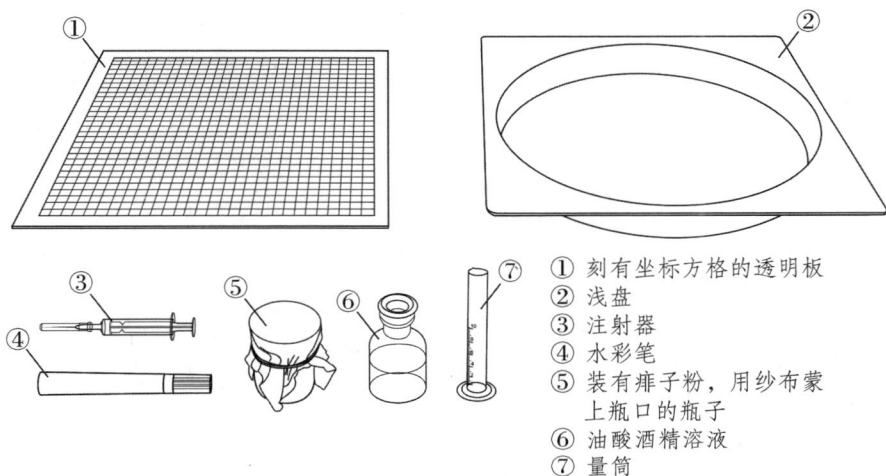

① 刻有坐标方格的透明板
② 浅盘
③ 注射器
④ 水彩笔
⑤ 装有痱子粉，用纱布蒙
　上瓶口的瓶子
⑥ 油酸酒精溶液
⑦ 量筒

图 3-66

　　本实验是《课标》选择性必修 3"3.1　固体、液体和气体"主题中的内容，实验类型为测量性实验。通过本实验，学生对物质的研究从宏观物体深入到微观结构，对物质世界的认识进一步深化。

一、教学要求

　　本实验要求学生学会用油膜法估测油酸分子的大小，知道利用累计法测量微小量的科学方法。通过建构"单分子油膜层"的模型，感受"建模"方法在物理学研究中的重要作用；能正确测出一滴油酸酒精溶液中油酸的体积及形成油膜的面积，通过科学、合理的操作获得实验数据，并能在实验中体现减小误差的方法，知道利用油酸酒精溶液的体积与形成油膜的面积的比值计算油酸分子的直径；能运用恰当的方式处理数据并得出正确结论；能写出完整规范的实验报告，正确地表达科学探究的过程和结果。

二、实验能力要素及行为表现

　　1. 实验能力发展层级图

　　本实验能力发展层级图如图 3-67 所示。

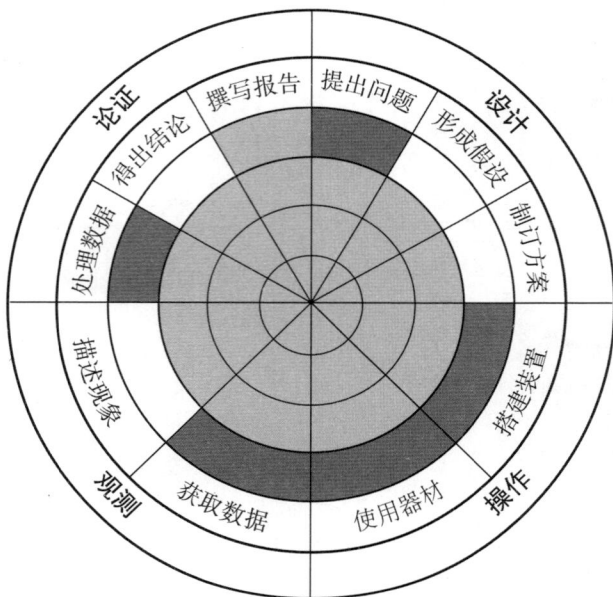

图 3-67

2. 实验能力行为表现水平

本实验能力行为表现水平如表 3-19 所示。

表 3-19 "用油膜法估测油酸分子的大小"实验能力行为表现水平表

能力要素	环节	行为表现	水平
设计	提出问题	知道分子非常小,知道采用累计法间接测量分子的大小	4
	形成假设	知道假设油酸分子为球形;知道通过酒精稀释后的油酸可以在水面上紧密排列形成单分子油膜;知道忽略分子间的空隙,油膜厚度即为分子的直径	3
	制订方案	知道用累计法计算一滴油酸溶液中所含油酸的体积 V;知道使用痱子粉能使油膜轮廓显示出来,在刻有方格的透明板上描出油膜形状,并计算油膜面积 S;通过 $d=\dfrac{V}{S}$,估算油酸分子的直径	3

（续表）

能力要素	环节	行为表现	水平
操作	搭建装置	知道将油酸用酒精按合理比例（体积百分比为 k）稀释，以便使一滴油酸酒精溶液在水面上产生的油膜为单分子层且面积小于浅盘面积；知道在浅盘中加适量水，撒厚度合适的痱子粉，知道待液面稳定后滴入一滴油酸酒精溶液；如果油膜形状明显异常（放射状），知道彻底清洗盘子后重做实验	4
操作	使用器材	会使用注射器抽取油酸酒精溶液，并等量逐滴滴入量筒，测量体积；会在靠近水面处滴入一滴溶液，形成油膜后，轻轻盖上透明板，注意保护油膜，不要晃动液体，也要减小气流对油膜的影响	4
观测	获取数据	记录一定体积（V_0，一般为 0.5 mL 或 1 mL）油酸酒精溶液的滴数 N；能够使用刻有方格的透明板描出油酸薄膜的轮廓，会计算轮廓内正方形的个数，不足半格的舍去，大于半格的算一格，再根据一格的面积，得出油膜的面积	4
观测	描述现象	会观察油膜的面积是否适当，边界是否光滑，痱子粉的厚度是否合适	3
论证	处理数据	会计算一滴油酸酒精溶液中所含油酸的体积$\left(V=\dfrac{kV_0}{N}\right)$；会计算油酸分子的直径$\left(d=\dfrac{V}{S}\right)$，并把实验数据填入记录表中	4
论证	得出结论	学会利用累计法测量微小量的科学方法，知道油酸分子直径大小的数量级是 10^{-9} m～10^{-10} m；能分析、判断误差的来源，并知道减小误差的方法	3
论证	撰写报告	写出完整规范的实验报告，正确表达科学探究的过程和结果。能对自己和他人的结果进行评价，能发现操作的不规范之处	4

三、教学活动建议

1. 情景引入，讨论实验方案

考虑到学生刚开始接触微观领域，又很难想到单分子油膜法估测分子直径的方法，可以补充一个宏观的辅助性实验：测绿豆的直径，用以启迪学生。通过测绿豆直径的实验，教师引导学生确定实验方案。

一般会有以下可行方案：

方案 1：把 N（如 $N=100$）粒绿豆紧密排成一排，用米尺量出其长度 L，再求直径 $d=\dfrac{L}{N}$。

方案 2：先用量筒量出 N 粒（N 适当取大些，如几百粒）绿豆的总体积 V，然后求出一颗绿豆的体积 $V_1=\dfrac{V}{N}$，再根据球体体积公式求出绿豆的直径。

方案 3：将一些绿豆倒入长为 a、宽为 b 的矩形浅盘中并刚好铺满盘底，算得薄层面积 $S=ab$，然后将盘中绿豆倒入量筒，测出其体积 V，再求出绿豆薄层的厚度 $d=\dfrac{V}{S}$，此厚度即可认为是绿豆的直径。

引导学生思考这三种方案能否用于测量油酸分子的直径，哪一种方案更好。然后，在教师的指导下设计估测油酸分子直径大小的实验方案。

2. 引导建模，理解实验原理

学生在初中物理中已经学习过分子动理论的基本内容，但对分子的大小没有很清晰的数量级的概念，也不知道如何测量一个分子的大小。分子是极小的微观粒子，其大小不可能用量具直接测得，因此本实验通过建立物理模型对油膜分子进行间接测量。

油酸的化学分子式是 $C_{17}H_{33}$—COOH，可以把一个油酸分子设想为两部分：一部分是 $C_{17}H_{33}$—，它具有疏水性；另一部分是—COOH，它对水有很强的亲和力。经过酒精稀释的油酸滴在水面上形成单分子油膜层。假设油酸分子为球形，且紧密排列，然后让油酸能在水面上尽可能散开，形成单分子油膜，这样其厚度即可视为分子的直径。测出一滴油酸酒精溶液中所含油酸的体积 V 及其在水面上形成的油膜面积 S，根据体积公式 $d=\dfrac{V}{S}$，计算出油膜的厚度，这个厚度就等于分子的直径。

用油膜法估测油酸分子大小的实验帮助学生了解微观领域的研究方法,增加感性认识。该实验蕴含了物理学研究中估测法、累计法等科学研究方法,可以让学生感受科学研究的魅力。

3. 设置问题,细化实验操作

由于本实验是采用间接测量的方式测量油酸分子的直径,所以酒精溶液的浓度、油酸分子在水面展开的充分程度、油膜面积的计算都会直接影响测量的准确程度。实验前准备学案,可设置有梯度的问题链,指导学生思考。例如,本实验可设置以下几个问题:

(1) 如何控制和测量滴入浅盆的油酸酒精溶液的量?

(2) 如何利用所给实验器材显示油膜的轮廓?

(3) 是先撒痱子粉还是先滴油酸酒精溶液?

(4) 如何利用所给实验器材估算油膜轮廓的面积?

(5) 需要记录哪些数据?

(6) 实验中可能会存在哪些误差? 如何减小这些误差?

在实验中,建议教师组织学生讨论交流,在解决问题的过程中锻炼学生的思维能力,细化实验操作,提高操作技能。

4. 合作学习,反思与评价

如果采用教师讲一步、学生操作一步的方式,就限定了学生的发展,不利于思维能力的培养,因此建议采用合作学习的方式进行实验。合作促进学习,合作学习促进学生思想的交流和思维的碰撞。尊重学生个性,创设自主合作学习的氛围与环境,挖掘学生潜力,鼓励自主发挥。采用自由组合分组模式,合理分工,各司其职。小组成员为了完成共同的任务,讨论实验步骤,根据所测的物理量设置实验表格,通过科学、合理的操作获得实验数据,并对数据进行初步处理,参照实验报告案例撰写实验报告。小组成员一起经历动手实践、自主探索和合作交流的过程,群策群力,在合作学习中取长补短。

教师组织各个小组之间互相交流,讨论实验的过程与结果,学生通过自主评价以及接受同伴评价,促进评价能力发展,有助于学生及时调整学习行为,提高学习能力。

四、实验注意事项

1. 老师事先配制好一定浓度的油酸酒精溶液：(1)在配制过程中应充分搅拌；(2)油酸溶液配制后不要长时间放置，以免酒精挥发改变浓度。

2. 将痱子粉装入塑料瓶(如空药瓶)，瓶口用多层纱布封住。长期不用时，应将瓶口用塑料薄膜或盖子密封，防止痱子粉受潮结块。提醒学生撒痱子粉应该薄且均匀，在水面上方轻轻拍打塑料瓶几下即可。

3. 开始实验前，应让学生充分训练，做到用注射器滴下溶液时，能准确、均匀地一滴一滴地滴入小量筒。

4. 浅盘里的水要适量，且浅盘要水平放置。在洒有痱子粉的水面上滴油酸酒精溶液时，注射器的针头要尽可能地接近水面，待测油膜面扩大后会收缩，要待其稳定后再画轮廓。画线时，视线要与板面垂直。

5. 提醒学生注意安全，避免将油酸酒精溶液和痱子粉弄到眼睛里。

6. 当重做实验时，将水从浅盘的一侧边缘倒出，在浅盘上会残留油酸，建议先用少量酒精清洗，再用脱脂棉擦拭，最后用热水冲洗。

五、评价与测试

1. 利用油膜法可以粗略测定分子的大小，实验中要让油酸在水面尽可能散开，形成_____油膜。若已知油酸酒精溶液的浓度为 A，n 滴溶液的总体积为 V，一滴溶液形成的油膜的面积为 S，则油酸分子的直径约为_____。

2. 在"用油膜法估测油酸分子的大小"的实验中，关于油膜面积的测量方法，下列做法中正确的是（　　）。

A. 油酸酒精溶液滴入水中后，应立即用刻度尺去测量油膜的面积

B. 油酸酒精溶液滴入水中后，应让油膜尽可能地散开，再用刻度尺去测量油膜的面积

C. 油酸酒精溶液滴入水中后，应立即将油膜的轮廓画在玻璃板上，再利用坐标纸去计算油膜的面积

D. 油酸酒精溶液滴入水中后，应让油膜尽可能散开，再把油膜的轮廓画在玻璃板上，然后用坐标纸去计算油膜的面积

3. 某小组同学做"用油膜法估测油酸分子的大小"的实验。

(1) 实验简要步骤如下：

A. 将画有油膜轮廓的玻璃板放在坐标纸上，数出轮廓内的方格数，再根据

方格的边长求出油膜的面积 S。

B. 将一滴油酸酒精溶液滴在水面,待油酸薄膜的形状稳定后,将玻璃板放在浅盘上,用水彩笔将薄膜的形状描画在玻璃板上。

C. 用浅盘装入约 2 cm 深的水,然后将痱子粉均匀地撒在水面上。

D. 取一定体积的油酸和一定体积的酒精混合均匀,配制成一定浓度的油酸酒精溶液。

E. 根据油酸酒精溶液的浓度,算出一滴溶液中纯油酸的体积 V。

F. 用注射器将事先配制好的油酸酒精溶液一滴一滴地滴入量筒,记下量筒内增加到一定体积时的滴数。

G. 由 $\dfrac{V}{S}$ 得到油酸分子的直径 d。

上述实验步骤的合理顺序是_____。(填写字母编号)

(2) 在本实验中"将油酸分子看成紧密排列的球形,在水面形成单分子油膜",体现的物理思想方法是_____。

(3) 若油酸酒精溶液的浓度约为每 $1×10^4$ mL 溶液中有纯油酸 6 mL。用注射器测得 1 mL 上述溶液为 75 滴,把 1 滴该溶液滴入盛水的浅盘里,待水面稳定后,描出的油酸薄膜的轮廓形状和尺寸如图 3 - 68 所示。若图中正方形方格的边长为 1 cm,由此可估测油酸分子的直径是_____m。(保留一位有效数字)

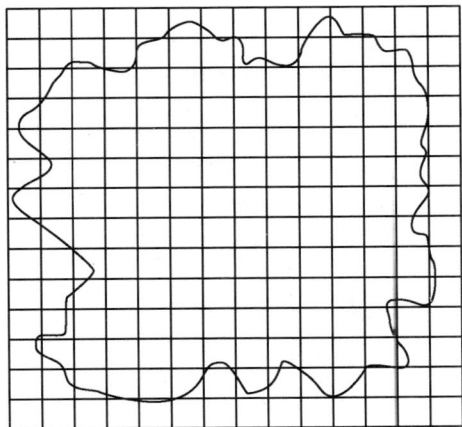

图 3 - 68

六、思考与讨论

1. 本实验中计算油膜面积的方式是否可以改进？如何改进？

2. 本实验中注射器推进溶液的方式是否可以改进？如何改进？

3. 是否可以用本实验的结果估算出阿伏加德罗常数的大小？还需要哪一个物理量？如何改进使阿伏加德罗常数的估算更准确？

4. 能否用食用油代替油酸做这个实验？为什么？

5. 是否可以用别的物质代替油酸做这个实验？替代物质应该满足什么条件？

七、参考答案

（一）评价与测试

1. 单分子；$\dfrac{AV}{nS}$。　2. D。

3.（1）DFECBAG（或 DFCBAEG）；（2）建模法；（3）6×10^{-10}。

（二）思考与讨论

1. 可以。如先对油膜拍照，然后采用计算机软件对图片进行处理得到更准确的油膜面积。

2. 可以。如采用电动机缓慢推进注射器活塞，使每一滴油酸溶液体积更均匀。

3. 可以。通过油酸分子直径，计算出单个油酸分子的体积，结合油酸的摩尔体积可以估算阿伏加德罗常数的大小。本实验采用球状模型，使单个油酸分子的体积计算误差较大，进而影响阿伏加德罗常数的估算，根据实际分子结构，假如采用圆柱体模型会使结果更加准确。

4. 不能。食用油都是混合物，其主要成分是甘油与脂肪酸形成的酯类，没有亲水结构，无法在水面上形成单分子油膜。

5. 可以。替代物质的分子结构需要具有一端亲水、一端疏水的化学性质，便于形成单分子层油膜，例如硬脂酸。

上海交通大学附属中学　陆栋梁

上海市同济中学　王卫东　撰写

第四章 探究性实验解析

第一节 探究性实验的特点

一、探究性实验的含义和意义

科学探究是获取新科学知识、新科学技术的重要途径和方法,具有丰富的内涵和重要的意义。

1. 探究性实验的含义

科学探究是指基于观察和实验提出物理问题、形成猜想和假设、设计实验与制订方案、获取和处理信息、基于证据得出结论并作出解释,以及对科学探究过程和结果进行交流、评估、反思的能力。

从科学意义上看,探究性实验是指研究人员根据实验目标进行实验设计,通过观察、测量、分析数据来探究物理规律,解决物理问题的实验过程。科学研究中的探究性实验通常是在不知道某现象或现象成因的前提下开展的。

在探究性实验中,研究人员通常需要设计一系列实验来验证猜想和假设,并基于证据得出实验结论,一般包括"自主设计实验方案""确定实验变量和控制变量""收集数据和进行数据分析""实验总结"等环节。

中学物理探究性实验是以培养学生科学探究素养为主要目标的实验,目的是帮助学生更深入地理解物理概念和理论,培养实验设计和数据分析的能力,并促进创新思维和科学精神的培养。通过探究性实验,学生可以主动参与科学探究的过程,发现问题、提出假设、设计实验、进行观察和实验、分析数据和得出结论,从而深入理解物理知识和科学方法。《课标》多次强调科学探究,明确指出,科学探究是核心素养的组成部分。实验是探索物理规律,进行科学探究的重要手段,而探究性实验则是培养学生"科学探究"素养的重要载体。

2. 探究性实验的意义

探究性实验是科学发展过程中的重要组成部分。通过探究性实验,科学家们不断深入研究自然现象和物理规律,发现新的现象和规律,推动科学不断发展和进步。在中学教学中开展探究性实验,同样具有重要意义。

目前,培养学生的科学探究能力已经受到各国的普遍重视,被写进各种科学课程文件,成为基础教育科学课程的目标之一。《课标》已经从探究要素的角度对学生的科学探究能力提出了具体要求,而探究性实验是培养学生科学探究能力的重要途径。

探究性实验可以提供丰富的问题情境,助力教学方式的变革,为深度学习提供基础保障。

学生在探究性实验中能真切感受科学探究过程,体会通过科学描述和解释自然现象的乐趣,激发学习兴趣,提升对科学本质的认识,提高科学探究能力。

学生在探究性实验中能更好体会科学研究中相互合作的必要性,增强合作意识。

二、中学物理探究性实验的主要类型

中学物理探究性实验可以从不同的角度进行类型划分。

1. 按物理学科分支分类

按待探究实验所属的学科分支,物理探究性实验可以分为力学探究实验、电磁学探究实验、热学探究实验等。《课标》中涉及的各种探究性实验主要如表4-1所示。

表4-1 《课标》中涉及的各种探究性实验

物理学科分支	实验名称
力学	探究弹簧弹力与形变量的关系
	探究两个互成角度的力的合成规律
	探究加速度与物体受力、物体质量的关系
	探究平抛运动的特点
	探究向心力大小与半径、角速度、质量的关系
电磁学	探究影响感应电流方向的因素
	探究变压器原、副线圈电压与匝数的关系
热学	探究等温情况下一定质量气体压强与体积的关系

2. 按探究方法与实验原理分类

实验探究的方法很多,例如比较法、观察法、归纳法、演绎法、控制实验法等。按探究性实验运用的主要方法与实验原理,《课标》中高中物理探究性实验可以作如下分类,如表 4 - 2 所示。

表 4 - 2 按探究方法与实验原理进行的实验分类

探究方法与实验原理	实验名称
控制变量法	探究加速度与物体受力、物体质量的关系
	探究向心力大小与半径、角速度、质量的关系
	探究变压器原、副线圈电压与匝数的关系
	探究平抛运动的特点
等效代替	探究两个互成角度的力的合成规律
归纳总结法	探究弹簧弹力与形变量的关系
	探究影响感应电流方向的因素
	探究等温情况下一定质量气体压强与体积的关系

三、中学物理探究性实验的基本特点

探究性实验的实验形式相对自由、开放。相比传统的演示实验或验证性实验,中学物理探究性实验具有自主性、独立性、开放性、实用性、综合性等特点。

1. 自主性

学生可以根据实验目的、实验条件,自主选择实验设计方案,在实验过程中,需要根据实验状况,自主调节实验进程。例如在"探究加速度与物体受力、物体质量的关系"实验中,学生可自主决定先保持哪个变量不变,研究另外两个变量之间的关系。

2. 独立性

学生需要在老师的指导下独立思考、设计和完成实验。例如在"探究影响感应电流方向的因素"实验中,每组学生的线圈绕向可能不同,条形磁铁插入的极性可能不同,表格项目设计的顺序可能不同,即每组同学的实验装置、实验步骤等环节具有相对独立性,学生需要根据自己的实验条件、实验过程进行探究。

3. 开放性

探究性实验的过程和结果不一定有确定的答案,学生需要从中发现问题、探索规律。例如在"探究两个互成角度的力的合成规律"实验中,每个学生把橡皮筋拉长的情况可能都是不一样的,即每组力的合力都不一样,具有开放性,学生需要根据自己的实验过程、实验结果探究规律。

4. 实用性

探究性实验通常涉及实际生活中的问题,学生需要将实验结果与实际问题联系起来,探索解决问题的方法。例如在"探究等温情况下一定质量气体压强与体积的关系"实验中,温度对压强的影响是明显的,此结论可以与生活中给轮胎打气的案例联系起来,如在实验的基础上解释夏天给轮胎充气的时候,为什么不宜充入过多气体。

5. 综合性

探究性实验通常涉及多个学科分支的知识,如力学、热学、电磁学等,学生需要综合运用多种学科知识和技能。例如在"探究变压器原、副线圈电压与匝数的关系"实验中,主要实验原理需要用到电磁感应的知识,探究带负载工作时候的路端电压需要用到全电路欧姆定律的知识等。

6. 实验设计性

探究性实验的设计非常重要,学生需要考虑实验变量、控制变量、数据收集和分析等多个方面,从而保证实验结果的可靠性和准确性。例如在"探究向心力大小与半径、角速度、质量的关系"实验中,有多个变量,如何控制变量,如何收集分析数据,就需要在实验之前进行周密的实验设计。

四、《课标》中对探究性实验的要求

《课标》中明确的学生必做探究性实验一共有 8 个,必修课程中有 5 个,选择性必修课程中有 3 个,分别如表 4-3 和表 4-4 所示。

表 4-3　必修课程中的学生必做探究性实验列表

序号	实验名称
1	探究弹簧弹力与形变量的关系
2	探究两个互成角度的力的合成规律
3	探究加速度与物体受力、物体质量的关系
4	探究平抛运动的特点
5	探究向心力大小与半径、角速度、质量的关系

表4－4 选择性必修课程中的学生必做探究性实验列表

序号	实验名称
1	探究影响感应电流方向的因素
2	探究变压器原、副线圈电压与匝数的关系
3	探究等温情况下一定质量气体压强与体积的关系

除了实验题目中指明的探究性实验，《课标》中还有很多隐含的探究性实验，例如，《课标》中有以下教学要求表述①：

"通过实验，探究匀变速直线运动的特点。"

"体会探究库仑定律过程中的科学思想和方法。"

"通过探究电源两端电压与电流的关系，体会图像法在研究物理问题中的作用。"

"还可在实验中创设一些任务，让学生在完成任务中运用科学思维，自己提炼出应探究的科学问题。"

"生产生活中具有很多能生成有价值的科学探究问题的情境。例如，一名学生看见某工人沿着斜靠在墙上的梯子向上攀登时，担心梯子下端会滑动而产生安全问题。他用力的平衡规律探究此真实问题。"

……

科学探究能力的培养，应渗透在物理教学的整个过程。无论是物理知识的教学，还是物理问题的解决，都要引导学生发现和提出问题，根据解决问题的需要，收集和选择有用信息，基于证据和逻辑对问题作出合理解释，培养学生具有准确表述问题解决过程与结果的意愿和能力。

《课标》对核心素养中的科学探究方面做了详细的水平划分，结合本书提出的实验能力发展框架，教师在制订探究性实验目标时，可以重点从"设计"要素关注学生实验能力的发展，如表4－5所示。《课标》中各探究性实验的具体教学参考，详见本章后面的探究性实验解析。

---

① 中华人民共和国教育部.普通高中物理课程标准(2017年版2020年修订)[S].北京：人民教育出版社，2018：11－56.

表4-5　实验能力发展框架中的"设计"要素及其发展水平

实验能力要素		实验能力行为表现水平			
一级	二级（环节）	水平1	水平2	水平3	水平4
设计	提出问题	能基于现象，理解给定的、可用实验研究的物理问题，知晓实验任务，有主动交流的意识	能基于现象提出与之关联的物理因素，提出可用实验研究的物理问题，且能用对应的物理量表述，认识实验任务，能主动与他人交流	能基于现象提出与之关联的物理因素，形成可用实验研究的物理问题，且能用对应的、可实验测量的物理量表述，明白实验任务和目标，能在交流中尊重他人	能基于现象提出与之关联的物理因素，提炼出可用实验研究的物理问题，且能用对应的、可实验测量的物理量表述，并能在交流中判断物理量的适切性，明确实验任务和目标
	形成假设	能在他人指导下预测各物理量之间存在关系	能在他人指导下预测各物理量之间的关系，能对多因素问题运用控制变量的思想，能有主动交流的意识	能依据已有知识和经验，能准确运用控制变量的思想对多因素问题中各物理量的关系进行预测，且能意识到预测的多种可能性，能主动与他人交流	能依据已有知识和经验，准确运用控制变量的思想对多因素问题中各物理量的关系作出多种预测，能意识到预测存在的不确定性，能在合作中提出观点，改进不足
	制订方案	能在他人指导下理解已有方案	能在他人指导下，理解已有方案，比较方案中的原理与方法、步骤与器材、记录与处理，并作出选择	能在他人指导下，提出科学、可行的实验原理和方法，能选择合适的器材并制订完整的实验步骤，能选择合理的方法记录及处理数据，能改进已有方案，有主动交流的意识	能提出科学、可行的实验原理和方法，选择合适的器材，制订完整准确的实验步骤，能对数据作出预判，并据此选择合理的方法记录及处理数据，能改进已有方案，并主动交流

第二节　《课标》中学生必做实验之探究性实验解析

1. 探究弹簧弹力与形变量的关系

　　本实验是探究弹簧在发生形变时,其弹力大小与形变量大小之间的定量关系,得到"弹簧发生弹性形变时,弹力的大小跟弹簧伸长(或缩短)的长度成正比"的结论。本实验结合弹力的学习,在进行科学探究的同时,收获相互作用观念的一块基石——胡克定律。实验装置如图 4 - 1所示。

扫一扫,看实验视频

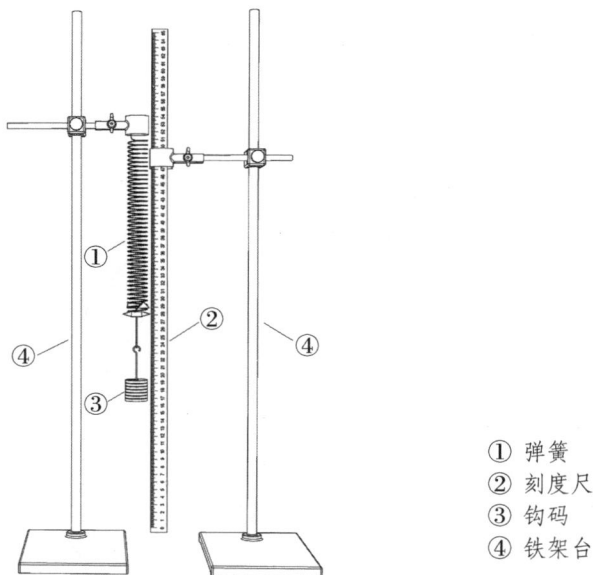

① 弹簧
② 刻度尺
③ 钩码
④ 铁架台

图 4 - 1

　　本实验是《课标》必修 1"1.2　相互作用与运动定律"主题中的内容,属于探究性实验。

一、教学要求

《课标》对本实验的要求是"通过实验，了解胡克定律"。

通过本实验，学生学会从影响弹力大小的现象的观察中提出问题"弹簧弹力与形变大小有什么定量关系？"；知道本实验需要测量弹簧在不同力 F 的作用下伸长的长度 x；会根据图 4-1 中提供的器材理解实验方案，搭建实验装置；知道测量力 F、形变量 x 的工具、原理和方法；会准确读取数据，并在已有表格中记录数据；能正确描绘 F-x 图像；能运用图像法分析实验数据得出 F 和 x 数量关系的特点并形成结论；能对不同的 F-x 图像进行分析讨论；知道测量弹簧伸长量读数存在误差，钩码的质量与标称值也可能存在偏差；补充完成给定的实验报告，体会完整的科学探究的过程。

二、实验能力要素及行为表现

1. 实验能力发展层级图

本实验能力发展层级图如图 4-2 所示。

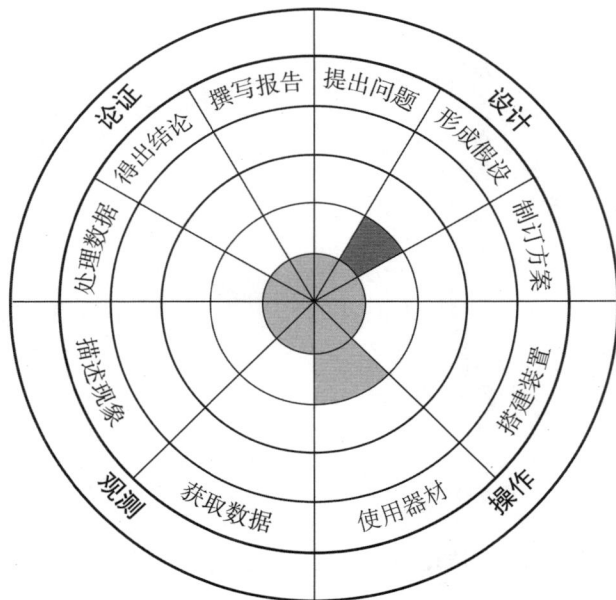

图 4-2

2. 实验能力行为表现水平

本实验能力行为表现水平如表 4 - 6 所示。

表 4 - 6　"探究弹簧弹力与形变量的关系"实验能力行为表现水平表

能力要素	环节	行为表现	水平
设计	提出问题	能基于弹簧受力发生形变的现象,理解本实验研究的问题:弹簧弹力与形变量的大小有怎样的定量关系?	1
	形成假设	能依据已有经验,形成"弹簧弹力与形变量成正比"的猜想	2
	制订方案	在教师的指导下,理解利用拉伸弹簧作为实验对象;知道测量"弹簧的弹力"以及对应的"弹簧伸长量";知道搭建实验装置所需的实验器材;理解测量弹力是采用二力平衡原理,测量弹簧的形变量长度是用毫米刻度尺、逐差法;意识到实验过程中要确保弹簧形变在弹性限度内;理解记录数据的表格各栏的含义;知道用图像法处理实验数据;知道钩码质量与标称值可能存在偏差,知道刻度尺读数存在误差,需要估读;知道用逐差法测量弹簧的伸长量是为了减小误差	1
操作	搭建装置	能根据提供的实验装置图,小组合作完成实验装置的搭建;将弹簧和刻度尺固定在铁架台的横杆上,将刻度尺的零刻度线放在上端,这样长度值将随悬挂钩码的增加而增大;保持刻度尺与弹簧平行,且距离适当;使弹簧末端的指针与刻度尺保持恰当的位置,方便准确读出弹簧的长度	1
	使用器材	会通过加挂钩码的方式改变弹簧的弹力,会用直尺测量弹簧的长度;知道在钩码静止时,读取弹簧的长度,读数时视线要正对指针指示的刻度。意识到实验过程中要确保弹簧形变在弹性限度内	2
观测	获取数据	改变所挂钩码个数,准确读取弹簧的长度;在数据记录表中记录所挂钩码的质量以及对应的弹簧的长度,实验数据不少于 5 组	1
	描述现象	能在教师的帮助下将描述的现象"拉力越大,弹簧的形变量越大"转换成"弹簧的形变量越大,弹力越大"	1

（续表）

能力要素	环节	行为表现	水平
论证	处理数据	根据钩码的质量算出弹簧所受的弹力大小 F；根据测量的弹簧的长度计算出弹簧的形变量 x，记录在表格中；在教师指导下，建立 F-x 的坐标系，选择合适的分度，标明刻度，正确描点、画线，描绘 F-x 图像	1
	得出结论	会根据自己所作的 F-x 图像以及同伴共享的图像，在教师的指导下，通过预测、论证和推理，得出并准确表达"在弹性限度内，弹簧的弹力与形变量成正比"的结论；知道不同小组 F-x 图像的斜率不同是因为弹簧的劲度系数不同	1
	撰写报告	知道实验报告的基本结构。能在预先给定了实验名称、实验目的、实验器材、实验原理、实验操作步骤的一部分、记录实验数据的空白表的实验报告中，补充实验步骤，准确填写实验数据，描绘 F-x 图像，得出实验结论，准确表达各实验组 F-x 图像的斜率不同及其原因，从而科学、规范地完成完整的实验报告	1

三、教学活动建议

学生通过实验获取对胡克定律的认识，是后续分析运动和力的关系、形成运动与相互作用观念的重要基础。学生经历完整的科学探究过程，可以为以后探究其他科学问题提供思路。在完成实验的过程中，学生能理解科学讲究证据、物理规律有适用的范围，通过共享数据、协作分析的学习过程，可以培养科学态度与责任。在设计表格记录数据、描绘图像、分析数据等任务中形成的能力，可以为后面学习"探究加速度与物体受力、物体质量的关系"等实验打下基础。

1. 启发学生基于观察理解实验所要探究的问题

教师引导学生基于观察理解本实验所要探究的问题。建议从这个问题的背景开始，引导学生观察生活中的弹力现象，诸如同一物体形变大小与外力作用的关系，桌子、海绵、弹簧等不同物体的形变大小与外力大小的关系等，引发学生思考弹力大小与哪些因素有关，进而提出具体的研究问题。在教学中，引导学生依据从复杂现象中选择简单问题进行研究的思路,选择探究弹簧的弹力与形变大小的关系。在定性观察了弹力与形变大小正相关后,提出进行定量研究。

在教学中要避免学生已有的知识和能力可能会对该实验的探索过程产生不良影响。比如,学生已经通过文献知道胡克定律的结论,影响探究的积极性;实验设计中,学生可能会用弹簧测力计测量弹簧弹力 F 的大小,陷入循环论证。

2. 组织学习已有的实验方案,指导学生正确理解实验方案

(1) 如何测量弹力? 如何测量弹簧的形变量?

(2) 如何搭建装置? 如何固定弹簧和刻度尺?

(3) 数据记录表中各栏的含义是什么?

(4) 用图像法处理数据时完整准确地描绘图像需要注意什么?

本实验重点培养的是使用器材获取数据并记录数据、描绘图像分析数据得出结论的能力。比如,理解数据记录表(如表 4-7),数据表要包含原始数据(钩码质量 m、指针位置读数 x_1)、探究需要的物理量数据(弹力 F、弹簧伸长量 x);物理量要有单位;实验次数须足够多(不少于 5 次);要有用以说明记录数据的主题、实验条件或者对应的实验器材等的表序或表题。

表 4-7 实验数据记录表

弹簧原长 $x_0 = $＿＿＿＿＿＿＿＿＿＿＿＿ ,重力加速度 $g = 9.8 \text{ m/s}^2$

实验序号	钩码质量 m/g	钩码所受的重力 G/N	悬挂钩码后弹簧的长度 x_1/cm	弹簧的形变量 x/cm
1				
2				
3				
4				
5				
6				

作图像时,要求学生能科学而规范。以自变量(弹簧的形变量 x)为横轴,因变量(弹力 F)为纵轴,选取合适的分度,在坐标轴上标示刻度,让数据点占据

坐标系主要空间；坐标轴刻度值的大小能反映物理量的有效数字；坐标轴表示的物理量要标明单位；用"·"或者"＋"描点，进行直线拟合时，要让直线过尽可能多的点，不在直线上的点要均匀分布于直线的两侧。根据作出的图线，得出相应物理量（F-x）之间的定量关系。

3. 体验"预测→验证"的科学论证方法

本实验得出弹力与形变大小成正比后，根据该结论，给定某几个弹力大小，预测对应的形变量大小，再次进行实验验证。

4. 提高反思与质疑的科学探究能力

实验规律都有其成立的条件和适用范围，胡克定律也不例外，其成立的条件是在弹性限度内。建议请同学推想所挂物体的重力逐渐增大到无穷大时弹簧的形变如何，从而提出弹性限度的概念，思考如何保证实验是在弹簧弹性限度内进行，还可以进一步通过实验探究所用弹簧的弹性限度。

5. 协作与共享

一个组不可能穷尽所有的情况，因此要对实验数据进行共享。在共享时，要注意实验环境条件的一致性。本实验中不同小组选用了不同劲度系数的弹簧，因此 F-x 图像的斜率不同，比较不同小组的 F-x 图像的斜率，可以让学生了解弹簧的劲度系数。

6. 知识拓展

根据学生的实际情况，介绍杨氏模量和相应的材料科学知识。

四、实验注意事项

1. 在实验器材准备阶段，要查阅或实测被测弹簧的弹性限度，并以此建议学生思考悬挂钩码的数量范围，避免超出弹簧的弹性形变范围。如实验室中通常使用的螺旋弹簧最多允许挂 10 个 50 g 钩码。可以通过观察撤去钩码后弹簧是否回到原状，判断弹簧发生的是否是弹性形变。

2. 在测量弹簧长度时，用试管夹夹住弹簧上端固定弹簧，以保证实验过程中弹簧不移动和转动。固定刻度尺时，使有刻度的一面位于弹簧后侧，这样便于读数且减少误差。确认刻度尺与弹簧轴线平行，都处于竖直方向。选择的弹簧下端固定一个水平箭头标记（见图 4-1），更易读数。

3. 弹簧悬挂钩码后，会发生晃动，须在静止状态下测量读数。

4.实验结束后,需要将钩码取下放入钩码盒,弹簧存放在干燥处,以防止生锈。

五、评价与测试

1.关于"探究弹簧弹力与形变量的关系"实验,下列操作中正确的是( )。

A. 刻度尺不需要固定,靠在铁架台的竖直杆上即可

B. 读数时,弹簧及所挂的物体必须保持静止状态

C. 读数时,眼睛要正对指针所指示的刻度

D. 作图像时,应该将相邻的数据点依次连线

2.根据图 4-3 中的数据描绘 F-x 图像,并计算该弹簧的劲度系数。

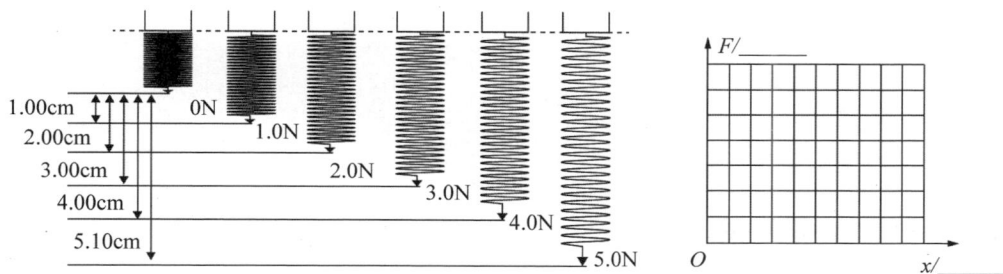

图 4-3

3.弹簧测力计的刻度为什么是均匀的?

4. 一根弹簧的劲度系数为 k,若将其在一端剪去 $\frac{1}{4}$ 长度,则剩下部分弹簧的劲度系数为多大? 弹簧的劲度系数与哪些因素有关?

六、思考与讨论

1.换用现成的实验装置如图 4-4 和图 4-5 所示做实验,有什么优点? 有什么缺点?

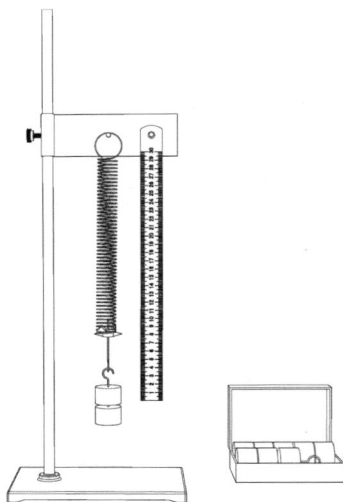

图 4 - 4

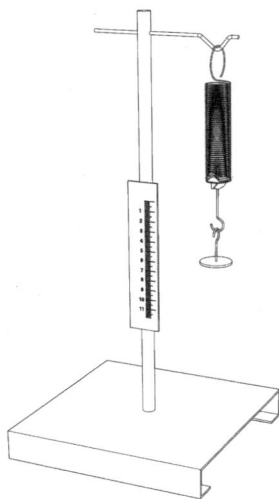

图 4 - 5

2. 换用压缩弹簧做实验，是否可行？

七、参考答案

（一）评价与测试

1. B、C。　2. 图略，100 N/m。

3. 弹簧测力计是利用其内部弹簧的伸长量表示力的大小。根据胡克定律 $\Delta x = \dfrac{F}{k}$，弹簧的伸长量与拉力成正比，所以弹簧测力计的刻度是均匀的。

4. 若整根弹簧受到拉力 F 后伸长 Δx，则其中弹簧原长的 $\dfrac{3}{4}$ 就伸长 $\dfrac{3}{4}\Delta x$。

根据胡克定律，整根弹簧满足 $F = k\Delta x$。

在剪去 $\dfrac{1}{4}$ 长度后，余下 $\dfrac{3}{4}$ 长度的弹簧受到拉力 F 时，$F = k' \times \dfrac{3}{4}\Delta x$。

所以，$k' = \dfrac{4}{3}k$。

（二）思考与讨论

1. 优点：使用现成的装置，可以节省学生搭建实验装置花费的时间；缺点是:缺少了搭建装置过程中对观察能力、动手能力以及调试器材所需的耐心的培养。

2. 换用压缩弹簧理论上也可行,但不易操作。在弹簧上放置物体压缩弹簧,若物体的重心不在弹簧的轴线上,弹簧极易发生侧弯。

复旦大学附属中学　张秀梅　撰写

2. 探究两个互成角度的力的合成规律

本实验是探究两个互成角度的共点力与它们的合力间有怎样的关系。在实验中,用等效替代的方法使一个力的作用效果与两个互成角度的共点力的作用效果相同,记录合力、分力的大小和方向,用作图法研究合力与分力的关系,得到"两个共点力 F_1 和 F_2 的合力 F 可以用以这两个力为邻边构成的平行四边形的对角线表示"的实验结论,总结得出力的合成规律——平行四边形定则。实验装置如图 4-6 所示。

扫一扫,看实验视频

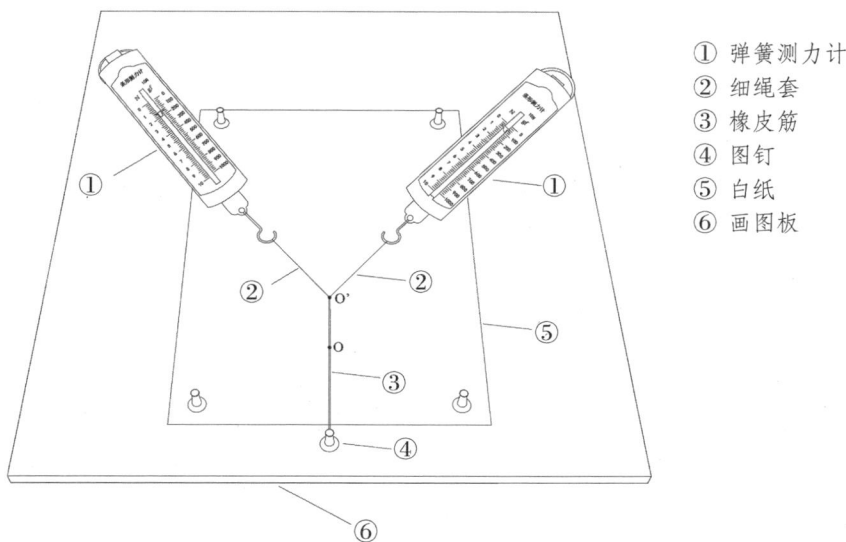

① 弹簧测力计
② 细绳套
③ 橡皮筋
④ 图钉
⑤ 白纸
⑥ 画图板

图 4-6

本实验是《课标》必修1"1.2 相互作用与运动定律"主题中的内容,属于探究性实验。

一、教学要求

《课标》对本实验的要求是"通过实验,了解力的合成与分解,知道矢量和标量"。学生通过本实验,体会力的等效替代的方法,会区分合力和分力,会测量并记录力的大小和方向,了解如何减小测量误差,理解力的合成和分解的法则——平行四边形定则。

二、实验能力要素及行为表现

1. 实验能力发展层级图

本实验能力发展层级图如图 4-7 所示。

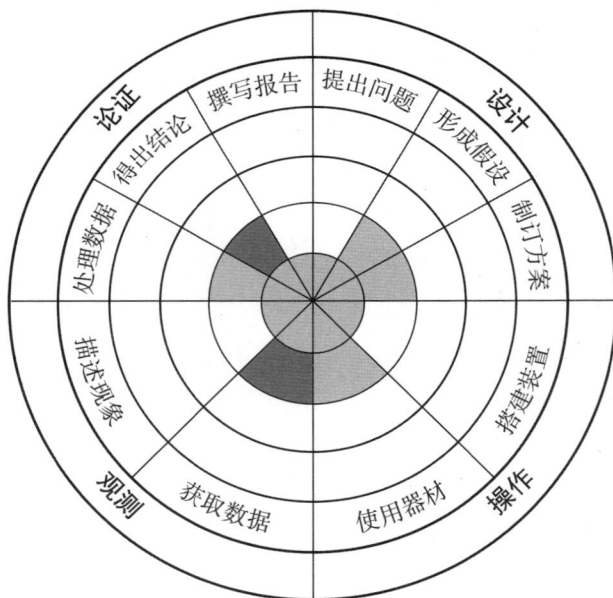

图 4-7

2. 实验能力行为表现水平

本实验能力行为表现水平如表4-8所示。

表4-8 "探究两个互成角度的力的合成规律"实验能力行为表现水平表

能力要素	环节	行为表现	水平
设计	提出问题	能基于观察合力和分力等效替代的现象,提出问题:两个互成角度的共点力的合力大小、方向与分力大小、方向之间存在怎样的数学关系?	1
	形成假设	能提出互成角度的两个分力与合力的大小之间不存在简单的加减关系;或能提出互成角度的两个分力与合力的大小、方向之间存在一定的几何关系;或在观察实验现象的基础上,提出:用力的图示表示两个分力和合力,则以两个分力为邻边作平行四边形,其对角线为合力	2
	制订方案	选择橡皮筋作为实验对象;能用等效替代的方法使两个力和一个力的作用效果相同,意识到实验过程中要确保将橡皮筋的活动端拉至同一标记点;针对提供的测力工具,制订正确使用测力计测量和记录力的大小和方向的方案;根据实验原理,制订运用作图法比较两个分力和合力的大小、方向之间存在几何关系的方案;能分析、判断误差的来源,并在教师或同伴的帮助下选择减小误差的方法	2
操作	搭建装置	根据给定的器材,在图板上固定一张白纸,将橡皮筋的一端固定在纸边,带有两个绳套的另一端放在纸面上,测力计(或力传感器)可以钩住绳套使橡皮筋伸长	1
	使用器材	实验前先对弹簧测力计调零;使用弹簧测力计时,保持弹簧测力计与图板平行,且沿绳套方向拉动;实验时,手不触碰橡皮筋和绳套;用弹簧测力计拉伸橡皮筋时,两次都将橡皮筋活动端拉至同一标记点	2

（续表）

能力要素	环节	行为表现	水平
观测	获取数据	记录标记点和力的方向时,自上而下正视图板,使点与线的位置记录准确;记录力的大小时,视线正对弹簧测力计指针指示的刻度,精确读取读数;选取合适的标度,按同一标度作出分力和合力的图示;改变标记点的位置、两分力的夹角,重复进行实验	2
	描述现象	观察分力和合力的图示在平面中的几何关系,两个分力像是平行四边形的两条邻边,合力像是平行四边形的对角线	1
论证	处理数据	以两个分力为邻边,借助三角板,通过规范的几何作图,作出平行四边形及其对角线	2
	得出结论	比较对角线与实验测得的合力大小、方向是否一致,并根据多组实验数据和实验数据处理结果,总结得出结论:两个共点力 F_1 和 F_2 的合力 F 可以用以这两个力为邻边构成的平行四边形的对角线表示,这就是力的平行四边形定则	2
	撰写报告	能将给定的实验报告中缺少的部分补充完整,形成科学、规范、完整的实验报告。按预先给定的实验报告格式填写实验名称、实验目的、实验原理、实验器材等;将实验方法与步骤中缺少的内容等补充完整;将绘制有测得的分力、合力的图示粘贴在实验数据记录处;在数据处理栏中填写利用平行四边形定则求出的合力与实际测量得到的合力进行比较的过程与方法;根据多组实验数据和数据处理后得出的结论,总结出力的合成计算法则——平行四边形定则,补充完成实验结论	1

三、教学活动建议

依据课程标准,学生在本实验探究的过程中,建构分力、合力、力的合成等概念,基于等效替代思想得到力的合成法则,为后续学习运动与相互作用的关系打下基础。同时在前期认识矢量具有方向的基础上,进一步认识物理量的加减是否满足平行四边形定则,是判断矢量的重要标志。

1. 基于真实情境,理解分力、合力等概念,形成物理观念

从贴近学生的生活实际出发,提出分力、合力、共点力以及力的合成等相关

概念,通过形象生动的情景体验,理解合力和分力之间的等效替代关系,加深学生对等效替代思想的认识,也为接下来探究求合力的方法提供思路。

2. 从代数运算到矢量运算,突破思维壁垒

学生在初中学习同一直线上合力与分力的关系时,已经学过了同一直线的矢量运算。但在高中探究互成角度的力的合成时,矢量运算不同于之前学习的同一直线上的矢量合成。能想到通过几何的方法计算一个平面内两个共点力的合力,是本教学活动的一个难点。

为了突破该难点,课堂上可以采用演示实验的方式,猜想是否有 $F_1 + F_2 = F$,学生通过实验结果发现与猜想发生矛盾,引发认知冲突,激起进一步探究互成角度的力的合成规律的热情。接着可以通过类比位移的矢量合成,将合成法则迁移到一个平面内两个共点力的合成,引发学生思维的转化,突破难点。

3. 设计实验,经历科学探究

以核心问题链为主线,随着问题的层层推进,学生逐步经历科学探究过程。

核心问题:

① 怎样找到两个分力和它们的合力?

② 怎样记录分力和合力的大小、方向?

③ 怎样表示分力和合力的大小、方向?

④ 怎样表述合力与分力的大小、方向的关系?

几个核心问题贯穿探究活动的主线,将难点一一击破,学生在经历科学探究的同时,深刻理解等效替代的物理思想,理解力的矢量性。

4. 利用智能力盘,体验现代科技

为提高实验精确度,可以利用智能力盘再次进行实验,准确读出力的大小、方向,传输到计算机,通过软件进行合成。让学生通过智能力盘体验现代科技给物理教学带来的魅力,在今后的学习中还将继续用 DIS 进行比传统仪器更精确的实验。

5. 拓展延伸,感受随处可寻的物理,养成科学态度与责任

在得出平行四边形结论之后,可以利用四张纸条自制简易的小教具,研究当分力大小不变时,合力大小随分力之间夹角变化的规律。这不仅使学生加深对平行四边形定则的理解和应用,还可以使学生意识到周围随处可见的物品,都可以作为学习物理的工具,感受物理与生活的紧密联系,形成求真务实、笃学

践行的科学态度。

四、实验注意事项

1. 带绳套的细绳应采用粗细均匀、弹性较小的细线,并且打结尽量小,以免影响等效的结点。细绳还应适当长一些,便于确定力的方向。

2. 将大头图钉换成长颈图钉,确保弹簧测力计的拉力方向能够与纸面平行。

3. 将两个弹簧测力计调零后水平互钩对拉,观察读数是否相同。若不同,应更换或调校。

4. 用两个弹簧测力计钩住细绳套互成角度地拉橡皮筋时,其夹角不宜太小,也不宜太大,以 60°～100° 为宜。

五、评价与测试

1. 在"探究两个互成角度的力的合成规律"实验中,实验要求(   )。

A. 只要两次橡皮条的伸长量相同即可

B. 互成角度的两个力大小必须相等

C. 互成角度的两个拉力夹角应该为 90°

D. 弹簧测力计必须与木板保持平行

2. 在"探究两个互成角度的力的合成规律"实验中,某小组的同学用同一套器材做了四次实验,白纸上留下的标注信息有结点位置 O、力的标度、分力和合力的大小及表示力的作用线的点,如图 4-8 所示。其中对于提高实验精度最有利的是(   )。

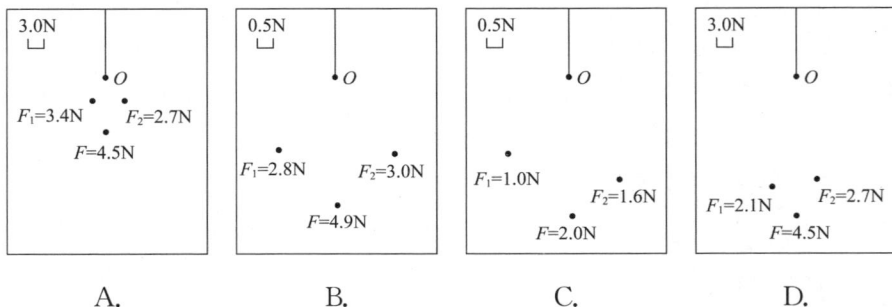

3.0N O $F_1=3.4$N $F_2=2.7$N $F=4.5$N	0.5N O $F_1=2.8$N $F_2=3.0$N $F=4.9$N	0.5N O $F_1=1.0$N $F_2=1.6$N $F=2.0$N	3.0N O $F_1=2.1$N $F_2=2.7$N $F=4.5$N
A.	B.	C.	D.

图 4-8

3. "验证力的平行四边形定则"的实验如图 4-9 甲所示,其中 A 为固定橡皮筋的图钉,O 为橡皮筋与细绳的结点,OB 和 OC 为细绳,图 4-9 乙所示为白纸上根据实验要求画出的图示。

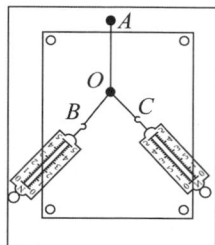 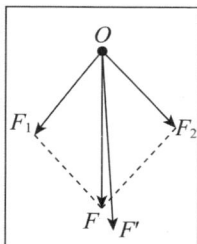

甲　　　　　　　　乙

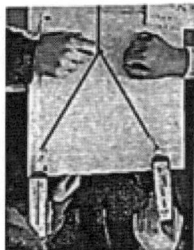 

丙　　　　　　　　丁

图 4-9

(1) 图 4-9 乙中的 F 与 F′两力中,方向一定沿 AO 方向的是_____,图中_____是 F_1、F_2 合力的理论值;

(2) 具体操作前,同学们提出了如下关于实验操作的建议,其中正确的有（　　）。

A. 橡皮筋应和两绳套夹角的角平分线在一条直线上

B. 重复实验再次进行验证时,橡皮筋只需拉到和第一次实验相同的长度即可

C. 使用测力计时,施力方向应沿测力计轴线;读数时视线应正对测力计刻度

D. 实验时,弹簧测力计的外壳不能和纸面接触,否则弹簧测力计外壳和纸面的摩擦会产生误差

(3) 某实验小组在用两个测力计互成角度地拉橡皮筋时:

① 实验操作如图 4-9 丙所示,使用弹簧测力计出现的明显错误是_____;

② 纠正了错误后,重新实验,将结点拉到 O 点后,一学生先用大拇指按住结点(如图 4-9 丁所示),然后再记录两个弹簧测力计的示数及两细绳的方向,这种做法是否可取? 为什么?

4. 某同学做"验证力的平行四边形定则"的实验时,用力传感器取代弹簧测力计完成实验,情况如图 4-10 所示:

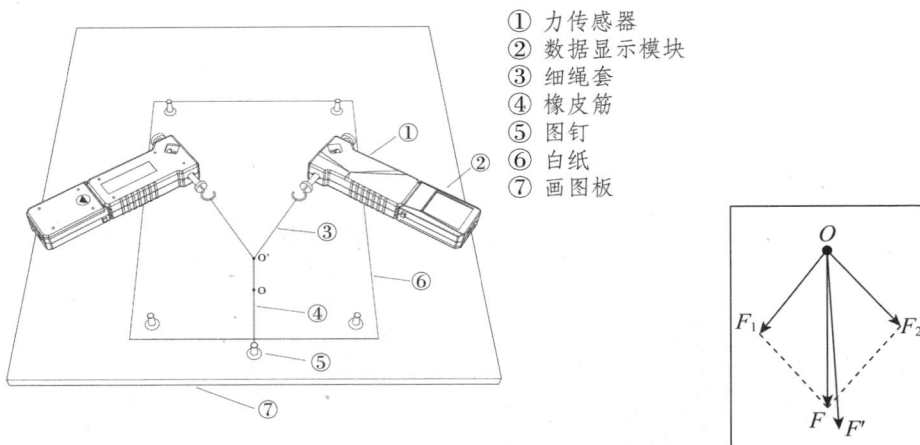

① 力传感器
② 数据显示模块
③ 细绳套
④ 橡皮筋
⑤ 图钉
⑥ 白纸
⑦ 画图板

图 4-10

(1) 本实验采用的科学方法是( )。

A. 理想实验法

B. 等效替代法

C. 控制变量法

D. 建立物理模型法

(2) 实验时,主要的步骤是:

A. 在桌上放一块方木板,在方木板上铺一张白纸,用图钉把白纸钉在方木板上;

B. 用图钉把橡皮筋的一端固定在板上,在橡皮筋的另一端拴上两条细绳,细绳的另一端系着绳套;

C. 用两个力传感器分别钩住绳套,互成角度地拉橡皮筋,使橡皮筋伸长,结点到达某一位置 O,记录下 O 点的位置,读出两个力传感器的示数;

D. 按选好的标度,用铅笔和刻度尺作出两个力传感器的拉力 F_1 和 F_2 的图示,并用平行四边形定则求出合力 F;

E. 只用一个力传感器,通过细绳套拉橡皮筋使其伸长,读出力传感器的示数,记下细绳的方向,按同一标度作出这个力 F' 的图示;

F. 比较 F' 和 F 的大小和方向,看它们是否相同,得出结论。

上述步骤中,①有重要遗漏的步骤的序号是_____和_____;

②遗漏的内容分别是_____和_____。

(3) 在测量力的大小时,相比于弹簧测力计,力传感器的优势有哪些?

六、思考与讨论

观看本案例配套视频中的 DIS 实验(智能力盘),与教材中传统的学生实验相比,两种实验方案在实验原理、数据记录、数据分析处理等环节有何不同? 相比于教材中传统的学生实验,你认为该 DIS 实验(智能力盘)在培养学生实验能力、实现教育功能方面有何优缺点?

七、参考答案

(一) 评价与测试

1. D。 2. B。 3. (1) F';F;(2) C;(3) ①拉力未沿弹簧测力计轴线方向;②这种做法不可取,因为会增大误差。

4. (1) B;(2) ①C;E;②在白纸上记下两个力传感器的方向;将橡皮筋的结点拉到同一位置 O 点;(3) 力传感器精度更高,测量范围更大,可以获取更准确的力的大小数据。

(二) 思考与讨论

教材中传统的学生实验的显著特点是:①实验过程的动态开放性和多重选择性,便于探究各种特殊的力的合成规律;②便于小组成员之间的分工合作;③便于探究分力的动态变化过程和规律。不足之处是:①实验过程中的静态平衡容易被打破,引起读数误差;②由于弹簧测力计的读数非整数,为作力的图示带来麻烦;③实验过程较为复杂,有较多的规范性要求和注意事项。当然,这些不足之处,在培养和提高学生实验规范和实验技能方面,恰好具有重要作用。可见,本实验方法用作教师课堂演示实验是不可取的,但作为学生分组实验却是非常好的。

DIS 实验(智能力盘)的最大特点是,作为计算机和传感器技术支持下的现代实验技术手段,它体现了 DISLab 实验室系统的现代气息,能实时、定量表示出分力和合力大小方向的变化,直观给出合力和分力满足的平行四边形定则的几何关系。其最大的不足:①从方案的实验原理来看,运用了三力平衡的规律,属于后面的教学内容,学生尚未学习共点力作用下物体的平衡条件,理解上有困难;②实验过程中采集和处理数据的"隐蔽性"和计算机操作方式的"机械性";③从数据记录的程序编制来看,已经使用了平行四边形定则。可见,本实验方法作为探究力的合成规律的实验,利少弊多,不具有优势,而在利用平行四边形定则求解实际问题中,作为定量检验倒是可行的。

上海市复旦实验中学　毛文娴　撰写

3. 探究加速度与物体受力、物体质量的关系

本实验运用控制变量法探究加速度与物体受力和物体质量之间的关系,得到运动与相互作用的重要规律——牛顿第二定律。实验装置如图 4 - 11 所示。

扫一扫,看实验视频

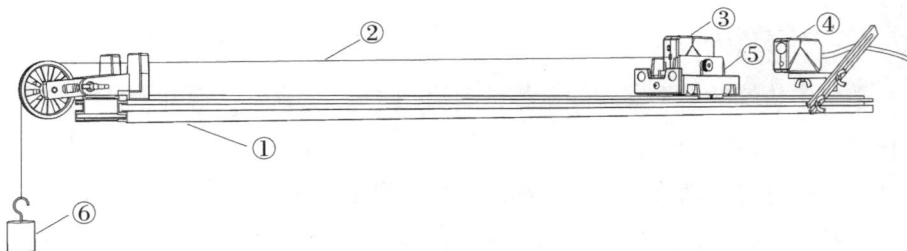

① 带有定滑轮的轨道
② 细绳
③ 分体式位移传感器(接收)
④ 分体式位移传感器(发射)
⑤ 小车
⑥ 钩码

图 4 - 11

本实验是《课标》必修1"1.2 相互作用与运动定律"主题中的内容,属于探究性实验。

一、教学要求

《课标》对本实验的要求是"通过实验,探究物体运动的加速度与物体受力、物体质量的关系"。

学生通过实验正确理解加速度与力、质量的关系,提升运动与相互作用观念;通过探究加速度与力、质量的定量关系,体验控制变量和组合推理的方法,提升逻辑思维能力;通过方案设计、动手操作、分析数据、获得结论等环节,认识到通过归纳得到物理规律是科学探究的方法之一;在实验中体验探究问题的乐趣,养成认真细致的实验习惯和实事求是、严谨务实的科学态度。

二、实验能力要素及行为表现

1. 实验能力发展层级图

本实验能力发展层级图如图4-12所示。

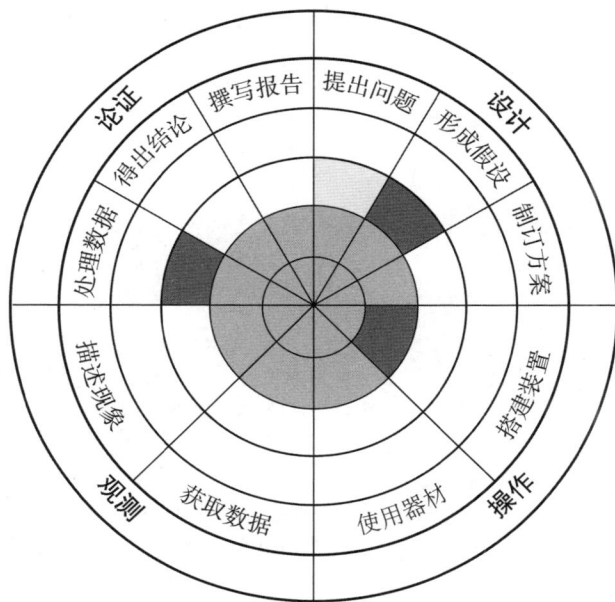

图4-12

2. 实验能力行为表现水平

本实验能力行为表现水平如表 4-9 所示。

表 4-9 "探究加速度与物体受力、物体质量的关系"实验能力行为表现水平表

能力要素	环节	行为表现	水平
设计	提出问题	能基于观察和体验提出并认识到本实验的任务:物体运动的加速度与物体受力、物体质量之间有什么定量的关系?	2
	形成假设	能通过实验或自身体验作出假设:物体运动的加速度与其所受的力成正比,与它的质量成反比	3
	制订方案	能在教师的指导下,知道选择小车作为实验对象,采用控制变量法探究物体的加速度与其受力、质量之间的关系;选择测量力、质量和加速度的工具,了解测量原理,学习测量方法;知道搭建实验装置需注意的事项;了解并补充关键的实验步骤;设计记录数据的表格,知道实验数据处理方法	2
操作	搭建装置	会将分体式位移传感器的接收器固定在轨道的一端,并连接到数据采集器;将发射器固定在小车上,同时打开其电源。 会开启数据采集器电源,运行 DIS 应用软件,点击实验条目中的"牛顿第二定律",出现软件界面,知道判断分体式位移传感器的接收器是否接收到发射器发出的信号。 知道判断小车的车轮是否安放在轨道上,调整轨道的倾角,通过 DIS 观察判断小车在轨道上做匀速运动;用细线连接小车,跨过滑轮系住钩码,调节定滑轮的高度使连接小车的细线与轨道保持平行状态	2
	使用器材	会用天平测量小车(含位移传感器的发射器)的质量。 会测量钩码的重力作为细线对小车的拉力,知道钩码的质量远小于小车的质量对于减小实验误差的重要性。 会用 DIS 测量小车的加速度,即:会点击"开始记录"并释放小车,让其在外力 F 的作用下运动,界面实时显示小车的运动状态的图像;当小车到达终点时,点击"停止记录",得到 $v-t$ 图像;会拖动滚动条,将需要的图像显示在窗口中,点击"选择区域",用鼠标在图线中选择"开始点"和"结束点",计算机自动计算出所选区域的加速度值	2

（续表）

能力要素	环节	行为表现	水平
观测	获取数据	会设计两张记录数据的表格： ① 保持小车的质量 m 不变时，至少记录其加速度 a 与对应的受力 F5 组数据。 ② 保持小车所受的拉力 F 不变时，至少记录其加速度 a 与对应的质量 m5 组数据	2
	描述现象	根据测量获得的数据，通过交流展示能清晰、准确地表达：小车质量一定时，其加速度随所受拉力增大而增大；小车受力一定时，其加速度随质量增大而减小	2
论证	处理数据	会将实验数据记录在表格中。 会根据实验数据，选择合适的坐标，绘出 a-F 图像。 会根据实验数据，选择合适的坐标，绘出 a-m 图像，能选择合理的方法通过重新设置变量，使图像成为一条直线。 知道绘图时用平滑的曲线或直线，数据点尽可能多地通过曲线或直线，若有数据点远离直线知道将其作为错误数据舍去	3
	得出结论	会根据图像分析归纳得出"在质量一定的情况下，物体的加速度与所受的力成正比；在物体受力一定的情况下，物体的加速度与质量成反比"的结论。在教师的指导下，组合推理得出 $a \propto \dfrac{F}{m}$	2
	撰写报告	能以简练通顺的文字将给定的实验报告中其他缺少的部分补充完整	2

三、教学活动建议

本实验探究物体的加速度 a 与其受力 F、质量 m 之间的关系，得到牛顿第二定律，是运动与相互作用的核心内容。本实验的教学重点包括：设计采用控制变量法的实验方案，如何测量 a、F、m 三个物理量，如何控制 F 或 m 不变以及处理数据、推理得出结论。由于图 4-11 所示实验装置是用所挂钩码的重力替代小车受到的力,不仅存在系统误差,而且实验操作稍有不慎,钩码的重力与小车的受力也会相差较大,因此本实验的难点是测量小车受力 F 以及如何控制 F 不变。

1. 设计亲身活动,激发学生提出问题、作出假设

活动示例一:请一位学生站在静止的滑板车上,他用力推一下墙壁,观察该学生和滑板车滑出的速度;改变推力的大小,重复几次操作。

活动示例二:请体重差异较大的两位学生分别站在两个静止的滑板车上,然后请他们掌心相对同时互推,观察并比较两位学生和滑板车滑出的速度。

活动一的意义:学生滑出速度的变化快慢与推力之间有何关系? 推力越大,速度改变越快。

活动二的意义:两位学生滑出速度的变化快慢与他们的质量之间有什么关系? 质量越大,速度改变越慢。

学生通过实验认识到:加速度与物体所受的外力和物体的质量都有关,而且加速度只与力和质量这两个因素有关。

2. 围绕探究任务,以问题驱动学生设计实验方案

围绕探究物体的加速度 a 与其受力 F、质量 m 之间的关系这一任务,通过指导学生回答以下问题,完成实验方案设计。

问题一:对于加速度 a 与力 F、质量 m 三个物理量,采用什么方法研究它们之间的定量关系?

问题二:如何测量物体的加速度?

根据实验室的条件,从多种测量方法中优选测量方案:

① 用位移传感器等 DIS 实验器材测加速度;

② 利用两个光电门传感器测量相距一定距离或时间的两个瞬时速度,计算加速度;

③ 用打点计时器测加速度;

④ 测量物体从静止起做匀加速直线运动的位移和时间,根据 $s = \dfrac{1}{2}at^2$ 计算加速度。

问题三:如何测量物体受到的力?

① 图 4-11 所示装置采用钩码重力作为小车受到的力;

② 在小车与细线之间连接无线力传感器测量小车受到的力。

问题四：如何改变小车的质量？

问题五：设置哪些实验操作步骤？其中哪些是合理的？

3. 获取充足的实验数据，提高实验结论的科学性

学生在测量数据后描点作图，得到 a-m 图像，如图 4-13 所示。而根据图中任意一段（①或②或③）均不能判断得到的是直线还是曲线，需要引导学生分析出现这种问题的原因，可能因为：（1）有限次测量的次数太少，使"弯曲"部分没有得到充分展示；（2）自变量 m 的取值范围太小，导致数据集中而

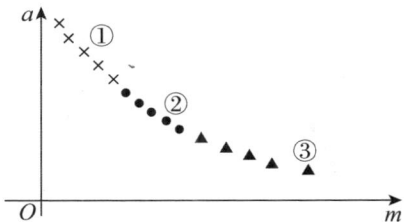

图 4-13

不能展开，在图上表现为"挤在一角"。经讨论后确定处理方法：在"拐弯"处增加测量频度，以确认是错误导致"弯曲"还是规律本身的非线性导致弯曲。

4. 多种方法分析数据，归纳推理得出结论

作 a-F 图像法处理数据得出：m 一定时，$a \propto F (a = k_1 F)$，类似于"探究弹簧弹力与形变量大小的关系"实验中的 $F \propto x$，学生已有基础。

因为 a-m 图像为曲线，采用化曲为直得出 a-m 的定量关系。在确认 a-m 图像为曲线后，根据图线的变化趋势猜测 a 与 m 之间的关系，比如猜想 $a \propto \dfrac{1}{m^x}$，

x 分别取 1、2、3…，作 a-$\dfrac{1}{m^x}$ 图像，直到图线为直线为止。本实验中，a-$\dfrac{1}{m}$ 图像

为过坐标原点的直线，从而得出 F 一定时，$a \propto \dfrac{1}{m} \left(a = \dfrac{k_2}{m} \right)$。

在由 $a \propto F$、$a \propto \dfrac{1}{m}$ 归纳得出结论时，学生也可能根据 $a = k_1 F$ 和 $a = \dfrac{k_2}{m}$ 得出

$a^2 = \dfrac{k_1 k_2 F}{m}$，认为 $a^2 \propto \dfrac{F}{m}$。这一步需要指导学生根据多变量组合推理得出正确结论，可以采用的方法是待定系数法或图像法。

5. 交流、反思，改进实验方案

实验中，a-F 图像很可能不过坐标原点，a-F 图像和 a-$\dfrac{1}{m}$ 图像发生弯曲，

如图 4 - 14 所示,此时可组织学生交流、反思其原因。通过分析受力,提出改变轨道倾斜角度使小车的重力的下滑分力与摩擦力平衡的方案。

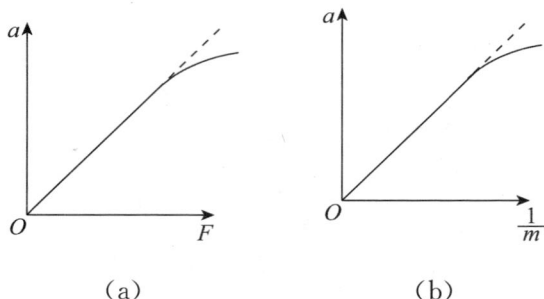

(a)   (b)

图 4 - 14

四、实验注意事项

1. 器材选择的注意事项

位移传感器的发射器使用的电池电量要充足,电源开关要接触良好;连接小车与钩码的细线要选质量小的细棉线;钩码的质量要远小于小车的总质量。

2. 实验操作的注意事项

实验开始前,调节定滑轮的高度使连接小车的细线与轨道保持平行;实验操作时,通过障碍物阻挡的方式避免靠近的位移传感器之间存在信号干扰;在加装配重片时,要用螺母旋紧,避免小车运动时不稳定;在平衡摩擦力时,利用采集的数据绘制的 s-t 图像要为倾斜的直线;在测加速度时,在 v-t 图像中要选择符合匀加速运动特点的区域,且使区域的两端尽可能远。

五、评价与测试

1. 图 4 - 15 所示为"探究加速度与物体受力、物体质量的关系"实验的装置示意图。钩码的质量为 m,小车和配重片的总质量为 M。实验中用钩码的重力作为细线对小车的拉力大小。

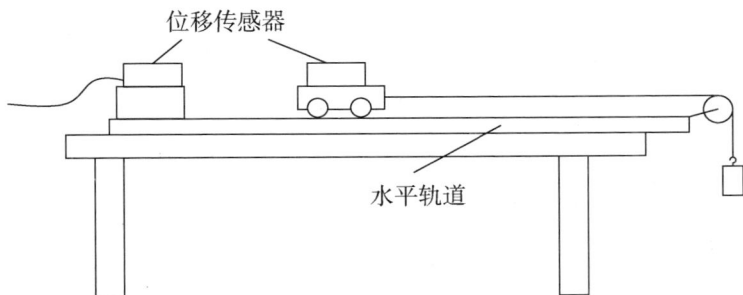

图 4-15

（1）为了使细线对小车的拉力等于小车所受的合外力，先调节长轨道一端滑轮的高度，使细线与长轨道平行，接下来还需要进行的一项操作是（   ）。

A. 将长轨道水平放置，调节钩码质量的大小，使小车在钩码的牵引下运动，从 v-t 图像判断小车是否做匀速运动

B. 将长轨道水平放置，让小车在钩码的牵引下运动，观察判断小车是否做匀速运动

C. 将长轨道的一端垫起适当的高度，撤去钩码，轻推小车，从 v-t 图像判断小车是否做匀速运动

D. 将长轨道的一端垫起适当的高度，撤去钩码，轻推小车，观察判断小车是否做匀速运动

（2）实验中要进行质量 M 和 m 的选取，以下最合理的一组是（   ）。

A. $M=200$ g，$m=10$ g、15 g、20 g、25 g、30 g、40 g

B. $M=200$ g，$m=20$ g、40 g、60 g、80 g、100 g、120 g

C. $M=400$ g，$m=10$ g、15 g、20 g、25 g、30 g、40 g

D. $M=400$ g，$m=20$ g、40 g、60 g、80 g、100 g、120 g

（3）①甲同学在小车所受合外力不变时，改变小车的质量，得到的数据如表 4-10 所示。

表 4-10

实验次数	小车质量 M/kg	小车加速度 a/(m·s^{-2})	小车质量的倒数 $\dfrac{1}{M}$/kg^{-1}
1	0.20	0.78	5.00

（续表）

实验次数	小车质量 M/kg	小车加速度 a/(m·s^{-2})	小车质量的倒数 $\frac{1}{M}$/kg^{-1}
2	0.25	0.62	4.00
3	0.40	0.30	2.50
4	0.60	0.26	1.67
5	0.80	0.20	1.25
6	1.00	0.16	1.00

a. 根据表格中的数据,在图4-16所示坐标系中选择合适的横坐标,并描出相应的实验数据点,作出图像。

b. 由图像可以得出结论:_____。

c. 小车受到的合力为_____。（结果保留两位有效数字）

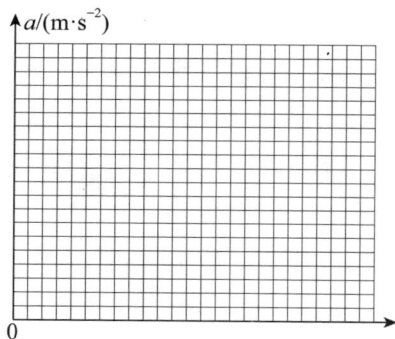

图4-16

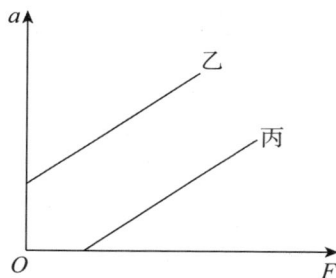

图4-17

② 乙和丙两位同学在保持小车质量不变的情况下,通过多次改变小车的拉力,由实验数据作出的 a-F 图像如图4-17所示。乙图线不过原点的原因是_____;丙图线不过原点的原因是_____

_____。

（4）该实验中,在研究加速度 a 与小车的质量 M 之间的关系时,由于没有注意始终满足 $M \gg m$ 的条件,得到的图像应是图4-18中的（　　）。

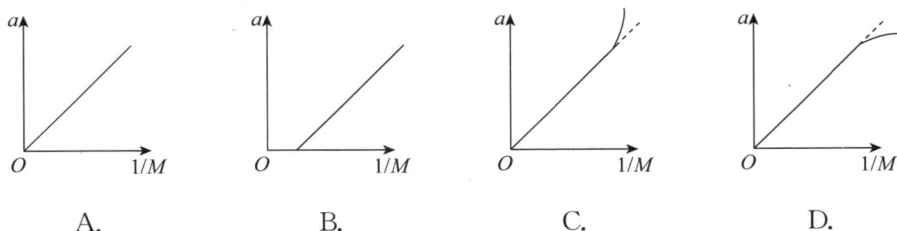

A.　　　　　B.　　　　　C.　　　　　D.

图 4 - 18

2. 细绳一端系小车,另一端跨过滑轮悬挂重物。在实验中,只有当重物的质量 m 远小于小车的质量 M 时,才可认为小车受到的拉力大小等于重物受到的重力大小,试对此进行简单的推理说明。

3. 若小车质量一定时,a - F 图像不过坐标原点,且在 F 较大处发生弯曲,误差产生的原因是什么? 如何改进实验操作以减小误差?

4. 为了探究加速度与力的关系,使用如图 4 - 19 所示的气垫导轨装置进行实验。其中 G_1、G_2 为两个光电门传感器,它们与数字计时器相连,当滑行器通过 G_1、G_2 光电门传感器时,光束被遮挡的时间 Δt_1、Δt_2 都可以被测量并记录,滑行器连同上面固定的一条形遮光片、力传感器的总质量为 M,遮光片宽度为 D,光电门间距为 x,牵引钩码的质量为 m。回答下列问题:

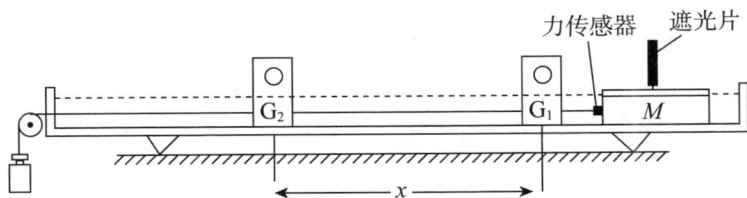

图 4 - 19

(1) 实验开始应先调节气垫导轨下面的螺钉,使气垫导轨水平。在不增加其他仪器的情况下,如何判定调节是否到位?

答:＿＿＿＿＿＿＿＿＿＿＿＿＿＿＿＿＿＿＿＿＿＿＿＿＿＿＿。

(2) 在此实验中,需要测得每一个牵引力对应的加速度,其中求得的加速度的表达式为:＿＿＿＿＿＿＿＿＿＿＿＿＿＿＿＿。(用 Δt_1、Δt_2、D、x 表示)

(3) 下列实验要求中不必要的是＿＿＿＿＿。(请填写选项前对应的字母)

A. 要保持滑行器的总质量 M 不变

B. 要保证滑行器的总质量 M 远大于牵引钩码的质量 m

C. 两光电门传感器间的距离要适当大些

D. 要保持细线方向与导轨平行

六、思考与讨论

1. 对于本实验的实验数据处理,用 Excel 软件(计算和描绘图像)与纸笔描绘图像相比,对培育学生核心素养有什么异同?

七、参考答案

(一) 评价与测试

1. (1) C;(2) C;(3) ① a. 图略;b. 在小车所受合外力不变时,小车的加速度与小车的质量成反比;c. 0.16 N;② 轨道的倾斜角度过大,重力的下滑分力大于滑动摩擦力;轨道的倾斜角度过小,重力的下滑分力小于滑动摩擦力,没有平衡摩擦力;(4) D。

2. 对重物受力进行分析,它只受到重力和细绳的拉力 F。设重物的质量为 m,小车的质量为 M,由牛顿第二定律得:

$$mg - F = ma \qquad ①$$

$$F = Ma \qquad ②$$

由①②式得:$F = \dfrac{Mmg}{M+m}$。

由上式可知,当重物的质量 m 远小于小车的质量 M 时,$M \approx M+m$,可认为小车受到的拉力大小等于重物受到的重力大小。

3. 在小车质量不变的情况下,探究小车的加速度 a 与所受的力 F 的关系过程中,采集数据绘制 a-F 的图像后,如果发现图线与横轴(F)有截距,是因为轨道的倾斜角度过小,没有平衡小车与轨道间的滑动摩擦力,导致小车所受拉力增大到一定值后才开始加速运动,此时需要增大轨道的倾斜角度直到小车能匀速下滑;如果发现图线与纵轴(a)有截距,是因为轨道的倾斜角度过大,不受拉力就能加速下滑,此时需要减小轨道的倾斜角度直到小车能匀速下滑;如果随着 F 值增大,图线变成了曲线,是因为钩码的总质量变大,接近小车的质量,因此必须控制钩码的总质量远小于小车的质量。

4. (1) 将滑行器放在导轨上,观察它是否保持静止,或轻推滑行器,观察滑行器是否能匀速滑行;

(2) $\dfrac{\left(\dfrac{D}{\Delta t_2}\right)^2 - \left(\dfrac{D}{\Delta t_1}\right)^2}{2x}$;(3) C。

(二) 思考与讨论

1.(1) 相同之处:在数据处理中,运用列表法、图像法(用 Excel 软件分析处理数据与纸笔描绘图像)、公式法、解析法等,都可以使数据的处理变难为易、化繁为简,提高了学生的物理学科核心素养。

(2) 不同之处:用纸笔描绘图像,凭直觉选择直线两端的点拟合直线,求出的斜率和截距的任意性较大,其结果与图像的质量和实验者的经验有关。在测量数据离散程度不大、线性度较好或对曲线拟合精度要求不高的情况下,能较好地满足要求,能更好地培养学生的物理学科素养。而用 Excel 软件(计算和描绘图像)分析处理数据更快、更简便、更精确,曲线拟合精度更高,但对于学生的物理学科核心素养的培养更注重在实验的操作和数据的采集上。

上海财经大学附属中学 罗筱栋 供稿

4. 探究平抛运动的特点

本实验是探究并认识小球做平抛运动时所具有的运动特点,体会将复杂运动分解为简单运动的物理思想。

本实验分为两个部分:第一部分,探究平抛运动竖直方向分运动的规律(后面简称"探究竖直规律");第二部分,探究平抛运动水平方向分运动的规律(后面简称"探究水平规律")。

扫一扫,看实验视频

第一部分 "探究竖直规律"实验,如图 4-20 所示,主要原理是,在同一高度,同时释放 A、B 两个小球,A 球做平抛运动,B 球做自由落体运动,观察两个小球是否同时落地。

第二部分 "探究水平规律"实验,如图 4-21 所示,主要原理是,从同一位置,以相同初速度水平抛出一个小球,通过小球在挡板上的撞击痕迹,在竖直板上描绘出小球的运动轨迹,进而探究平抛运动水平方向分运动的规律。

本实验是《课标》必修 2"2.2 曲线运动与万有引力定律"主题中的内容,属于探究性实验。

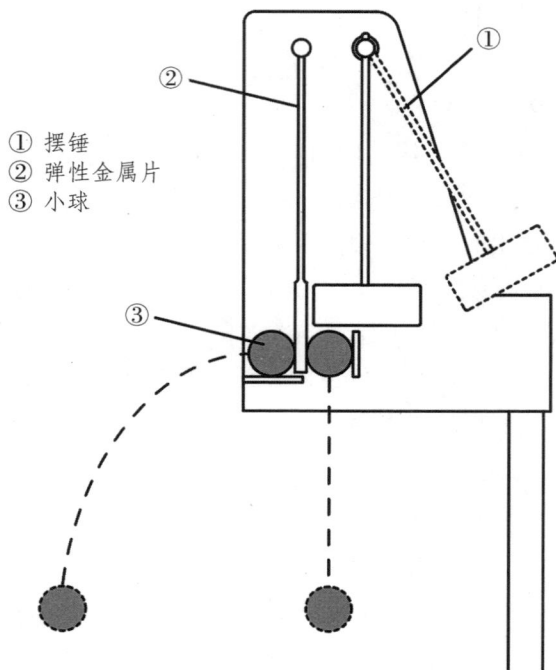

① 摆锤
② 弹性金属片
③ 小球

探究竖直规律实验装置示意图

图 4 - 20

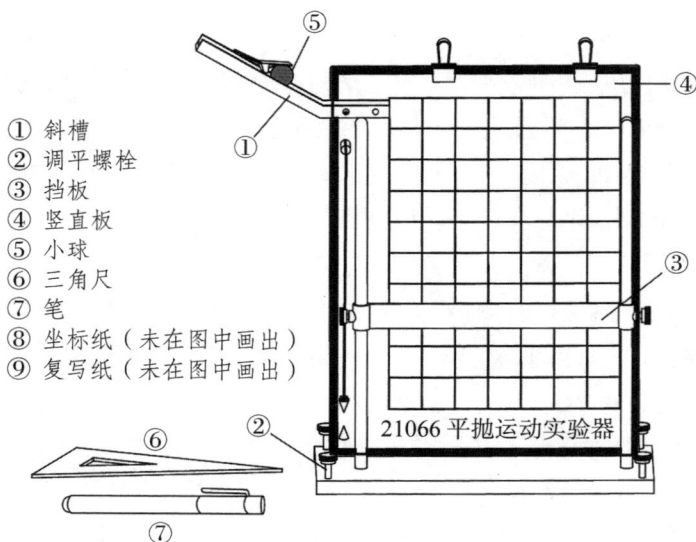

① 斜槽
② 调平螺栓
③ 挡板
④ 竖直板
⑤ 小球
⑥ 三角尺
⑦ 笔
⑧ 坐标纸（未在图中画出）
⑨ 复写纸（未在图中画出）

探究水平规律实验装置示意图

图 4 - 21

一、教学要求

《课标》对本实验的要求是：通过实验，探究并认识平抛运动的规律；会用运动合成与分解的方法分析平抛运动；体会将复杂运动分解为简单运动的物理思想；会做探究平抛运动的特点等实验，能明确实验需要的物理量，由此设计实验方案；会使用所提供的实验器材进行实验并获得数据，通过对数据的分析发现其中的特点，进而归纳得出实验结论，并尝试对其作出解释。

二、实验能力要素及行为表现

1. 实验能力发展层级图

本实验能力发展层级图如图 4 – 22 所示。

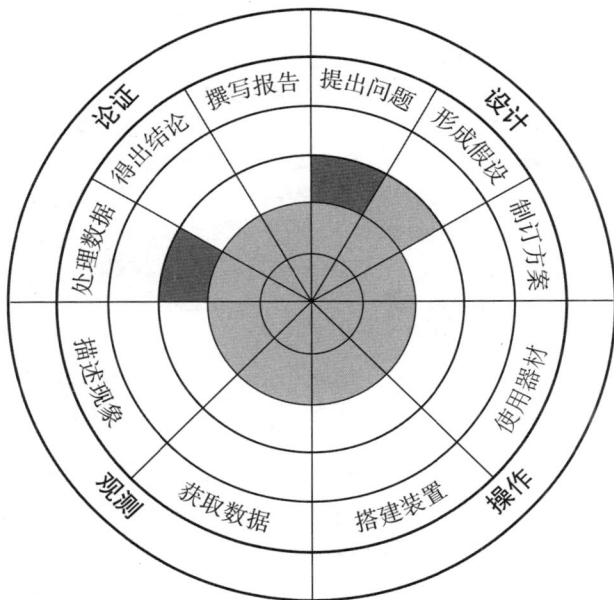

图 4 – 22

2. 实验能力行为表现水平

本实验能力行为表现水平如表 4 - 11 所示。

4 - 11 "探究平抛运动的特点"实验能力行为表现水平表

能力要素	环节	行为表现	水平
设计	提出问题	能基于观察平抛运动提出并准确表达：平抛运动有何特点。 能提出以下类似问题： 平抛运动是匀速还是变速运动？ 速度变化有什么规律？可以用什么方法研究平抛运动？	3
	形成假设	能根据已有知识提出猜想： 水平方向不受力，运动状态不改变，可能做匀速直线运动；竖直方向仅受重力，可能做自由落体运动	3
	制订方案	能在教师指导或提示下完成以下内容： 选择小球作为实验对象，能够从竖直方向和水平方向分别来研究平抛运动的特点。知道搭建实验装置所需的实验器材。 第一部分"探究竖直规律"实验，知道观察的重点——A、B 两小球同一时刻所在的高度是什么关系？第二部分"探究水平规律"实验，知道如何获得平抛运动的轨迹，知道如何分析处理数据。 会写出实验步骤；能分析、判断误差的来源，并在教师或同伴的帮助下选择减小误差的方法	2
操作	搭建装置	第一部分"探究竖直规律"实验，如图 4 - 20 所示，会在平抛运动仪上放入两个小球；两小球初始位置摆放正确——等高。 第二部分"探究水平规律"实验，如图 4 - 21 所示，会用铁夹子将一张白纸或坐标纸固定在装置的背板上；会调节调平螺栓使背板竖直，在背板左上角固定斜槽并使其末端点的切线水平，确保小球能够水平抛出。在纸上把抛出点 O 点记下来，利用重垂线画出通过 O 点的竖直线	2
	使用器材	第一部分"探究竖直规律"实验，会用摆锤敲击弹性金属片使两小球能同时开始运动，观察两球的运动轨迹，注意倾听它们落地的声音。 第二部分"探究水平规律"实验，会将小球置于正确的初始位置；知道固定坐标纸的板面摆放竖直；复写纸、白纸叠放顺序正确；能够正确改变挡板位置；能够记录下平抛小球在空中的位置	2

（续表）

能力要素	环节	行为表现	水平
观测	获取数据	第一部分"探究竖直规律"实验,如图 4－20 所示,能分别改变小球距地面的高度和小锤击打的力度,多次重复这个实验,记录实验现象有什么变化。 第二部分"探究水平规律"实验,能改变挡板位置,在背板坐标纸(或者白纸)上记录下平抛小球在空中的位置,实验数据不少于 5 组;能分析、判断误差的来源,并在教师或同伴的帮助下设法减小误差	2
	描述现象	第一部分"探究竖直规律"实验,能科学表述两小球运动的同一时刻到达同一高度。 第二部分"探究水平规律"实验,能定性和半定量描述平抛运动水平方向分运动的规律	2
论证	处理数据	第一部分"探究竖直规律"实验,通过观察两球落地的过程,听落地的声音,能比较分别做平抛运动和自由落体运动的小球落地先后。 第二部分"探究水平规律"实验,能取下白纸,用平滑的曲线把所记下的小球位置连接起来,得出小球做平抛运动的轨迹;以 O 点为原点,画出竖直向下的 y 轴和水平方向的 x 轴;得到平抛运动的轨迹后,假设竖直方向分运动是自由落体运动,能在此基础上分析水平方向分运动的规律	3
	得出结论	能通过分析数据,归纳平抛运动竖直方向分运动的规律和水平方向分运动的规律。 ① 平抛运动的下落时间与它做自由落体分运动的时间相等。 ② 粗略证明平抛运动在竖直方向上是自由落体运动,水平方向速度的大小不影响其在竖直方向上的运动。 ③ 平抛运动在水平方向上是匀速直线运动,竖直方向的速度大小不影响其在水平方向的运动。 能注意到规律的适用范围:水平抛出,仅受重力	2
	撰写报告	知道实验报告的基本框架组成,包括实验名称、实验目的、实验器材、实验原理、实验操作步骤、实验数据记录与处理、实验结论。 在实验报告框架已经提示的情况下,能完成各部分内容;能陈述平抛运动的特点	2

三、教学活动建议

平抛运动是学生正式接触的第一个曲线运动,也是第一个二维运动。从一维到二维,形式虽然复杂了,但可以通过运动合成与分解的方法,将二维运动转化为一维运动来了解其运动特征。

1. 启发学生基于观察提出问题

观察是最基本的研究方法,也是感性认识建立的基础。

平抛运动容易构建,可以通过教师演示、学生自主构建的方式,观察平抛运动,并在充足的感性认识的基础上提出问题、假设和猜想。

问题参考如下:

(1)平抛运动是匀速运动还是变速运动?

(2)速度变化有什么规律?

(3)可以用什么方法研究平抛运动呢?

2. 指导学生选择实验器材,组织讨论设计实验方案

(1)结合实验原理介绍实验器材。

第二部分"探究水平规律"实验,留下平抛运动的运动轨迹是后面进行数据处理的先决条件。而如何留下平抛运动的运动轨迹,在实验开始前需要引导学生思考得出,结合实验原理,理解实验器材各部分的作用就水到渠成了。

(2)明确初始条件。

在第一部分实验"探究竖直规律"中,要想得出两个运动的等时性,首先要明确初始条件有哪些相同的地方。因此,在介绍实验装置的环节,如图 4 - 20 所示,建议通过展示图片细节等方式,引导学生明确两个运动的初始条件,即起始高度相同,运动的起始时刻相同。

在第二部分"探究水平规律"实验中,如图 4 - 21 所示,为了保证每次水平初速度都相同,每次的初始释放位置要相同。

3. 体验"预测→验证"的科学论证方法

引导学生根据已有知识提出猜想:水平方向不受力,运动状态不改变,可能做匀速直线运动;竖直方向仅受重力,可能做自由落体运动。

引导学生在猜想的基础上,应用数据进行初步科学论证。

（1）在第一部分"探究竖直规律"实验中，无论 A 球的初速度多大，它总是与 B 球同时落地，归纳得出结论：平抛运动的竖直方向分运动可看成是自由落体运动。

（2）在完成第一部分"探究竖直规律"实验后，可对平抛运动的轨迹图进行定量分析。假设竖直方向分运动是初速度为零的匀加速直线运动，在轨迹图上取竖直方向分位移之比为 1∶3∶5∶7 的点，分析其水平方向分位移，探究水平方向分运动的规律即可。

4. 提高反思与质疑的科学探究能力

（1）描点画图用什么线？

得到平抛运动的描点数据后，需要用平滑曲线将各数据点连接起来。此处可以引导学生思考，用什么线（折线还是平滑曲线）来连接数据点，如图 4−23 所示。

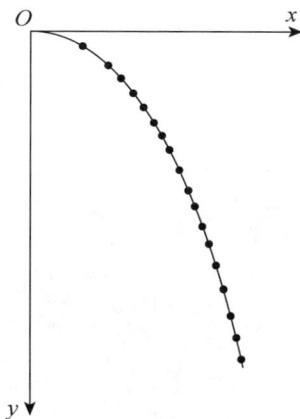

描点画图
图 4−23

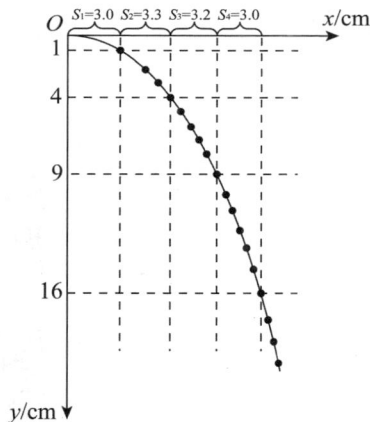

数据分析
图 4−24

（2）误差分析。

得到平抛运动的描点数据后，用平滑曲线将各数据点连接起来，或者让各数据点均匀分布在曲线的两侧。由于不是直线，曲线的弯曲程度对实验误差的影响较大，在之后的数据分析阶段，可以引导学生对误差成因展开讨论，如图 4−24所示。

5. 借助现代信息技术，检验数据记录的准确性

所有的数据点记录完毕后，可以使用慢镜头摄影技术，在完全相同的实验条件下，拍摄小球做平抛运动的轨迹，看小球能否与已经记录的轨迹重合，如图 4-25 所示。

6. 基于 DIS 的"研究平抛运动"实验

利用朗威 DISLab 魔板（电磁定位系统），可自动记录小球的位置，显著简化实验过程，清晰直观地呈现出质点运动的轨迹，以达到本节课的实验目的。如图 4-26 所示，朗威 DISLab 魔板（电磁定位系统）的部件为：①电磁定位板、②弹射器、③信号源、④接球底槽、⑤接球竖

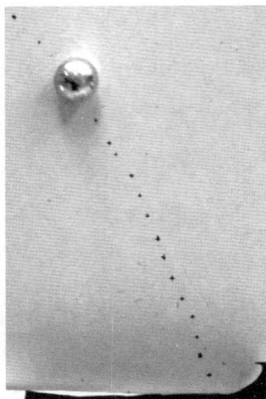

检验数据记录的准确性
图 4-25

槽、⑥支架及紧固件构成。在实验中搭建好实验装置，调节弹射器水平，使其卡槽与电磁定位板的上边沿平行。打开魔板专用软件包，选择"平抛运动"。打开信号源电源开关，将信号源置于弹射器卡槽内，先点击"零点设置"，再点击"开始记录"，按下弹射器开关，软件自动记录信号源的平抛运动轨迹，如图 4-27 所示。

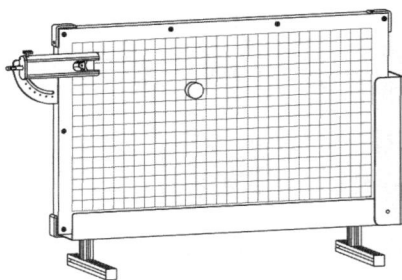

朗威 DISLab 魔板（电磁定位系统）
图 4-26

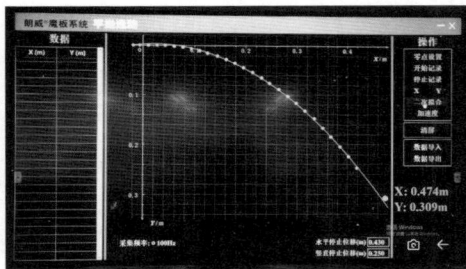

软件自动记录信号源的平抛运动轨迹
图 4-27

点击系统软件中的"X""Y"，自动标注数据点在 X 轴和 Y 轴的投影；点击"二次拟合"，学生即会发现平抛运动轨迹符合二次函数关系。点击"加速度"，软件自动绘制信号源在水平方向和竖直方向上分运动的 $v-t$ 图像，得出水平方向的运动为匀速直线运动，并计算出竖直方向上的加速度，如图 4-28

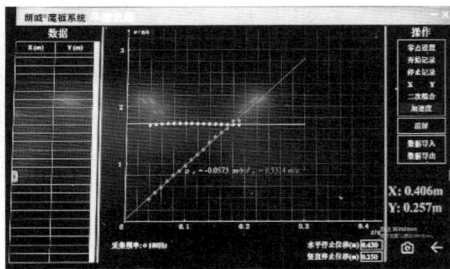

软件自动进行数据处理
图 4-28

所示。

　　利用 DIS 进行实验,自动采集实验数据,可提高数据采集效率和精度,让学生体会到信息技术的先进性以及科学的魅力。实验中用到的电磁定位系统,能够自动记录并采集质点经过的每一个位置的瞬时速度和时间,还能方便计算出平抛的水平距离,大大提高了实验效率。

四、实验注意事项

　　1. 调节水平和竖直。平抛运动的先决条件是小球水平抛出,所以小球抛出前所在位置处的凹槽一定要水平,如图 4-29 所示。平抛小球的运动是在竖直平面内的,所以记录小球运动的坐标纸所在板面要在竖直平面内,实验前要进行竖直面的调节,如图 4-30 所示。

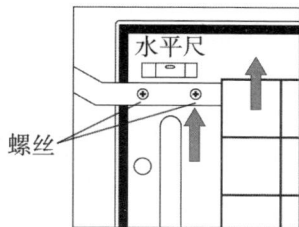

水平调节。小球抛出前所在位置处的凹槽一定要水平。实验前可以通过斜槽螺丝和水平尺进行水平调节

图 4-29

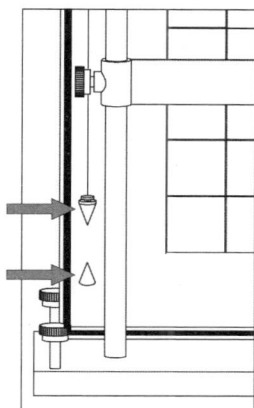

竖直调节。背板要在竖直平面内,实验前可以通过底角螺丝和铅垂线进行竖直面调节

图 4-30

　　2. 保证初速度相同。由于本实验中,每次平抛运动只能记录一组数据点——在某一挡板高度时的水平位置,要保证每次轨迹均相同,必须保证每次从相同的位置以相同的水平速度抛出,所以小球的初始释放位置必须保持不变,如图 4-31 所示。

　　3. 平抛物体运动初始位置的校准记录。平抛运动的初始位置,是后期数据分析处理时的关键点,由于仪器结构和坐标纸尺寸的限制,所以实验时初始位置需要准确校准记录,如图 4-32 所示。

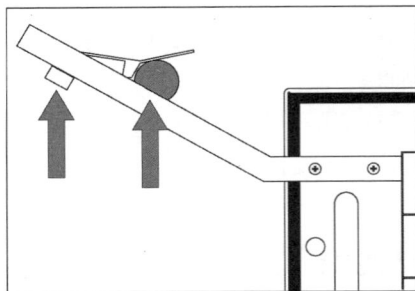 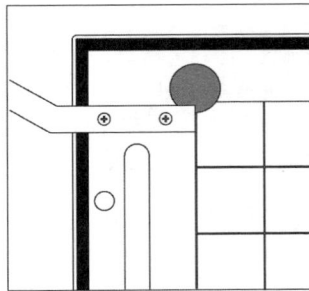

固定小球的初始释放位置 　　　　平抛初始位置的校准记录

图 4 - 31 　　　　　　　　　　图 4 - 32

4. 记录多组位置数据。由于平抛运动的轨迹是曲线,为了描绘出更加接近真实情况的曲线轨迹,记录位置数据时,建议记录多组位置数据(如至少 10 组以上)。

五、评价与测试

1. 在"探究平抛运动的特点"实验中,实验器材除了木板、小球、斜槽、长木条、图钉、铅笔之外,还需要的有(　　　)。

A. 秒表　　B. 白纸　　C. 天平　　D. 弹簧测力计　　E. 重垂线

2. 关于做"探究平抛运动的特点"实验,下列说法中正确的是(　　　)。

A. 斜槽轨道必须光滑

B. 斜槽轨道末端可以不水平

C. 应使小球每次从斜槽上相同的位置自由滑下

D. 要使描绘出的轨迹更好地反映真实运动,记录的点应适当多一些

E. 为了比较准确地描绘出小球运动的轨迹,应该用一条曲线把所有的点连接起来

3. 某同学做"探究平抛运动的特点"实验,图 4 - 33 是该同学在实验中描下的几个点,其中偏差较大的 B 点产生的原因可能是(　　　)。

A. 小球滚下的高度较其他各次高

B. 小球滚下的高度较其他各次低

C. 小球从同一高度滚下时该同学给了它一个初速度

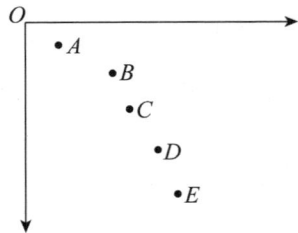

图 4 - 33

D. 小球在运动过程中遇到其他各次没有遇到过的阻力

4. 图 4-34(a)所示是"探究平抛运动的特点"的实验装置图,图 4-34(b)所示是利用该装置拍摄小球做平抛运动的频闪照片,由照片可判断实验操作错误的是(　　)。

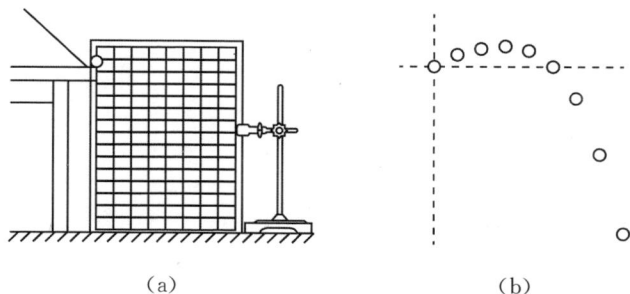

（a）　　　　　　　　　　（b）

图 4-34

A. 斜槽轨道太光滑　　　　　　B. 斜槽轨道末端切线不水平

C. 释放小球时速度不为 0　　　　D. 从不同位置释放小球

5. 如图 4-35 所示,在研究平抛运动时,小球 A 沿轨道滑下,离开轨道末端(末端水平)时撞开轻质接触式开关 S,被电磁铁吸住的与轨道末端等高的小球 B 同时自由下落。改变整个装置的高度 H 及 A 球释放时的初位置做同样的实验,发现 A、B 两球总是同时落地。

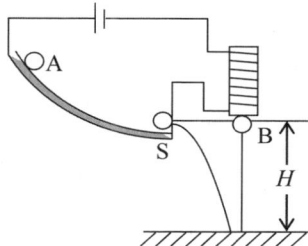

图 4-35

（1）该实验现象揭示了 A 球离开轨道后在_____方向上分运动的规律;

（2）该实验装置的设计思想所体现的物理思维方法和实验方法是:_____ 和 _____。

六、思考与讨论

1. 某次实验中,假设记录了 15 个位置数据,小球被平抛了多少次? 每一次的轨迹都一样吗? 为了保证每次轨迹都一致,需要注意哪些事项?

2. 尝试设计探究平抛运动规律的其他方法,例如频闪照相法、视频录像法等。

3. 利用有连拍功能的数码相机或摄像机可以获得平抛运动的轨迹。如果将小球从高度大约为 1.5 m 处水平抛出,则在小球从抛出到落地过程中,为了能得到 4~5 张照片,对数码相机的连拍功能有什么要求? 请说明理由。

4. 与使用传统的实验装置相比,利用朗威 DISLab 魔板(电磁定位系统)研究平抛运动的特点有哪些优点?

七、参考答案

(一) 评价与测试

1. B、E。   2. C、D。   3. A、C。   4. B。

5. (1) 竖直;(2) 等效思维法;控制变量法或实验比较法。

(二) 思考与讨论

1. 小球平抛了 15 次。每一次的轨迹大体相同,但不一定完全一样,取决于初始条件和对实验条件的控制。为了保证每次轨迹都一致,需要保持初位置相同,且由静止释放。

2. 可使用手机的连拍功能,或者拍摄视频后用软件进行逐帧分析。

3. 由自由落体位移公式可知,下降 1.5 m,大约需要 0.55 s。在这段时间里,按拍摄 5 张照片计算,拍摄两张照片的时间间隔大概是 0.11 s,即 1 s 至少拍 9 张照片,需要有这样连拍功能的照相机。

4. 操作难度降低,获得的实验数据丰富,数据分析处理直观、简单等。但对 DIS 系统的稳定度有一定要求。

复旦大学附属中学　王立斌
上海财经大学附属中学　罗筱栋　撰写

5. 探究向心力大小与半径、角速度、质量的关系

本实验是探究向心力大小 F 与半径 r、角速度 ω、质量 m 的定量关系。通过控制变量方法,借助 DIS 实验系统分别研究(1) ω 与 m 一定时,F 与 r 的关系;(2) r 与 m 一定时,F 与 ω 的关系;(3) r 与 ω 一定时,F 与 m 的关系。

扫一扫,看实验视频

实验装置如图 4 - 36 所示。

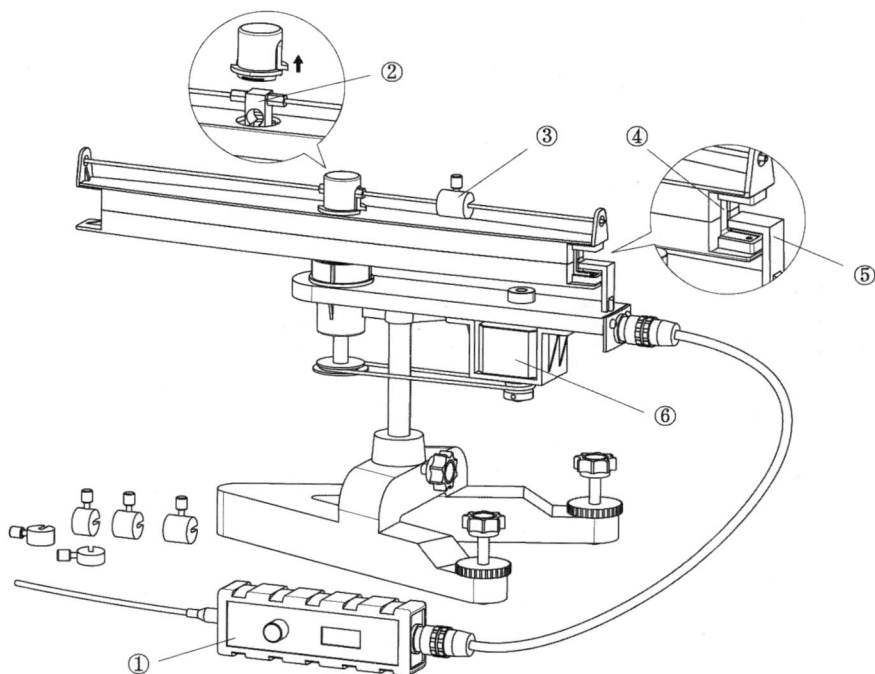

① 电动机控制器 ② 力传感器 ③ 砝码 ④ 光电门传感器 ⑤ 挡光片 ⑥ 电动机

图 4 - 36

本实验是《课标》必修 2"2.2 曲线运动与万有引力定律"主题中的内容,属于探究性实验。

一、教学要求

《课标》对本实验的要求是:通过实验探究并了解匀速圆周运动向心力大小与半径、角速度、质量的关系。

学生通过本实验学会从影响物体做匀速圆周运动时所受向心力大小现象的观察中提出可探究的物理问题。学生需要深刻认识本实验需要采用间接测量和控制变量等重要的思想方法和测量方法;能在教师指导下,把本实验分解成 3 个相对独立的小任务,形成科学的实验方案并完成三次探究得到三个结论；能够利用集成有力传感器和光电门传感器的现代化实验系统获得证据，并能把数据记录在设计好的表格中，能利用图像法分析数据；能通过计算机软件辅助描点、拟合 $F\text{-}r$、$F\text{-}m$ 和 $F\text{-}\omega^2$ 等图像；能运用图像正确得到向心力大小 F 与半径 r、角速度 ω、质量 m 的定量关系；认识实验存在误差，并能初步了解误差的来源和减少实验误差的方法；能撰写比较简单的实验报告，能根据实验报告进行交流。

二、实验能力要素及行为表现

1. 实验能力发展层级图

本实验能力发展层级图如图 4 - 37 所示。

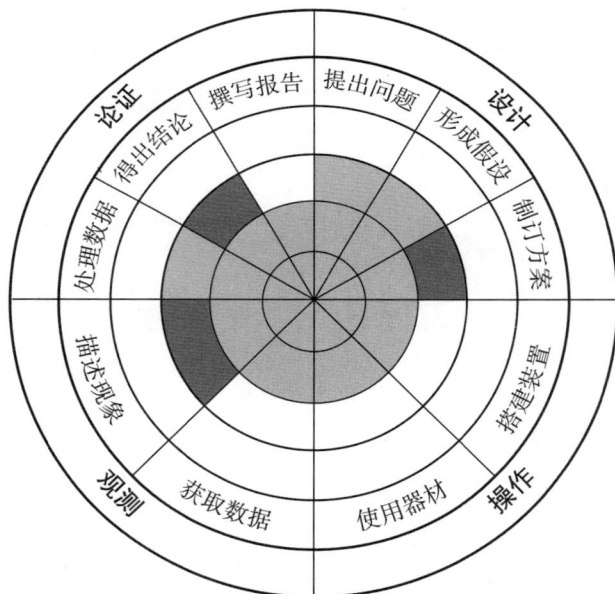

图 4 - 37

2. 实验能力行为表现水平

本实验能力行为表现水平如表 4 - 12 所示。

表 4 - 12 "探究向心力大小与半径、角速度、质量的关系"实验能力行为表现水平表

能力要素	环节	行为表现	水平
设计	提出问题	能基于生活中物体做圆周运动的实例,通过观察和感官体验提出并准确表达:如何探究向心力大小与半径、角速度、质量的关系。并且明白这些物理量在实验中是可测量的	3
	形成假设	能依据已有知识和经验并准确运用控制变量的思想,提出假设:向心力大小与半径、角速度、质量正相关且存在多种可能(如 F 可以和 r、r^2、……成正比)	3
	制订方案	能在他人指导下,选择已知质量的砝码作为实验对象;能够选择合适的实验器材去测量砝码做匀速圆周运动所需的向心力 F、转动半径 r 和转动角速度 ω;能够利用控制变量的方法把实验分解成三个小实验,并制订较完整的实验步骤;能设计出合理地记录数据的表格;知道实验数据的处理方法;能分析、判断误差的来源,并在教师或同伴的帮助下对实验方案进行改进	3
操作	搭建装置	能利用给出的实验器材根据说明书正确搭建器材,托架和旋臂通过手拧螺栓固定不松动,正确连接电机控制线和无线发射器等硬件电子设备	2
	使用器材	会利用电动机控制器旋钮来改变电机转动的角速度,知道每次旋臂转动稳定后再记录数据;知道固定砝码时红线要和刻度线对齐,保证半径读数准确;意识到每次实验前要对传感器调零	2
观测	获取数据	能通过控制变量的方法,保持 r 和 m 不变,改变 ω,准确读取 F 和 ω 的数据并记录在表格中;保持 r 和 ω 不变,改变 m,准确读取 F 和 m 的数据记录在表格中;保持 m 和 ω 不变,改变 r,准确读取 F 和 r 的数据记录在表格中。每组实验数据不少于 5 组	2
	描述现象	能根据数据分析出:在 r 和 m 不变时,F 随 ω 增大而增大;在 r 和 ω 不变时,F 随 m 增大而增大;在 m 和 ω 不变时,F 随 r 的增大而增大	3

（续表）

能力要素	环节	行为表现	水平
论证	处理数据	能利用控制变量的方法,在 r 和 m 不变时,能建立 F-ω 的坐标系,利用计算机软件描点并拟合描绘 F-ω 图线,能够知道"化曲为直"的图线处理方法并拟合 F-ω^2 图线;在 r 和 ω 不变时,能建立 F-m 的坐标系,利用计算机软件拟合描绘 F-m 图线;在 m 和 ω 不变时,能建立 F-r 的坐标系,利用计算机软件拟合描绘 F-r 图线	3
	得出结论	会根据图线分析、归纳得出三个结论:做匀速圆周运动的物体在角速度 ω、半径 r 相同的情况下,受到的向心力 F 大小与物体的质量 m 成正比;在 m、r 相同的情况下,向心力 F 大小和角速度 ω 的二次方成正比;在 ω、m 相同情况下,向心力 F 和半径 r 成正比。接着归纳得出:$F=mr\omega^2$;能基于证据,比较自己和他人结论的异同,并在分析误差来源的基础上,提出改进实验的建议	3
	撰写报告	能撰写比较完整的实验报告,在报告中能呈现设计的实验步骤、实验表格、分析过程、拟合图线及实验结论	2

三、教学活动建议

从教学内容上看,学生通过探究实验得到了做匀速圆周运动的物体所受向心力大小的计算公式,为后续对做圆周运动物体的动力学分析奠定基础,并且可以结合牛顿运动定律解释生活生产中遇到的关于圆周运动的实际问题,进一步丰富对力与运动关系的认识。

从培养学生能力角度看,学生经历了完整的科学探究过程,可以为以后探究其他科学问题提供思路。在"探究加速度与物体受力、物体质量之间的关系"实验中,学生利用控制变量的方法研究了三个物理量之间的关系。在这个基础上,学生在本实验中进一步巩固了控制变量的方法,同时研究四个物理量之间的关系,学会用此方法进行更为复杂的研究。在完成实验的过程中,学生借助现代化信息系统(DIS)处理数据,学会了利用计算机软件拟合图线的方法来得到物理量之间的关系,把现代的计算机技术融入到复杂的数据处理中去,提高了实验的精度和效率。学生通过共享数据、协作分析误差的学习过程,培养了团队协作的意识和严谨的科学态度。

1. 启发学生基于生活或对小实验的观察和感官体验自主提出问题和假设

在探究实验前,引导学生思考汽车转弯为什么要减速、链球运动员怎样可以将链球扔得更远等生活中圆周运动的问题。可以设计小实验:将一根绳一端拴一个小球在水平面内做圆周运动,学生体验小球速度变化后手上的用力变化情况;用不同质量的小球或是不同长度的绳进行实验,体会手上的用力情况有什么不同。引导学生在充分体验的基础上,经过和同伴讨论后,提出问题:小球做匀速圆周运动的向心力大小可能和哪些因素有关?

对学生提出的假设不必在乎到底是不是成正比还是和平方成正比,只要能够让学生感官上体验到向心力大小和物体质量、物体角速度(或线速度)、圆周半径成正相关即可,其中包含的各种可能情况正是为后面定量实验制造悬念,激发学生的求知欲。

2. 利用控制变量法制订实验方案,提高学生制订计划的能力

本实验的重点是凸显控制变量的方法去引导学生制订科学的实验方案,为此可以通过实验导学案指导学生思考并讨论回答以下几个问题:

(1) 这个实验中有哪些研究变量?

(2) 用哪些常用的测量仪器或者传感器测量这些变量?

(3) 如何运用控制变量法设计简洁的数据记录表格?

(4) 如何分析处理数据得出结论?

本实验的关键点之一是学生如何运用控制变量法,设计简洁的数据记录表格。尽管学生在初中物理中就接触到了控制变量法,在"探究加速度与物体受力、物体质量之间的关系"实验中又经历了一次控制变量法的科学探究,但是本实验是学生第一次研究四个物理量之间的关系,对学生而言还是有一定难度的。为了突破难点,要引导学生在制订计划的时候把本实验的这个大任务分解成三个小任务,在教师的帮助下学生能完成三次探究得到三个结论。实验前,在实验报告上预先设计好数据记录表4-13、4-14、4-15。绝不能用计算机软件来越俎代庖。

表 4 - 13　小实验 1 $r=$ _____ 和 $m=$ _____

次数	1	2	3	4	5	6
角速度 $\omega/(\text{rad} \cdot \text{s}^{-1})$						
向心力 F/N						

表 4 - 14　小实验 2 $r=$ _____ 和 $\omega=$ _____

次数	1	2	3	4	5	6
质量 m/kg						
向心力 F/N						

表 4 - 15　小实验 3 $m=$ _____ 和 $\omega=$ _____

次数	1	2	3	4	5	6
半径 r/m						
向心力 F/N						

3. 借助计算机软件帮助学生拟合图线,分析图线得出结论

本实验需要采集多组数据,且对数据精度要求较高;三个任务要作三个图像,且有"化曲为直"的方法在作图中体现。如果用传统的作图法对学生来说勉为其难,建议用数字化实验技术辅助拟合数据,提高教学和学习效率。

在学生得到每一个小实验的数据后,利用计算机软件建立坐标系并描点,除小实验 1 外,可以清楚地看到数据点呈直线排布,可以进行线性拟合,通过拟合图线得到最后结果。而在小实验 1 可以看到,数据点并不是线性排布,可以引导学生根据简单性原则进行猜想,通过计算机验证猜想。如学生猜想 F 与 ω 的平方成正比,可以拟合 F - ω^2 图线,看是否为一条直线,如果不是,再进行其他猜想验证,直到能够把图线变成一条直线,让学生对图线处理中化曲为直的方法有一个更进一步的认识。

4. 交流、分享与协作

不同组的同学间相互交流实验中遇到的困难以及是如何解决的。利用计算机把三个小任务中的数据表格和图线保存下来,发送到指定的公用文件夹。交流并分享实验成果。针对图线不过原点或个别数据点明显偏离直线的情况,

根据各组的分享交流,判断实验误差的来源,撰写在实验报告里。

四、实验注意事项

1. 如果使用无线 DIS 实验装置,实验前务必测试计算机能不能与接收器和传感器连接。

2. 装置搭建完毕后,先用水平仪查看旋臂是否水平,如图 4 - 38 所示。

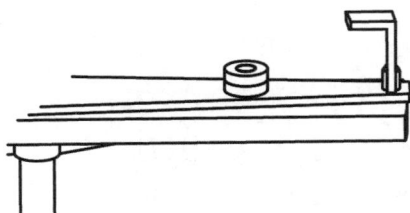 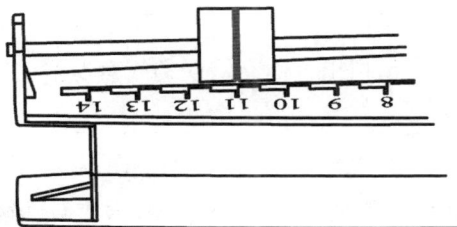

图 4 - 38   图 4 - 39

3. 调节砝码做匀速圆周运动的半径时,一定要将红线与刻度线对齐,如图 4 - 39所示。

4. 每次测量前,传感器都要调零。

5. 旋臂转动后,注意观察角速度值,一定要等到角速度值稳定后再读数。

6. 电动机转动的角速度通过控制器调节,有 0—30 挡。实验中发现大于 20 挡时,装置会发生明显的抖动,此时可以通过在底座上增加重物解决。

五、评价与测试

1. 关于"探究向心力大小与半径、角速度、质量的关系"实验,下列操作中错误的是(   )。

A. 旋臂必须在水平面内转动

B. 每次要等到旋臂转动稳定后再读数

C. 手动调节砝码半径的时候一定要让砝码红线与旋臂上的刻度线对齐,并固定

D. 先让旋臂转动再对传感器调零

2. 在"探究砝码转动半径不变、质量不变时向心力与角速度关系"的实验中,主要步骤如下:

a. 进入实验界面,手动将砝码的质量 m 和运动半径 r 输入界面表格相应位置。

b. 单击"开始记录",旋转电机控制器的调节旋钮使旋臂旋转,待传感器示数稳定后,单击"记录数据",系统自动在表格中记录对应的角速度 ω 和向心力 F。

c. 保持砝码的质量和运动半径不变,依次通过旋转电动机控制器的调节旋钮改变其角速度,重复实验,获得几组 F-ω 数据,单击"F-ω 图像",根据图像得到结论。

请指出上面有错误的或有遗漏内容的步骤是_____,应该改正为_____

_____。

3. 在"探究砝码转动半径不变、角速度不变时向心力与砝码质量的关系"实验中,得到如图 4-40(a)所示数据,请根据表格里的数据在图 4-40(b)中绘出 F-m 图线,并得出实验结论。

挡光杆到圆心距离 $d=$ 0.15 m　半径 $r=$ 0.11 m　周期 $T=0.314$ s

次数	1	2	3	4	5
质量 m/kg	0.035	0.030	0.025	0.020	0.015
向心力 F/N	1.54	1.30	1.08	0.87	0.65

(a)

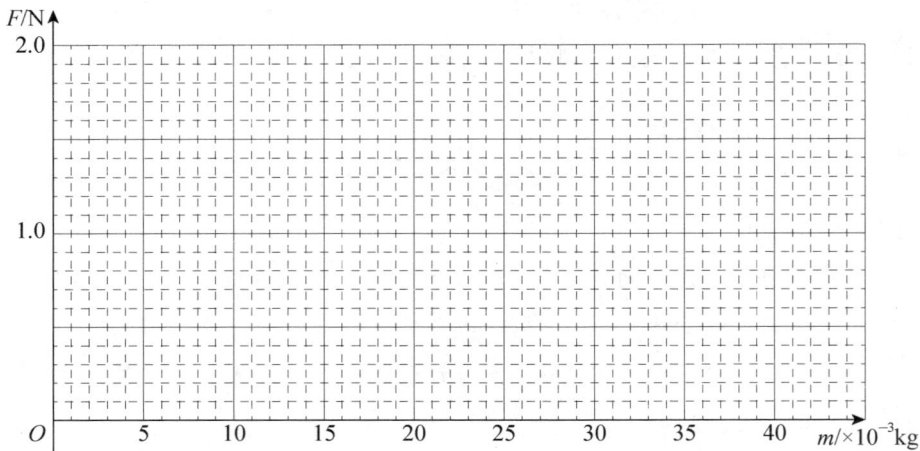

(b)

图 4-40

实验结论是:_____。

4. 在"探究砝码质量不变、角速度不变时向心力与转动半径的关系"实验中,学生得到了一条 F-r 图线,如图 4-41 所示。

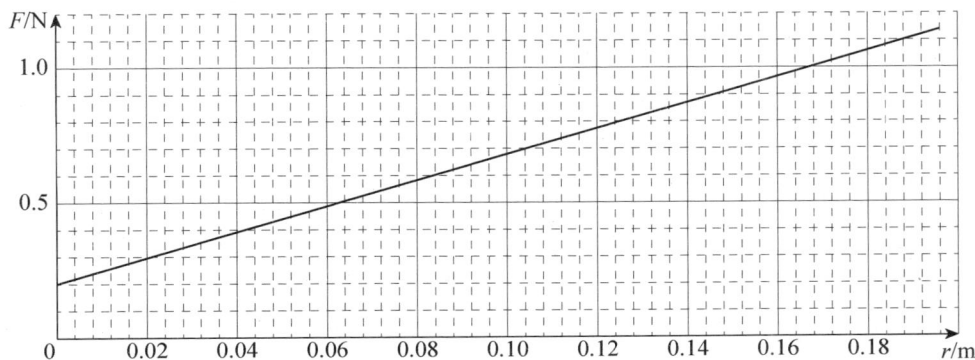

图 4-41

请分析出现图线不过原点的可能原因是:＿＿＿＿＿＿＿＿＿＿＿＿＿

＿＿＿＿＿＿＿＿＿＿＿＿＿＿＿＿＿＿。

六、思考与讨论

1. 线速度、角速度都可以描述物体做匀速圆周运动的快慢,用本实验装置能否直接研究向心力大小与半径、线速度、质量的关系?

2. 本实验可以得到,r 和 m 不变时,F 和 ω^2 成正比;r 和 ω 不变时,F 和 m 成正比;m 和 ω 不变时,F 和 r 成正比,最终归纳得到表达式 $F=km\omega^2 r$。如何进一步研究确定 $k=1$ 呢?

3. 本实验还可以采用"向心力演示仪"或"圆锥摆"等传统实验仪器来进行探究教学,与现代数字化实验教学方式相比较,它们对培育学生的核心素养有何异同?

七、参考答案

(一) 评价与测试

1. D。 2. c;再单击"F-ω^2 图像",根据"F-ω^2 图像"得到结论。

3. 如图 4-42 所示;在实验误差允许范围内,砝码转动半径不变、角速度不变时,向心力与砝码质量成正比。

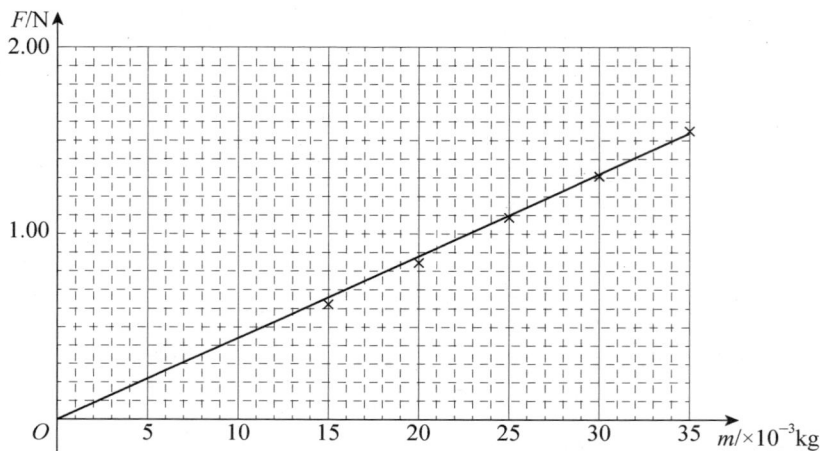

图 4 - 42

4. 力传感器初始读数大于零, 且未调零; 或者砝码上的红线未与悬臂上的刻度线对齐, 偏外侧。

(二) 思考与讨论

1. 回答这个问题要考虑两点。一是从硬件配置来说, 实验装置图(见图 4 - 36)中, ④是内置的无线光电门传感器, ⑤是离开转轴最大距离固定的挡光片, 这就决定了, 光电门传感器直接测出的瞬时速度是悬臂最边缘质点的瞬时速度, 软件把这个瞬时速度 v_0 除以精确测出的挡光片所在位置到转轴的距离 r_0 得到角速度 ω。实验改变砝码转动半径过程中, 由于实验装置中的挡光片位置和光电门位置是固定的, 不能移动, 所以只能直接测前述的 v_0 和 r_0, 如果要转化为砝码的线速度要再乘 r, 即 $v = \dfrac{v_0}{r_0} r$, 这里的 r 是砝码到转轴的距离。由于 r 是学生读出的, 所以存在偶然误差, 如果改变砝码转动半径, 测出的每组砝码线速度都存在一定的误差, 因此实验结果也就存在误差。二是从探究实验的猜想假设环节来看, 学生通过链球、旋转飞椅等生活中的实例引发思考, 从定性小实验猜想向心力与哪些因素有关, 从学生真实体验角度出发更容易引发猜想向心力与转动快慢即角速度有关, 所以研究向心力与角速度关系更加贴合他们的生活经验。通过以上两点可以看出, 研究向心力和角速度的关系更加合理。但是要告诉学生, 从理论上说研究向心力和线速度之间关系也是可以的, 并引导学生摆脱定制实验的束缚,思考如何改进实验装置来提高实验的准确性,真正落实物理学科核心素养的培育。

2. 本实验能够得到的结果是 $F=km\omega^2r$,可引导学生通过代入数据计算出 $k=1$,也可以利用 DIS 通用软件绘出 F-$m\omega^2r$ 图线,根据图线斜率得到 $k=1$。可以通过这个活动让学生认识到该公式适用于国际单位制,为后面理论推导向心加速度奠定基础。

3. 首先"用 DIS 探究向心力大小与半径、角速度、质量的关系""向心力演示仪""圆锥摆",这三种不同的实验方式中用到的核心实验方法即控制变量的方法是相同的。学生进行实验探究的主要步骤,如"提出问题""作出假设""收集证据""得出结论"也是相同的,所以它们对学生科学探究能力的培养是异曲同工的。

但是"向心力演示仪"测量的物理量是相对大小,研究物理量之间的倍数关系,在计算机和信息技术还不发达的年代不失为一种巧妙的实验设计,但是我们要从"证据"的高度来认识所收集实验数据的价值和地位,这种实验的精度已经满足不了新时代学生实验的需求。用"圆锥摆"进行实验,缺点是需要测量的物理量比较多,所以精度难以保证;向心力不是直接测量,而是需要通过摆球质量和摆线倾角进行计算,所以数据处理过于烦琐,因此这种实验方法可操作性并不强。如果由学生提出,可以从实验角度分析可操作性,让学生能够懂得很多理论上成立的实验,在实验前分析实验的可行性非常重要。在采集实验数据时,把现代信息技术融入物理实验的数据采集环节,应用相关软件高精度、高速度地处理数据,拟合图线,能够加深学生对物理本质的理解,提高课堂效率。

值得一提的是,数字化实验是人工智能化时代的产物,是社会科学技术进步的必然结果,但是传统的实验仍不可完全舍弃。"向心力演示仪"原理简单,研究对象是小球,所以更加直观,通过刻度反映力的大小更加真实。学生猜想向心力和哪些因素有关后,可以先用"向心力演示仪"进行实验,初步得到实验结论后,再利用 DIS 进行更加精确的探究,并结合拟合的图线,这样得到实验的最终结论更能令学生信服。

上海理工大学附属中学　陆　煜　撰写

6. 探究影响感应电流方向的因素

本实验是探究当穿过闭合回路的磁通量发生变化时感应电流的方向与哪些因素有关，并且根据实验数据分析归纳出感应电流方向的规律。实验装置如图 4 - 43 和图 4 - 44所示。

扫一扫，看实验视频

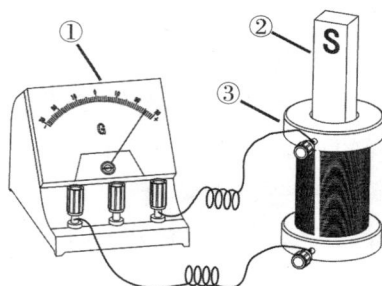

① 灵敏电流计 ② 磁铁 ③ 感应线圈

图 4 - 43

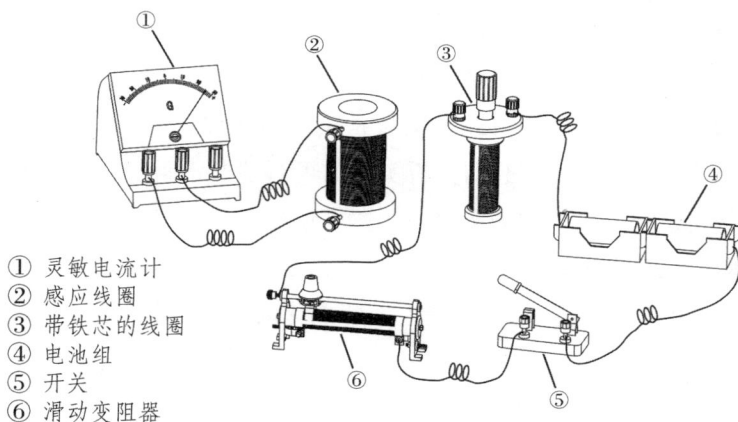

① 灵敏电流计
② 感应线圈
③ 带铁芯的线圈
④ 电池组
⑤ 开关
⑥ 滑动变阻器

图 4 - 44

本实验是《课标》选择性必修 2"2.2 电磁感应及其应用"主题中的内容，属于探究性实验。

一、教学要求

《课标》对本实验的要求是"探究影响感应电流方向的因素，理解楞次定律"。

在《普通高中物理课程标准(2017年版)解读》一书中对该实验的要求为:"探究感应电流的方向从科学思维角度来说,要求学生有极强的推理与归纳能力;从实验设计上来说,需要对操作程序有一个清晰的'从目的到手段'思维通道。'通过实验,探究影响感应电流方向的因素'要求学生在教师的指导下,从序列实验的设计、实验操作和实验结论解释等环节中,培养学生的实验设计思想和实验解释能力。楞次定律的实验探究的关键在于学生能否从实验的表面现象中看出'相同事件'或'相关事件'的共同特征,这是归纳思维的本质。教师要引导学生进行自我总结,不要包办代替学生的思考过程而'强制'学生得出结论。"①

学生会做"探究影响感应电流方向的因素"实验;能根据检验假设的思路,制订科学探究实验方案;能正确操作实验器材,获得可靠的实验数据,通过分析数据、发现规律,进而通过归纳形成简洁的、具有普遍意义的结论;能用科学的语言撰写完整、规范的实验报告;能对他人的实验报告作出合理评价。

二、实验能力要素及行为表现

1. 实验能力发展层级图

本实验能力发展层级图如图4-45所示。

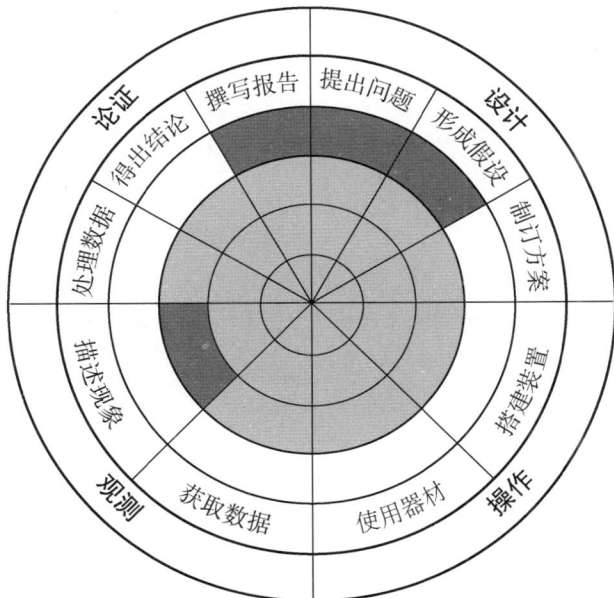

图 4 - 45

---

① 廖伯琴.普通高中物理课程标准(2017年版)解读[M].北京:高等教育出版社,2018:99.

2. 实验能力行为表现水平

本实验能力行为表现水平如表 4-16 所示。

表 4-16　"探究影响感应电流方向的因素"实验能力行为表现水平表

能力要素	环节	行为表现	水平
设计	提出问题	在使用灵敏电流计观察电磁感应现象时发现,对于不同的操作,灵敏电流计指针的偏转方向会不同,然后提出问题:感应电流的方向与哪些因素有关? 满足什么规律?	4
	形成假设	能根据所观察到的电磁感应现象猜测,感应电流的方向与条形磁铁的运动情况、原磁场方向以及磁通量变化等因素有关。能意识到感应电流的方向也可能与这些因素中的某些因素无关	4
	制订方案	知道实验所需的实验器材;能设计产生感应电流的电路;能在教师和同学的帮助下设计实验方案探究灵敏电流计指针偏转方向和流过它的电流方向之间的关系,意识到实验过程中要保护灵敏电流计;能写出探究产生的感应电流方向的实验步骤;能在观察的基础上设计合理记录数据的表格;知道实验数据的分析方法	3
操作	搭建装置	会根据设计的电路图正确连接电路,会排除实验过程中的电路故障	3
	使用器材	能依据方案选择规格合适的灵敏电流计和条形磁铁;会确定灵敏电流计偏转方向与流过它的电流方向之间的关系。能弄清线圈导线的绕向。会通过将条形磁铁的 N 极或 S 极插入、拔出线圈产生感应电流;会根据灵敏电流计指针的偏转方向判断通过线圈的感应电流的方向	3

（续表）

能力要素	环节	行为表现	水平
观测	获取数据	会在记录数据的表格中记录原磁场方向、磁铁极性和运动方向、线圈中的感应电流方向、原磁场磁通量变化情况等	3
	描述现象	会描述灵敏电流计指针偏转方向与流过它的电流方向之间的关系，比如电流从正接线柱流入电表，指针向右偏；会描述线圈导线的绕向，比如俯视线圈时，导线从上到下顺时针绕向；能清楚地描述图 4-53 所示实验中，当条形磁铁 N 极（或 S 极）向下插入（或拔出）线圈时，灵敏电流计指针的偏转方向，并转换成线圈中感应电流的流向	3
论证	处理数据	能在教师的指导下，借助感应电流的磁场，通过处理数据来分析判断感应电流的磁场方向与原磁场方向之间的关系	3
	得出结论	能在处理数据的基础上，组合推理得出结论：感应电流的磁场要阻碍引起感应电流的磁通量的变化。并利用图 4-54 所示的实验装置做实验进行验证，进而得出楞次定律	3
	撰写报告	能用科学的语言撰写完整、规范的实验报告，在报告中呈现对原磁场方向、感应电流方向、磁通量大小变化等数据分析过程及实验结论；呈现实验中出现的问题以及提出的改进措施。能对他人的实验报告作出合理评价	4

三、教学活动建议

学生通过该实验加深对楞次定律的认识。在该实验中，学生可以深入理解产生感应电流的条件，并依据它设计实验方案；通过研究灵敏电流计指针偏转方向与流过它的电流方向之间的关系，了解灵敏电流计的特点，知道保护测量仪器；在描述现象和撰写实验报告中，可以培养学生的表达能力；在分析数据获取结论的过程中，可以提高学生的归纳推理能力。

1. 设置实验情境,启发学生提出本实验要研究的主要问题

可以设计演示实验,让学生观察感应电流的方向,启发学生提出问题:感应电流方向与哪些因素有关? 满足什么规律? 比如,可以设计以下实验:

如图 4 - 46 所示,弹簧带动条形磁铁上下振动,条形磁铁不断插入与拔出接有极性相反的红、绿两种发光二极管的闭合线圈,其原理图如图 4 - 47 所示。实验发现,随着磁铁的插入与拔出,红、绿二极管交替发光。这时可以提问:两种二极管为什么会交替发光? 再通过插入或拔出条形磁铁,进一步明确使红(或绿)发光二极管发光所对应的操作,引出本实验研究的主要问题。

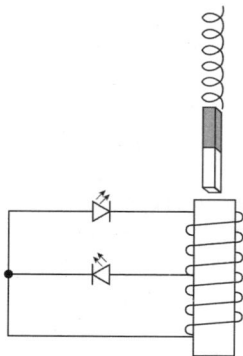

图 4 - 46   图 4 - 47

2. 提供实验器材,组织学生讨论、设计实验方案

提供的器材:条形磁铁、线圈(螺线管)、灵敏电流计、导线若干、干电池一节、电键、几十千欧的电阻一个。

设置以下问题,引导学生设计实验方案:

(1) 如何用上述器材产生感应电流? 用哪个仪器指示感应电流的方向?

(2) 灵敏电流计指针的偏转方向与流过它的电流方向之间有什么关系? 试设计电路进行判别。

（3）如何判别线圈中感应电流的方向？

（4）如何记录数据？设计记录数据的表格，如表 4 - 17 所示。

表 4 - 17　数据记录表格

操作	N 极插入	N 极拔出	S 极插入	S 极拔出
磁铁磁感线的方向				
磁通量的变化				
感应电流 $I_{感}$ 的方向（俯视）				

3. 通过演示实验，归纳得出结论

在归纳得出结论的过程中，有两个思维瓶颈要突破，一是引入中间量——感应电流磁场的磁感应强度，二是只用一个物理量——磁通量的变化来表述楞次定律。可以利用如图 4 - 48 所示的装置进行演示加以突破。

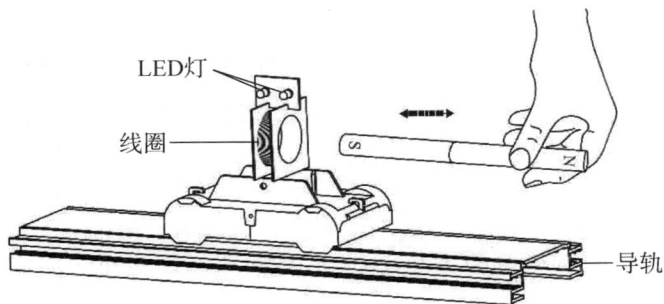

图 4 - 48

如图 4 - 48 所示，可以同时观察感应电流的方向和小车受力运动的方向。通过观察，提出两个问题：①磁铁插入或拔出时，是什么力改变小车的运动状态？②小车与磁铁的运动方向总相同，这说明了什么？

对于问题①：磁铁对载有感应电流的线圈有作用力，改变了小车的运动状态，从而引入感应电流的磁场（的方向）作为中间量来归纳实验结论。

对于问题②：磁极插入线圈的过程中，小车的运动阻碍原磁场的磁通量增大；磁极拔出线圈的过程中，小车的运动阻碍原磁场的磁通量减小。由此归纳得出：感应电流的磁场阻碍引起感应电流的磁通量的变化。

4. 利用图 4 - 54 的装置设计实验验证楞次定律

具体操作步骤略。

5. 协作与共享

小组间交流分享实验报告,评估他人的实验设计,借鉴并优化自己的实验设计。

四、实验注意事项

1. 线圈接线柱之间的导线接头很容易断开,所以线圈要轻拿轻放。

2. 应选用零刻度线在中间的灵敏电流计。

3. 在研究灵敏电流计指针偏转方向与电流流向的关系实验中,限流电阻要用几十千欧的电阻,而且要与灵敏电流计串联在电路中,以保护灵敏电流计。

4. 进行一项操作后,要等电流计指针归零稳定后再进行下一项操作。

五、评价与测试

1. 图 4 - 49 所示是探究感应电流的方向遵循什么规律的实验示意图。灵敏电流计和线圈组成闭合回路,通过"插入""拔出"磁铁,使线圈中产生感应电流,记录实验过程中的相关信息,分析得出楞次定律。下列说法中正确的是(   )。

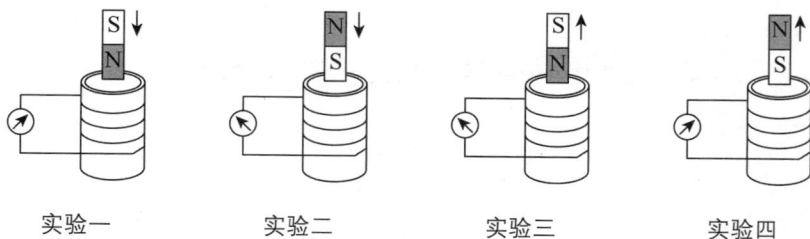

实验一   实验二   实验三   实验四

图 4 - 49

A. 该实验无须确认电流计指针偏转方向与通过电流计的电流方向的关系

B. 该实验无须记录磁铁在线圈中的磁场方向

C. 该实验必须保持磁铁运动的速率不变

D. 该实验必须记录感应电流产生的磁场方向

2. 我们可以通过实验探究电磁感应现象中感应电流方向的决定因素和遵循的物理规律,以下是实验探究过程的一部分。

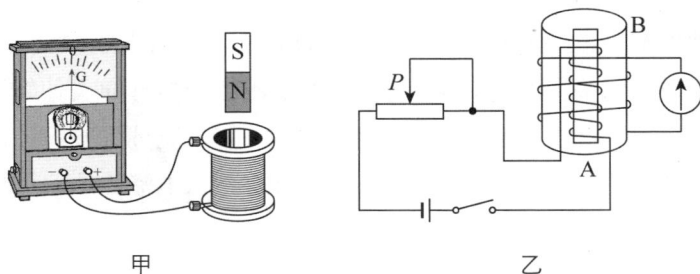

甲　　　　　　　　　　　　乙

图 4 - 50

（1）如图 4 - 50 甲所示，当磁铁的 N 极向下运动时，发现电流计的指针偏转，若要探究线圈中产生的感应电流的方向，必须知道_____。

（2）如图 4 - 50 乙所示，实验中发现闭合开关时，电流计的指针向右偏转。电路稳定后，若向左移动滑片，此过程中电流计的指针向_____偏转；若将线圈 A 抽出，此过程中电流计的指针向_____偏转。（均选填"左"或"右"）

3. 一同学在做"探究影响感应电流方向的因素"实验时，用电池组、滑动变阻器、带铁芯的线圈 A、线圈 B、检测电流计及开关组成如图 4 - 51 所示的电路。在开关闭合、线圈 A 放入线圈 B 中的情况下，该同学发现：将滑动变阻器的滑片 P 向右加速滑动时，电流计的指针向右偏转，电流计的指针偏转的原因是_____；当将线圈 A 向上移出线圈 B 的过程中，电流计的指针_____（选填"向左"或"向右"）偏转。除了以上两种方法外，操作现有仪器，还可以_____（填写具体操作现有仪器的方法）使电流计的指针发生偏转。

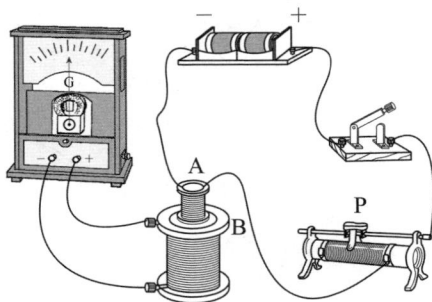

图 4 - 51

4. 某小组同学做"探究影响感应电流方向的因素"实验。

（1）他们首先连接了如图 4 - 52 所示的电路，用以推断电流计的指针偏转方向与电流方向的关系。闭合开关后，发现电流计的指针向右偏转，而此时电流是从"＋"接线柱流入电流计的。由此可推断，若电流计的指针向左偏转，则说明电流是从_____（选填"＋"或"－"）接线柱流入电流计的。

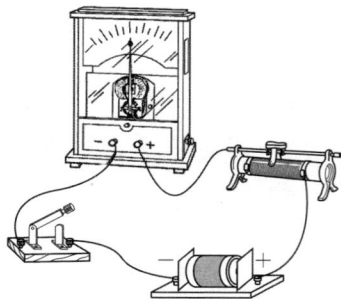   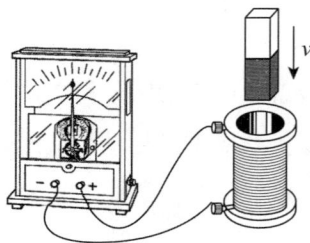

图 4 - 52   图 4 - 53

（2）他们接下来用图 4 - 53 所示的装置做实验，图中标出了螺线管上导线的绕行方向。某次实验，在条形磁铁插入螺线管的过程中，观察到电流计的指针向左偏转，说明螺线管中的电流方向（从上往下看）是沿_____（选填"顺时针"或"逆时针"）方向的。

（3）该小组同学将部分实验结果记录在表 4 - 18 中，表中还有一项实验结果未完成，请帮助他们完成。

表 4 - 18 　实验记录表

操作	N 极朝下插入螺线管	N 极朝下从螺线管中拔出	S 极朝下插入螺线管	S 极朝下从螺线管中拔出
从上往下看的平面图（B_0表示原磁场，即磁铁产生的磁场）	× × B_0 × ×	× × B_0 × ×	• • B_0 • •	• • B_0 • •

（续表）

操作	N极朝下插入螺线管	N极朝下从螺线管中拔出	S极朝下插入螺线管	S极朝下从螺线管中拔出
原磁场通过螺线管磁通量的增减	增加	减少	增加	减少
感应电流的方向	沿逆时针方向	沿顺时针方向	沿顺时针方向	沿逆时针方向
感应电流的磁场 B' 的方向	垂直纸面向外	垂直纸面向里	垂直纸面向里	_____

（4）该小组同学根据实验结果总结出如下结论：当线圈中原磁场的磁通量增加时，感应电流产生的磁场方向与原磁场的方向_____（选填"相同"或"相反"）。

5. 小红用如图 4－54 所示的装置做"探究影响感应电流方向的因素"实验，螺线管与电流计构成闭合电路，条形磁铁 N 极朝下，请回答下列问题：

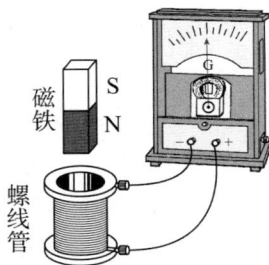

图 4－54

（1）要使电流计的指针发生偏转，即有感应电流产生，小红进行了以下四种操作，其中可行的是（　　）。

A. 螺线管不动，磁铁匀速插入或拔出螺线管

B. 螺线管不动，磁铁加速插入或拔出螺线管

C. 磁铁与螺线管保持相对静止，一起匀速向上运动

D. 磁铁与螺线管保持相对静止，一起在水平面内做圆周运动

（2）在（1）的研究中，小红发现电流计的指针偏转方向会有所不同，也就是

感应电流的方向不同,根据(1)中的操作,则感应电流的方向与下列哪些因素有关?（ ）。

    A. 螺线管的匝数

    B. 磁铁的磁性强弱

    C. 磁铁运动的方向

    D. 磁铁运动的速度大小

（3）小红又将实验装置进行了改造,如图 4 - 55 所示,螺线管 A 经过滑动变阻器与开关、电池相连构成直流电路;螺线管 B 与电流计构成闭合电路,螺线管 B 套在螺线管 A 的外面。为了探究影响感应电流方向的因素,闭合开关后,以不同速度移动滑动变阻器的滑片,观察指针摆动情况。由此实验可以得出恰当的结论是( )。

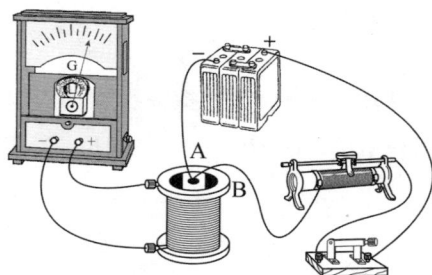

图 4 - 55

    A. 螺线管 A 的磁性变强或变弱影响指针摆动幅度大小

    B. 螺线管 A 的磁性变强或变弱影响指针摆动方向

    C. 螺线管 A 的磁性强弱变化快慢影响指针摆动幅度大小

    D. 螺线管 A 的磁性强弱变化快慢影响指针摆动方向

（4）在(3)的研究中,完成实验后未断开开关,也未把 A、B 两螺线管和铁芯分开放置。在拆除电路时突然被电击了一下,则被电击是在拆除_____（选填"A"或"B"）螺线管所在电路时发生的。试分析被电击的原因：_____
_____。

六、思考与讨论

1. 可以应用"探究影响感应电流方向的因素"实验中所学到的探究方法迁

移去设计一个探究实验：当磁钢和铝质硬币之间有相对运动时,研究磁钢对铝质硬币产生的作用力。

2. 在一次物理实验演示中,磁性较强的小圆片从一根铜管中落下,小圆片下落时,非常缓慢。试根据探究实验结论解释以下问题：

（1）铜管里的磁场是否会发生变化？

（2）它是怎样影响小圆片下落快慢的？

（3）如果把铜管换成塑料管,小圆片的下落快慢又是怎样呢？

七、参考答案

（一）评价与测试

1. D。 2. 电流计指针的偏转方向与电流方向之间的关系；右；左。

3. 当滑片 P 向右滑动时,电路中的电流增大,穿过线圈 A 的磁通量变大,因此线圈 B 产生阻碍线圈 A 中磁通量变大的感应电流；向左；断开开关/拔出线圈 A 中的铁芯。

4. 一；逆时针；垂直纸面向外；相反。

5. A、B；C；B、C；A；电流快速减小,由于自感作用,螺线管 B 中会产生很大的感应电动势

（二）思考与讨论

1. 将1枚一元硬币 A 竖立在平整的桌面上,再将1块圆柱形钕铁硼磁钢 M 和硬币面对面放置在桌子上,它们相距一指的距离,如图 4-56 所示。使磁钢 M 快速向硬币 A 靠近,发现硬币 A 迅速向外倒去,仿佛受到磁钢的"磁性斥力",如图 4-57 所示。

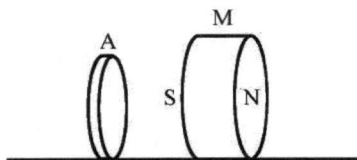

磁钢和硬币相对放置
图 4-56

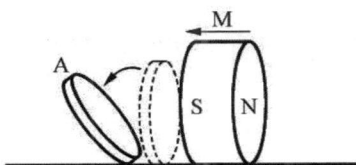

磁钢靠近时硬币的运动状态
图 4-57

将磁钢 M 放置在离开硬币 A 约一指距离处,使磁钢 M 快速向右移动,硬

币 A 会向着磁钢 M 方向倒去,仿佛受到磁钢的"磁性引力",如图 4-58 所示。

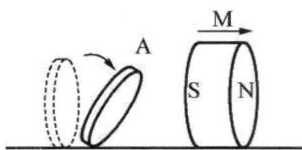

磁钢远离时硬币的运动状态
图 4-58

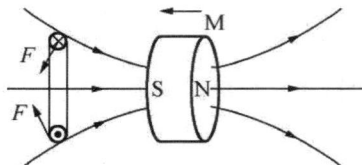

硬币在磁场中的受力
图 4-59

　　为什么会出现上述实验现象呢?不妨把铝质硬币看成是由无数同心铝环组成的。铝环原本处于磁场中,当磁钢 M 快速靠近铝环时,根据楞次定律,铝环产生的感应电流的磁场与原磁场方向相反,感应电流的方向从右往左看为顺时针方向,根据左手定则,判断安培力的方向,发现铝环所受合外力往左,如图 4-59 所示,所以往左倒去。

　　同理,可以解释磁钢远离硬币时出现的现象。所以,可以把磁场变化时铝质硬币的运动情况归纳为"近躲离追"4 个字。可以进一步探究:硬币的被"吸引"和被"排斥"与磁钢运动速度和磁钢的磁极强弱有什么关系?

　　2.(1) 在小圆片下落过程中,铜管中的磁通量发生变化,小圆片上方铜管的磁通量减小,下方铜管的磁通量增大。

　　(2) 由楞次定律可知,铜管中感应电流产生的磁场将阻碍此磁通量的变化,即阻碍小圆片下落。故在下落过程中小圆片的加速度逐渐减少。

　　(3) 小圆片做自由落体运动,下落速度越来越快。

上海市民星中学　华　蕾　撰写

7. 探究变压器原、副线圈电压与匝数的关系

　　本实验的目的是探究并了解变压器原、副线圈电压与匝数的定量关系,得到"原、副线圈的电压之比,等于两个线圈的匝数之比"的规律。

　　本实验是《课标》选择性必修 2"2.2　电磁感应及其应

扫一扫,看实验视频

用"主题中的内容,属于探究性实验。

本实验利用教学用的可拆变压器进行研究,可拆变压器能方便地从不同的接线柱上选取不同匝数的线圈。本实验分为两个部分,第一部分是改变原、副线圈的匝数并观察小灯泡的发光情况来进行探究;第二部分是改变原、副线圈的匝数并通过多用电表测量原、副线圈的电压来进行探究。实验装置如图4-60所示。

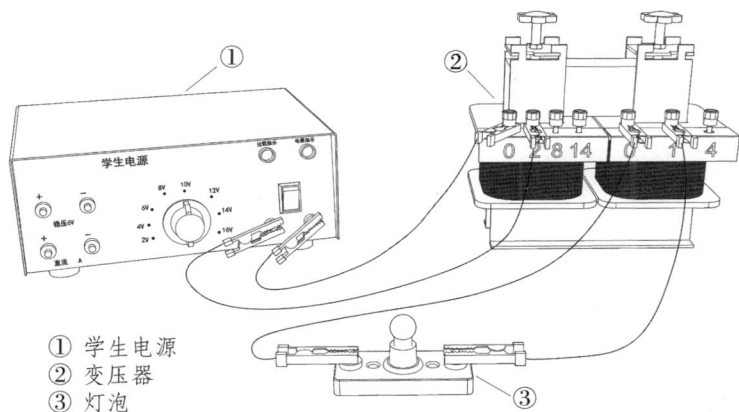

① 学生电源
② 变压器
③ 灯泡

(a)

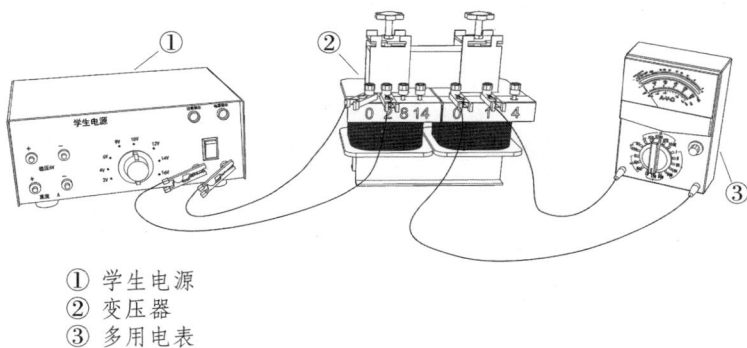

① 学生电源
② 变压器
③ 多用电表

(b)

图 4-60

一、教学要求

教师要引导学生用实验探究的方法来认识变压器的原理,得到"原、副线圈的电压之比等于两个线圈的匝数之比"的规律。学生通过改变线圈匝数,观察灯泡发光亮度的变化提出问题:变压器原、副线圈电压与匝数有什么定量关系?学生要会根据实验需要选择器材、设计实验电路图,搭建实验装置;能测量在不同匝数情况下原、副线圈的电压;知道测量电压的工具和方法;会准确读取数据;会设计表格记录数据;能通过对实验数据分析得出电压 U 和匝数 n 的数量关系并形成结论;知道实验存在误差;会撰写实验报告、表达科学探究的过程和结果。此外,学生还要知道从变压器的结构来分析变压器能量损耗的主要原因,并探究降低能量损耗的方法。

二、实验能力要素及行为表现

1. 实验能力发展层级图

本实验能力发展层级图如图 4-61 所示。

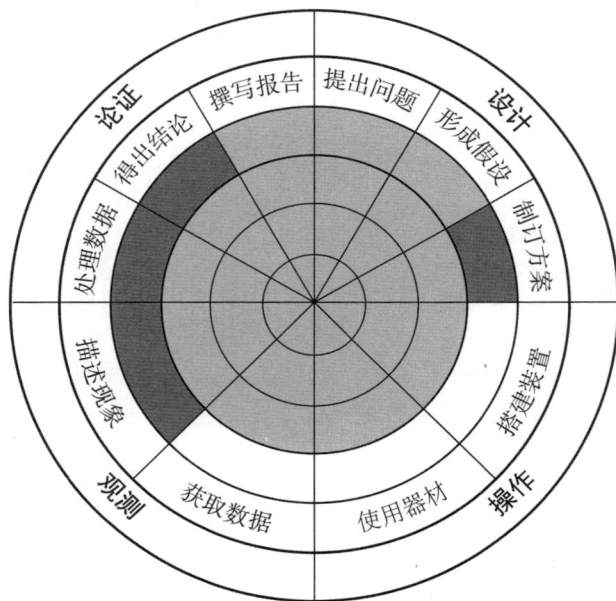

图 4-61

2. 实验能力行为表现水平

本实验能力行为表现水平如表 4 – 19 所示。

表 4 – 19　"探究变压器原、副线圈电压与匝数的关系"实验能力行为表现水平表

能力要素	环节	行为表现	水平
设计	提出问题	会基于观察小灯泡的发光情况和线圈匝数的关系,提出问题:变压器原、副线圈的电压与原、副线圈的匝数有何定量关系?	4
	形成假设	能根据法拉第电磁感应定律提出"原、副线圈的电压之比等于原、副线圈的匝数之比"的猜想	4
	制订方案	知道搭建实验装置所需的实验器材;选择可拆变压器作为实验对象;选择测量电压的工具;会写出实验步骤;设计出合理地记录数据的表格;知道实验数据的处理方法;能分析、判断误差的来源,并在教师或同伴的帮助下选择减小误差的方法	4
操作	搭建装置	实验一:会根据电路图将可拆变压器、12 V 低压交流电源、小灯泡接入电路。 实验二:在实验一的基础上,将多用电表接入电路	3
	使用器材	会使用学生电源的交流挡;会将可拆变压器表示不同匝数的接线柱接入电路;会使用多用电表的交流电压挡;意识到实验过程中注意电源不过载,电压不超过多用电表的量程	3
观测	获取数据	能设计合理的表格,并将测量的实验数据记录在表格中	3
	描述现象	当副线圈选取不同的匝数时,观察并描述小灯泡的发光亮度的变化情况。会观察到:副线圈匝数越多,小灯泡越亮;匝数越少,小灯泡越暗	4
论证	处理数据	会对表格中的数据进行计算、分析和归纳,可用计算法、图像法等找出数据之间的关系,并比较结果的差异	4
	得出结论	会根据计算的结果分析归纳得出结论:变压器可以对交流电实现变压,变压器的输入电压与输出电压之比等于原、副线圈的匝数之比	4
	撰写报告	能用规范的用语撰写完整的实验报告	4

三、教学活动建议

在这个实验中,从观察小灯泡的亮暗程度到用多用电表测量电压,从定性实验到定量实验,学生经历了完整的科学探究过程,可以为以后探究其他科学问题提供思路。在完成实验的过程中,学生需要完成设计和搭建电路、设计表格记录匝数与电压等数据、通过分析数据得出结论等任务。在完成任务的过程中,学生各方面的能力得到了提高,为后面的实验打下基础。而且,学生在实验过程中理解了科学是讲究证据的,这对于培养学生的科学态度与责任具有重要意义。

1. 启发学生基于观察自主提出问题

建议引导学生观察生活中的变压器,比如对街头变压器的观察和描述,引发学生对变压器改变电压与哪些因素有关的思考,进而提出具体的研究问题。在教学中,引导学生依据从复杂现象中选择简单的问题进行研究的思路,选择先探究灯泡亮度的变化,在定性观察了副线圈的电压大小与副线圈匝数多少正相关后,再进一步提出用多用电表进行定量研究。

2. 指导学生选择实验器材,组织讨论设计实验方案

本实验重点培养学生自主设计方案和处理数据进行论证的能力。

(1) 设计方案部分

提供器材:学生电源,可拆变压器,小灯泡,多用电表。

指导学生思考、讨论并回答以下几个问题,形成实验方案。

① 如何选择电源的交流挡?

② 如何在可拆变压器上选择不同的匝数?

③ 如何设计电路和根据电路图搭建装置?

④ 如何利用多用电表测量交流电压?

⑤ 数据记录表如何组织数据?表格中应该有哪些栏目?怎样组织这些栏目?如何分析处理数据得出结论?

(2) 处理数据、论证猜想

实验中,可保 n_1、U_1 不变,改变副线圈的匝数,用多用电表的交流电压挡测出副线圈的输出电压 U_2。然后再改变副线圈的匝数,测出副线圈的输出电压 U_2'。将实验数据记入设计的记录表(见表 4 - 20)中,引导学生观察表中数据变

化的规律,自主设计处理数据的方法,比如:计算的方法、图像的方法、论证猜想等。

表 4-20　实验数据记录表

原线圈的匝数 n_1		原线圈的电压 U_1	
副线圈的匝数 n_2		副线圈的电压 U_2	
副线圈的匝数 n_2'		副线圈的电压 U_2'	

3. 引导学生安全、规范地进行电学实验操作

(1) 写出操作步骤。

(2) 画出电路图,电路图上要标出两个线圈的匝数。

(3) 保持原线圈电压和匝数不变,改变副线圈的匝数,研究其对副线圈电压的影响。

4. 评估实验过程,认识"定性→定量"的科学论证方法

在观察小灯泡的发光情况之后,能提出"原、副线圈的电压之比等于两个线圈的匝数之比"的猜想。根据该猜想,改变原、副线圈的匝数,预测对应电压大小,然后用多用电表记录原、副线圈的电压。在实验的过程中,学生认识"定性→定量"的科学论证方法。

四、实验注意事项

1. 电学实验时一定要爱护仪器和注意安全。在未弄清注意事项和操作方法之前,不要乱动仪器。

2. 为了保障人身安全,所用电压不超过 12 V。即使这样,通电时也不要用手和身体的其他部位接触裸露的导线和接线柱。

3. 连接电路后要由同组的同学分别独立检查,并经教师确认后才能接通电源。

4. 原线圈的电压增加时,要预先推测副线圈电压的可能数值,不要超过多用电表的量程。

5. 实验结束时,要将多用电表的开关旋转 OFF 挡或交流高压挡。

五、评价与测试

1. 变压器为什么不能改变稳恒电流的电压?

2. 电流较大时,对所用的导线有什么要求?

3. 街头常见的变压器是升压变压器还是降压变压器?为什么?假设它只有一个原线圈和副线圈,哪个线圈应该使用较粗的导线?为什么?

4. 当变压器一个线圈的匝数已知时,可以用下面的方法测量其他线圈的匝数:把被测线圈作为原线圈,用匝数已知的线圈作为副线圈,通入交变电流,测出两线圈的电压,根据两线圈的电压的比值,就可以求出被测线圈的匝数。已知副线圈有 400 匝,把原线圈接到 220 V 的交流电路中,测得副线圈的电压是 55 V,求原线圈的匝数。

5. 变压器的原、副线圈之间并没有导线直接相连,却将电能从原线圈的电路输送到副线圈的电路。想一想,在变压器中能量是如何转换的?

六、思考与讨论

1. 除了多用电表,实验时还可以使用什么器材来测量原、副线圈的电压?

2. 变压器的铁芯为什么是闭合的,而且是由涂有绝缘漆的硅钢片叠合而成的?

3. 试根据学过的知识,利用交流电源、变压器、电容器、电阻和电压表(或电压传感器)等器材设计一个实验,探究当交流电通过电路中时,变压器的副线圈的电压、电容器的电压和电阻的电压三者之间的关系。

七、参考答案

(一) 评价与测试

1. 恒定电流的电压加在变压器的原线圈上时,通过原线圈的电流是恒定电流,即电流的大小和方向都不变,它产生的磁场通过副线圈的磁通量也不变。因此,在副线圈中不会产生感应电动势,副线圈两端也没有电压。所以,变压器不能改变恒定电流的电压。

2. 所用的导线应当粗一些。

3. 降压变压器。理想变压器的输入功率等于输出功率,即 $U_1 I_1 = U_2 I_2$,降压变压器的电压 $U_2 < U_1$,因而它的电流 $I_2 > I_1$,即副线圈中的电流大于原线圈中的电流,所以副线圈应该使用较粗的导线。

4. 1 600 匝。

5. 在原线圈上由变化的电流激发了一个变化的磁场,即电场的能量转化成了磁场的能量;铁芯使这个变化的磁场几乎全部穿过了副线圈,于是在副线圈上产生了感应电流,磁场的能量又转化成了电场的能量。

（二）思考与讨论

1. 可以用电压传感器配合计算机测量电压,或者用双踪示波器来测量电压。

2. 在变压器中采用闭合铁芯是为了防止漏磁。变压器的线圈中通过交变电流时,铁芯中将产生很大的涡流,不仅损耗了大量的能量,甚至还可能烧毁这些设备。为了减小涡流及其损失,通常采用叠合起来的硅钢片代替整块铁芯,并使硅钢片的平面与磁感线平行,一方面由于硅钢片本身的电阻率较大,另一方面各片之间涂有绝缘漆或附有天然的绝缘氧化层,把涡流限制在各薄片内,使涡流大为减小,从而减少了电能的损耗。

3. 此题具有一定的拓展性。交流电源产生的交流电通过原线圈,副线圈的电压为 U_2,由于电容器的充放电特性,交流电可以通过电容器,此时电阻有阻抗,电容器有容抗。实验设计如图 4-62 所示,测量结果为 $U_2^2 = U_R^2 + U_C^2$。此实验综合应用到了交流电、电容器和变压器的相关知识。

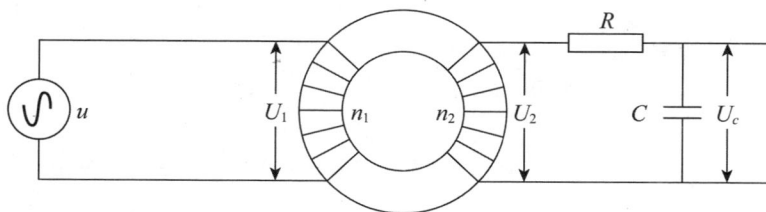

图 4-62

复旦大学附属中学　刘　玲　撰写

8. 探究等温情况下一定质量气体压强与体积的关系

本实验的目的是探究一定质量气体在温度不变的情况下,其压强随体积变化的定量关系。本实验选取一段空气柱,控制这部分空气的温度保持不变,改变空气柱的体积 V,测量它在不同体积下的压强 p,探究压强随体积变化的定量关系。

扫一扫,看实验视频

本实验是《课标》选择性必修 3"3.1 固体、液体和气体"主题中的内容,属于探究性实验。实验装置如图 4-63 所示。

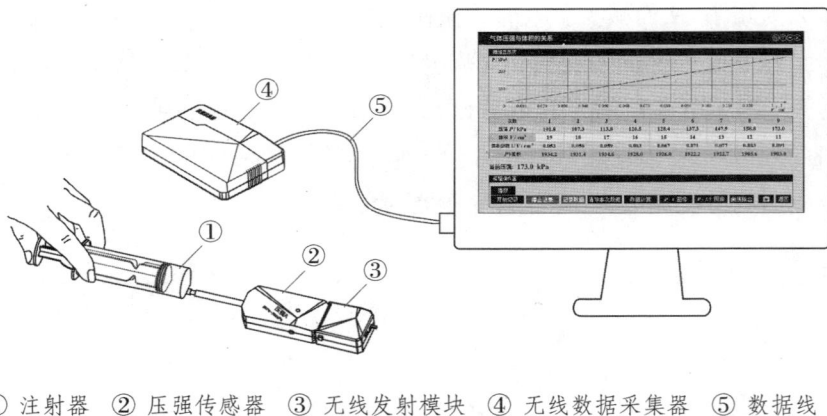

① 注射器 ② 压强传感器 ③ 无线发射模块 ④ 无线数据采集器 ⑤ 数据线

图 4-63

一、教学要求

《课标》对本实验的要求是:通过实验,了解气体实验定律;知道理想气体模型;能用分子动理论和统计观点解释气体压强和气体实验定律。

学生能通过生活经验提出压强与体积成反比的猜想;知道本实验需要控制气体的质量和温度保持不变;知道改变体积,测出其对应的压强,探究压强与体积的变化关系;能根据需要选择器材、设计实验方案、连接实验器材;知道测量体积、压强的工具和方法,会准确读取、记录数据,正确描绘 $p-V$ 图像、$p-\dfrac{1}{V}$ 图像;会进行图线拟合,通过分析数据得出 p 与 V 成反比的结论;知道实验存在误差,讨论误差产生的原因和减小误差的措施;能撰写完整、规范的实验报告,正确表达科学探究的过程;在实验过程中学生之间充分合作,并讨论不同组别的差异及其原因。

二、实验能力要素及行为表现

1. 实验能力发展层级图

本实验能力发展层级图如图 4 - 64 所示。

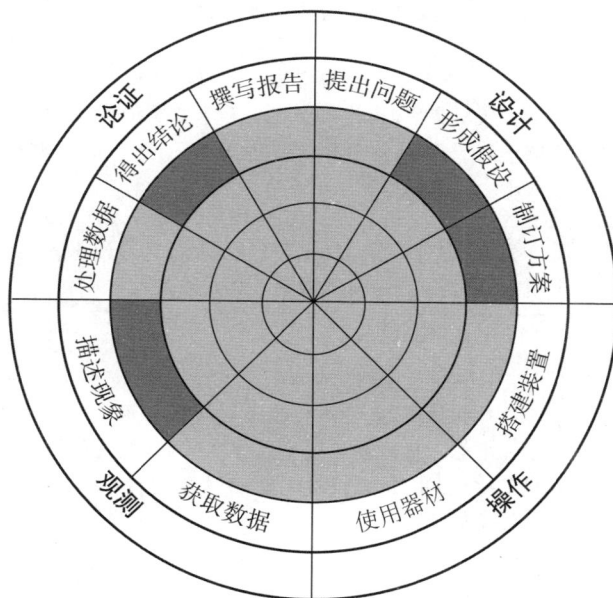

图 4 - 64

2. 实验能力行为表现水平

本实验能力行为表现水平如表 4 - 21 所示。

表 4-21 "探究等温情况下一定质量气体压强与体积的关系"实验能力行为表现水平表

能力要素	环节	行为表现	水平
设计	提出问题	能基于生活经验提出问题:一定质量气体在等温情况下压强与体积的关系如何?	4
	形成假设	能提出一定质量气体在等温情况下压强与体积成反比或其他可能的猜想,并知道预测结果的不确定性	4
	制订方案	选择注射器内一定质量气体作为实验对象;知道改变体积,测出其对应的压强,探究压强与体积的变化关系;知道搭建实验装置所需实验器材;明白测量体积和压强的工具、原理、方法;意识到实验过程中要采取措施确保气体温度不变;会写出实验步骤;设计出合理地记录数据的表格;知道实验数据的处理方法;能分析、判断误差的来源,并在教师或同伴的帮助下思考减小误差的方法	4
操作	搭建装置	注射器与压强传感器、无线发射模块、无线数据采集器、计算机相连,且密封一定质量的气体在注射器内	4
	使用器材	会正确地进入 DIS 应用软件相应的实验界面;会用注射器测量气体的体积,读数时视线正对活塞指示的刻度;会通过推拉注射器活塞的方式改变气体的体积;能使用说明书,学会规范使用 DIS 压强传感器;能在实验过程中确保气体的质量和温度保持不变	4
观测	获取数据	在数据表格上输入所设定的体积,推拉注射器活塞,使其位于各设定体积时,点击"记录数据",表格上记录对应体积时气体压强的数据,实验数据不少于 5 组。 能分析、判断误差的来源,并在教师或同伴的帮助下设法减小误差	4
	描述现象	能清晰且完整地描述实验现象:一定质量气体在温度不变的情况下,随着体积的减小,压强增大	4

（续表）

能力 要素	环节	行为表现	水平
论证	处理数据	根据表格中的压强与体积数值,点击"数据计算",计算出压强 p 与体积 V 的乘积,观察比较各组乘积。 知道点击" p - V "图,作 p 与 V 关系图。知道转换图像,点击" p - $\dfrac{1}{V}$ "图,作 p 与 $\dfrac{1}{V}$ $\left(\text{或 } V - \dfrac{1}{p}\right)$ 关系图	4
	得出结论	能根据图像或计算的数据分析归纳得出实验结论:一定质量气体在等温情况下压强与体积成反比。知道结论的适用条件:气体的质量和温度保持不变	4
	撰写报告	能用规范的用语撰写完整的实验报告。 能对他人的实验报告作出合理的评价	4

三、教学活动建议

探究实验不需要教师进行示范,学生在教师引导下自己探索制订实验方案,自己动手完成实验操作。

1. 创设情境,引入课题

这一环节的主要任务是:教师营造具有设疑激趣特征的问题情境,使学生在认知结构上感到自己迫切需要知道的知识,形成较为稳定的学习动机。

实施这一环节采取的教学策略建议:联系生活实际,选择贴近生活且具有时代气息的事例。通过实验的方法或利用信息技术以图文并茂、形象生动且有利于学生内心体验的表现手法,向学生展示具有设疑激趣特征的问题情境,比如示例 1 和示例 2,使学生认识到一定量的气体, p 、 V 、 T 三个状态参量之间存在联系。进而提出用控制变量法研究气体状态参量之间的定量关系。

图 4 - 65

示例 1:如图 4 - 65 所示,池底的小鱼吐出的泡泡在上升过程中,其体积会变大。

示例 2:加热密闭在容器内的气体,可能会引起爆炸,即温度升高,气体压强会变大。

2. 形成猜想，设计方案

这一环节的主要任务是：学生对收集的多视角材料和信息进行整理和分析，形成猜想，提出探究问题的实验方案，包括研究思路、器材和具体的操作方案等。

教师可以要求学生从"确定研究对象""控制变量""测量""数据处理"等方面对实验设计进行分组讨论。在确定研究对象方面，用注射器封闭"一定质量的气体"。在控制变量方面，要保持气体质量不变，温度不变。若实验过程中活塞拔出，不可以插上再继续实验；"温度不变"则要求实验过程中不能用手握住注射器封闭气体的部分，以免手温影响气体的温度；推拉注射器活塞要缓慢，以使注射器内外气体能充分地发生热传递。在测量方面，"体积"值即为注射器内的容积，可以由注射器上的刻度直接读出，"压强"值使用压强传感器直接测量得到。在数据处理方面，能自主想到采用计算法或图像法处理数据。

同时在与他人讨论交流中，注意培养学生主动与他人合作的精神和交流的愿望，以及敢于坚持自己的观点，勇于修正错误的精神。

3. 实施操作

这一环节的主要任务是：根据前面设计的方案，学生进行自主实验操作，在协作的基础上进行观察、操作、感知现象、建立表象，并通过分析、判断思维过程，适时调整研究方案，进而形成对物理现象和物理规律的初步认识。

实施这一环节采取的教学策略建议：根据学生认知水平和能力的不同进行合理的分组搭配，在探究过程中，教师适时地进行指导，应用各种教学手段，发挥探究过程中学生的主体性和教师主导性的作用，贯彻重过程和重能力培养的现代教学理念。

教师可以从实验的步骤、研究方法及实验条件等方面给予指导。比如在开始实验时，所封闭气体的体积要在注射器的中间位置，实验过程中既要有推进又要有拉出活塞的操作。在完成分组实验后还可以对学生提出自主探究实验要求，开始封住少量气体，拉动活塞使气体的体积一直增大；或开始封住较大体积的气体，推动活塞使气体的体积一直减小。记录相应的实验数据，探讨上述操作是否恰当，并进行原因分析。

4. 数据处理，寻求规律

在做本实验前，学生已积累了多次定量处理数据的经验。教师引导学生自主对实验获得的数据分别利用计算法或图像法进行分析处理。首先观察数据发现,体积增大、压强减小。然后利用计算法求二者的乘积,来寻找压强和体积是否成反比关系。或者用图像法画出 p-V 图,由 p-V 图可以看出压强随着体积的增大而减小,但不能断定是双曲线。再采用"化曲为直"的方法,画出 p-$\dfrac{1}{V}$ 或 V-$\dfrac{1}{p}$ 图,把曲线变为直线,寻找 p 和 V 的定量关系,得出 p 与 V 成反比。

教师可以引导学生思考实验中是否存在误差。比如 p-$\dfrac{1}{V}$ 或 V-$\dfrac{1}{p}$ 图像不过坐标原点,反思实验中测量的体积、压强是否准确,控制变量是否到位。假如没有将压强传感器与针筒之间软管内的气体体积计入,那么要修正测量体积的方案,如可采用在针筒中放入小物块,消除体积的测量误差,以最终得到科学的结论。

四、实验注意事项

1. 本实验中所用的压强传感器虽然是学生首次接触,但学生可以借鉴以前使用位移传感器、光电门传感器、力传感器、磁传感器等的经验,通过阅读压强传感器的说明书,自己学习使用。因此实验前,教师需要准备好压强传感器的使用说明书。

2. 气体体积是由注射器的刻度直接读出的,注射器上刻度的精度会直接影响实验结果,所以尽量选择精度高的注射器。目前实验室使用的注射器最大容量是 20 ml,分度值有 0.5 ml 和 1 ml 两种,建议选择分度值为 0.5 ml 的注射器。

3. 在活塞上涂上润滑油,保持良好的密封性,可以保证封闭气体的质量不发生变化。

五、评价与测试

1. 在"用 DIS 探究等温情况下一定质量气体压强与体积的关系"实验中:

(1) 气体的体积可直接从注射器上读出,气体的压强是用_____传感器通过计算机系统得到的。

(2) 下列各项要求中,属于本实验必须要做到的是( )。

A. 在等温条件下操作

B. 注射器的密封性良好

C. 弄清所封闭气体的质量

D. 气体的压强和体积必须用国际单位制单位

2. 在"探究等温情况下一定质量气体压强与体积的关系"实验中,计算机屏幕显示如表 4 - 22 所示结果：

表 4 - 22　实验数据记录表

实验序号	V/mL	$p/\times10^5$ Pa	$pV/(\times10^5$ Pa · mL)
1	20.0	1.001 0	20.020
2	18.0	1.095 2	19.714
3	16.0	1.231 3	19.701
4	14.0	1.403 0	19.642
5	12.0	1.635 1	19.621

（1）仔细观察不难发现，pV 值越来越小，造成这一现象的可能原因是（　　）。

A. 实验时注射器活塞与筒壁间的摩擦力逐渐增大

B. 实验时环境温度逐渐升高

C. 实验时外界大气压强发生了变化

D. 实验时注射器内的空气发生了泄漏

（2）试根据表 4 - 22 中的数据在图 4 - 66 中作出适当的图像验证玻意耳定律。

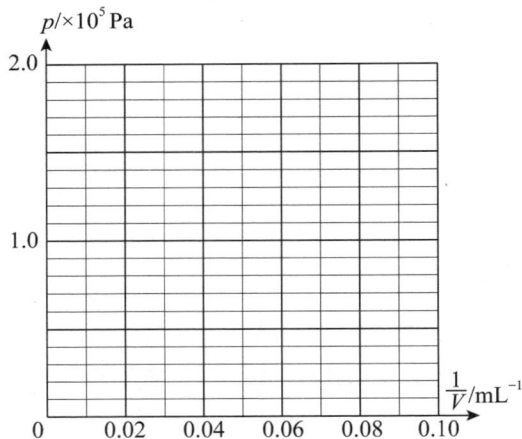

图 4 - 66

（3）对测得的实验数据进行处理时，发现各组同学计算的气体压强 p 与体积 V 的乘积值不完全相等，其主要原因是由于封闭气体的_____不同。

3. 在"探究等温情况下一定质量气体压强与体积的关系"实验中，如果实验操作规范正确，但如图 4 - 67 所示的 V-$\dfrac{1}{p}$ 图线不过原点，则 V_0 代表_____。

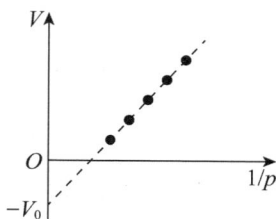

图 4-67

4. 尝试设计测定不规则小物体(比如螺丝钉)体积的实验。

六、思考与讨论

1. 本实验采用压强传感器测气体的压强,与使用压力表测量气体压强相比,有什么优点和缺点? 在培育学生的物理学科核心素养方面,两者有什么异同? DIS实验对学生能力培养的积极作用在本实验中有哪些体现?

2. 本实验数据处理方法与传统的纸笔绘图相比,各有什么优点?

3. 本实验使用DIS专用软件进行探究,教师也可以鼓励学生尝试使用DIS通用软件完成本实验:学生自己设计参量和数据记录的表格以及数据处理的方式。

七、参考答案

(一) 评价与测试

1. (1) 压强;(2) A、B。

2. (1) D;(2) 如图 4-68 所示;(3) 质量。

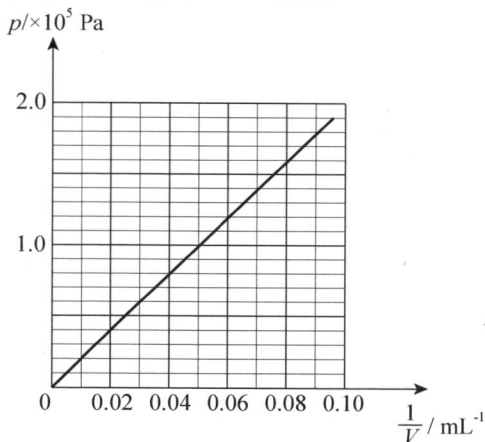

图 4-68

3. 注射器与压强传感器之间连接软管中的气体体积。

4. 将螺丝钉放入注射器后密封一定体积的空气,将注射器连接压强传感器、数据采集器和计算机。打开计算机进入专用软件"研究温度不变时气体的压强跟体积的关系",点击"开始记录",保持温度不变,缓慢推动活塞,记录 5 组对应的压强与体积。作出 $V - \dfrac{1}{p}$ 图线,纵轴上的截距即为螺丝钉的体积。

(二) 思考与讨论

1. 与压力表相比,压强传感器的测量精度更高,还可以有效减小读数误差。使用压力表对学生的动手能力要求更高,要求学生多次测量数据,并且进行数据处理。但这样会导致学生花费较长时间做重复操作,反而对实验中可能会出现的问题没有太多的时间去分析和思考。DIS 实验虽然弱化了学生数据获取和处理的能力,但对信息的实时记录、数据处理都很迅速、准确,让学生有更多的时间去思考、探究实验中的现象和问题。在本实验中学生首次使用压强传感器,学生需要借鉴以前使用其他传感器的经验和说明书自己学习使用,在新内容与旧知识间建立有效关联,引导学生主动建构个人知识体系。

2. 传统的纸笔绘图对学生绘制图像能力要求更高,学生可以更深入理解数据与结论之间的关系。DIS 实验不仅在实验设备和数据采集上改进,还融入表格、图像等具有表象性的形式来显示和处理数据,直观地揭示所要研究的物理量之间的关系,使学生更加容易获得结论或规律。

3. 略。

上海市同济中学　王卫东　撰写

第五章 验证性实验解析

第一节 验证性实验的特点

一、验证性实验的含义

验证性实验是指实验者对知识有了一定了解,并形成了一定认识,或提出了某种假说后,为验证这种认识或假说是否正确而进行的实验[①]。

实验验证法和实验归纳法是物理学研究最基本的两种方法,两种方法的有机结合,贯穿于整个物理学的发展史。比如伽利略就将两种方法很好地结合起来,他先从逻辑推理中指出了亚里士多德落体学说的矛盾,提出了自由落体运动是匀加速运动的假设,然后用斜面实验加以验证。

在物理学的发展过程中,有时实验走在理论的前面,有时理论走在实验的前面。牛顿的万有引力定律、麦克斯韦的电磁场理论,都是理论推导在前、实验验证在后的实例。通过实验验证,可以使猜想得到肯定,帮助科学家向正确的方向去发现真理。

从掌握知识的角度来说,先"理论分析"再"实验验证"的方法,有利于学生掌握知识的内在联系,理解概念的本质,有利于培养在已有知识基础上获得新知识的能力,而且还有利于培养"不轻信结论""理论联系实际"的科学态度。

二、中学物理验证性实验的基本特点

中学物理验证性实验一般具有可重复性、对比性的特点,往往需要在精确测量的基础上对实验数据进行分析讨论。

---

① 李春密.中学物理实验教学研究[M].北京:北京师范大学出版社,2018:160-163.

1. 可重复性

验证性实验的结果应该是可重复的,即在相同的实验条件下,可以多次重复得到相似的结果,以确保结果的可靠性和稳定性。

为了使得验证结果具有可重复性,验证性实验需要确保实验过程和实验结果的可控性,从而排除其他因素对实验结果的干扰,所以一般需要在实验室或控制条件下进行。

随着实验装备不断更新、实验流程的不断优化,中学物理验证性实验的可重复性一般都比较高。

2. 对比性

验证性实验完成之后,一般需要与理论预期结果进行对照,以验证理论的正确性。

在验证实验中,有时会设置对照组,用于与实验组进行对比,排除其他因素对结果的干扰,从而验证待验证变量对实验结果的影响。

例如,在"验证机械能守恒定律"实验中,可以通过改变测量位置、施加初速度等方式设置对照组,然后将理论上判断的机械能变化与实际测量值进行对比,以验证理论的正确性。

3. 精确测量与数据分析

精确测量是验证性实验的基础,验证性实验中需要对相关物理量进行精确测量,以确保实验结果的准确性和可靠性。验证性实验完成后还需要对实验结果进行数据分析,包括统计分析和图表展示,以得出结论并进行解释,从而证明或反驳待验证的定理或定律。

例如,在"验证动量守恒定律"实验中,需要准确测量物体的质量和碰撞前后物体的瞬时速度,测量结果的准确性与否是定律能否得以验证的关键。

三、中学物理验证性实验与探究性实验的区别

从科学发展的角度来说,中学物理的大多数内容都是科学家已经探究过的内容,有着较为成熟的理论体系,尤其是中学物理实验,一届又一届的学生都做过。从教师的视角来看,似乎可以探究的内容越来越少,所以,过去中学物理实

验多半是验证性实验。但随着教学改革的发展,人们逐渐认识到"验证性实验"与"探究性实验"在培养"创新型人才"上的差异,开始在教学实践中探索两种实验的实施策略。

厘清中学物理验证性实验与探究性实验的区别,有助于在教学实践中更好地开展实验教学。一般来说,验证性实验与探究性实验在实验教学目标、实验教学顺序、实验教学侧重、实验开放程度等多方面存在区别。

1. 实验教学目标不同

中学物理验证性实验是以验证理论推演结果(或理论猜想)为目的的重复性实验①,实验通常以熟悉实验器材操作、巩固理论知识为教学目标,培养的是科学论证的科学思维。

而探究性实验是以分析、总结、归纳为目的的探索性实验,通常可以有方案设计、收集证据、解释交流等多方面的教学目标,培养的是科学探究素养。

2. 实验教学顺序不同

验证性实验和探究性实验的教学逻辑顺序是不一样的。中学物理验证性实验需要在理论教学完成以后,也就是在已知理论结果的情况下展开的;而探究性实验可以在不知道(或者不完全知道)实验结果的前提下展开。

实验教学逻辑顺序的具体展开对应着实验步骤,因此验证性实验和探究性实验的实验步骤也是不相同的。

验证性实验的实验器材、实验方案通常由教科书或教师给定,在实验过程中,学生严格按照设计步骤完成准确的操作要求,以得到预想中的实验结果。

探究性实验需要学生自己设计并进行实验,实验步骤取决于实验者对实验目的的理解程度、对实验结果的假想的细致程度。学生在自己的假设中通过创新思维活动设计出实验步骤并完成操作,从而寻求答案、发现规律②。

3. 实验教学侧重不同

验证性实验需要创设与理论贴合的物理情景,操作步骤清晰,教学上主要是引导学生明确实验条件,正确测量出相关的数据,并进行科学的误差分析。

---

① 于逢忻.高中物理实验探究法与验证法教学效果的比较研究[D].天津:天津师范大学,2012.
② 杨仁德.浅谈物理教学中科学探究性实验与验证性实验的区别[J].中学物理,2009(2):38-49.

在验证性实验中,教师通常关注的是实验操作是否规范、实验结果是否符合预期、实验误差分析是否合理。

而探究性实验重视过程与方法,重视问题的提出与实验方案的设计。探究性实验的问题来源,可以是课程标准或者教材所要求的内容,也可以是学生在学习过程、实验过程中生成的新问题。

4. 实验开放程度不同

验证性实验相对封闭,实验教学的任务是在规范好了的实验框架下进行的,强调行为与规则的统一,一般不会有意外。

探究性实验相对开放,实验过程中遇到的生成性问题可能较多,鼓励学生在实验过程中通过交流与合作自主探究解决遇到的问题。

四、《课标》中对验证性实验的要求

《课标》中明确的学生必做验证性实验一共有 2 个,均为力学验证性实验,分别是必修 2 中的"验证机械能守恒定律"和选择性必修 1 中的"验证动量守恒定律"。

《课标》对两个验证性实验的要求分别是:通过实验,验证机械能守恒定律,理解机械能守恒定律,体会守恒观念对认识物理规律的重要性;能从理论推导和实验验证的角度,理解动量守恒定律,深化对物体之间相互作用规律的理解。

验证性实验以验证物理规律为主,对于如何在验证性实验中落实体现物理实验的育人功能,除了本节中的论述,教师还可以结合本书提出的实验能力发展框架,在验证性实验目标的制订时,重点从"论证"要素关注学生实验能力的发展,如表 5-1 所示。《课标》中各验证性实验的具体教学参考,详见本章后面的验证性实验解析。

表 5-1 实验能力发展框架中的"论证"要素及发展水平

实验能力要素		实验能力行为表现水平			
一级	二级(环节)	水平 1	水平 2	水平 3	水平 4
论证	处理数据	能对数据进行初步整理,并懂得主动交流	能用指定的方法处理简单的数据,得到较为准确的结果,能主动寻求合作或交流	能选择合理的方法处理较为复杂的数据,得到准确的结果	能使用不同的方法,准确地处理复杂的数据,并比较结果的差异
	得出结论	能区分他人结论中的事实、观点和推论	能用简单的证据形成初步结论;能比较自己和他人结果的异同,能有主动交流的意识	能根据证据得出合理的结论,并交流论证过程,但论证过程不充分;能对自己或他人的结论作出简单的评价,并主动与他人交流	能根据证据,在交流中通过充分的论证形成合理的结论;能在交流中对自己或他人的结论作出全面评价
	撰写报告	知道实验报告的基本结构;能理解给定的实验报告,并有与他人主动交流的意识	能将给定的实验报告中缺少的部分补充完整,并主动与他人交流	能用科学的语言撰写完整的实验报告,并尊重他人的交流过程	能用科学的语言撰写完整、规范的实验报告;能通过交流对他人的实验报告作出合理评价

第二节 《课标》中学生必做实验之验证性实验解析

1. 验证机械能守恒定律

本实验是学生已经通过理论推导出机械能守恒的方程后,对该方程进行验证。实验中,测量摆锤下摆过程中在不同位置的速度、高度等数据间接得到机械能,比较后得出不同位置的机械能均相等,从而验证机械能守恒定律。实验装置如图5-1所示。

扫一扫,看实验视频

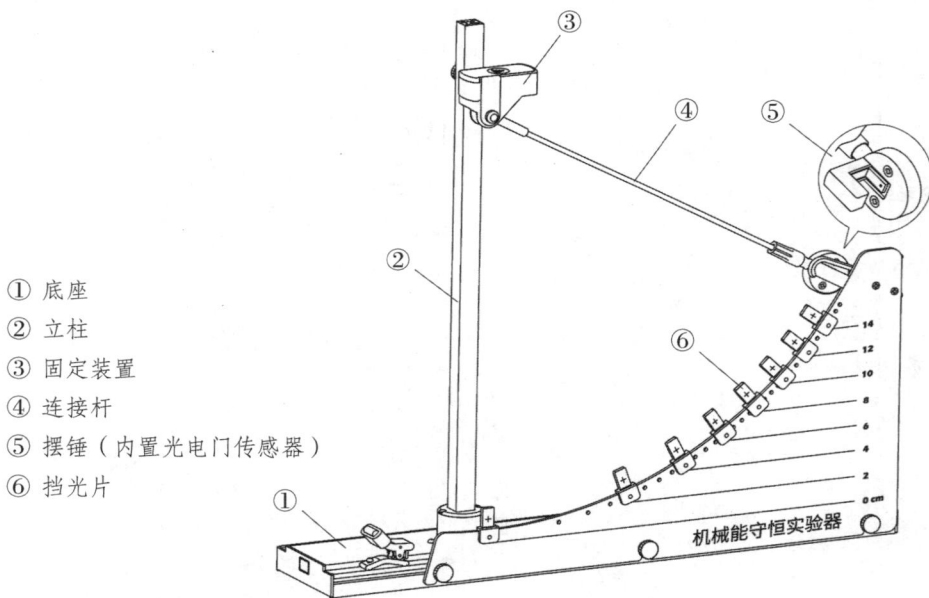

① 底座
② 立柱
③ 固定装置
④ 连接杆
⑤ 摆锤(内置光电门传感器)
⑥ 挡光片

图5-1

本实验是《课标》必修2"2.1 机械能及其守恒定律"主题中的内容,属于验证性实验。

一、教学要求

《课标》对本实验的要求是：通过实验，验证机械能守恒定律。

学生通过本实验理解机械能守恒定律，体会机械能守恒是状态与状态之间的关系；知道如何测得物体的机械能，知道光电门传感器的作用及工作原理；会根据实验要求选取合适的实验器材，设计实验方案，搭建实验装置；会使用 DIS 传感器及相关软件完成实验；能读懂实验数据图像，分析出在摆锤运动过程中动能、重力势能的变化规律及关系；能根据实验数据归纳得到机械能守恒的结论；知道实验存在误差；能科学表述实验过程及结果；可以用函数表达式、文字描述和图像描述等三种方式表达实验结果；可以撰写简单的实验报告。

二、实验能力要素及行为表现

1. 实验能力发展层级图

本实验能力发展层级图如图 5-2 所示。

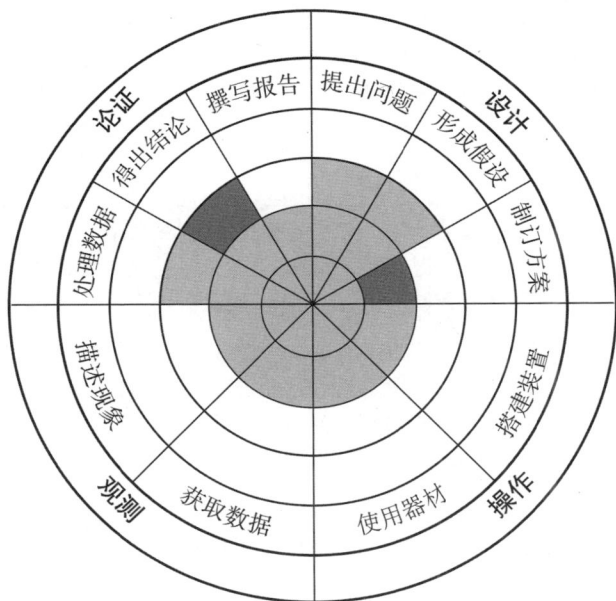

图 5-2

2. 实验能力行为表现水平

本实验能力行为表现水平如表5-2所示。

表5-2 "验证机械能守恒定律"实验能力行为表现水平表

能力要素	环节	行为表现	水平
设计	提出问题	基于观察摆锤下摆的运动,提出问题:如何利用图5-1所示的装置验证机械能守恒定律? 如何保证满足机械能守恒的条件? 如何测量机械能?	3
	形成假设	能预测出各测量点重力势能和动能之间的转化关系,能提出"动能和重力势能之和为定值"的观点	3
	制订方案	知道选择从高处释放的摆锤为研究对象;知道需要测量摆锤在不同位置的高度;知道利用光电门传感器测量瞬时速度;知道搭建实验装置所需要的实验器材;能正确连接DIS传感器并会操作相应的软件;会写实验步骤;知道挡光片的作用;能通过调节挡光片的位置进行多次实验	2
操作	搭建装置	调节实验装置刻度板的左右位置,使得自由状态下摆锤停留的位置与刻度板的零刻度线对齐;自主调节,将6个挡光片固定在合适位置,调节连接杆长度,直至可自由通过所有挡光片;通过计算机通信线将机械能守恒定律试验器Ⅱ与计算机相连	2
	使用器材	会正确释放摆锤;当摆锤摆动到最左端时应停止运动,避免再次摆回;能正确操作DIS实验软件完成实验	2
观测	获取数据	会打开验证机械能守恒定律DIS专用软件,将正确的挡光片高度数据输入软件;点击"开始记录",释放摆锤,进行实验数据采集;点击"数据计算",完成实验数据的计算;完成原始数据的收集及相关图像的绘制	2
	描述现象	能用准确的科学术语描述表格中的数据结果,并在他人指导下将描述补充完整	2

（续表）

能力要素	环节	行为表现	水平
论证	处理数据	根据测量获得的数据,计算出每个位置的机械能数值,即该位置具有的动能和重力势能之和	3
	得出结论	能根据计算结果分析归纳得出结论:在实验误差允许范围内,仅有重力做功的情况下,物体的动能和势能相互转化,机械能守恒	3
	撰写报告	能将给定的实验报告补充完整,理解给定的实验报告各部分内容	2

三、教学活动建议

学生通过实验获取对运动中动能与重力势能相互关系的认识,经历验证机械能守恒定律的过程,认识守恒量与状态量之间的关系,为后续探寻守恒量提供思路,是学生利用机械能守恒分析生活中有关问题的重要基础。学生通过实验体会守恒观念对认识物理规律的重要性,形成初步的能量观念,也可以为以后探究其他科学问题提供思路。该实验通过测量物体的速度及高度,计算得到物体的动能和重力势能,因此学生在实验中要明确实验需要测量的物理量,由此设计实验方案。本实验要求学生会使用所提供的实验器材进行实验并获得物体在各个位置的动能与重力势能;会根据实验数据,利用 DIS 软件获得动能、重力势能和机械能随高度变化的图像,通过对数据的分析发现其中的特点,进而归纳出实验结论;能理解给定的实验报告。

1. 体验"理论分析→实验验证"的科学论证方法

学生通过前期所学机械能守恒定律的内容,尝试通过理论分析得到机械能守恒的结论,之后通过本实验间接测量物体的动能和重力势能,计算物体在运动过程中动能和重力势能的大小,从而验证机械能守恒定律。

2. 启发学生基于观察提出问题、作出假设、分析实验原理

本实验为验证性实验,教学环节围绕明确任务展开,实验目的比较明确。在本实验前,学生对机械能守恒及其条件,已经有了一定的理论基础,能对实验提出相关问题。因此,可以建议从定性的"碰鼻"实验引入,学生通过观察提桶

在摆动过程中能达到的高度基本一致,提出机械能守恒的观点,进而提出验证机械能守恒的实验目的。在速度不太大时,物体受到的空气阻力基本可以忽略,因此摆锤在运动过程中满足仅有重力做功的条件,指导学生提出"如何测量物体的动能、重力势能"等问题。

3. 指导学生选择、使用实验器材,组织讨论设计实验方案

提供器材:底座,立柱,固定装置,连接杆,摆锤,释放装置以及刻度板,DIS专用软件。

指导学生思考、讨论并回答以下几个问题:

(1) 要计算物体的动能与重力势能,需要测量哪些物理量?

(2) 如何获取各位置的高度?

(3) 如何测量各位置对应的瞬时速度?

(4) 如何记录这些数据?

(5) 要分析处理数据,利用计算法还是图像法? 绘制什么图线? 横、纵坐标如何选取?

(6) 应该如何描述该实验的结论?

根据实验数据,选择合适的坐标系作图,将重力势能与高度、动能与高度、机械能与高度之间的关系体现在同一个直角坐标系中,利用图像分析出物体下落过程中重力势能减小、动能增加,得出两者的相互转换关系,从而验证机械能守恒定律。学生通过数据分析,得出实验结果,并表达该实验的结论,包括机械能守恒条件、动能和重力势能的大小关系和最终验证结果。

4. 重点培养学生提出问题、分析论证及反思评估的能力

引导学生提出实验中可能出现的物理问题,通过分析数据验证机械能守恒定律,反思实验过程,减少实验误差。该实验是验证性实验,实验目的、结论相对比较明确。即便如此,教师在教学中也应鼓励学生大胆质疑,例如当实验数据出现预期外的结果时,应鼓励学生尊重实验事实,严谨分析,科学求证。此外,实验误差是不可避免的,在教学中需要引导学生认识误差的存在,知道减小实验误差的重要性。

5. 知识拓展

拓展能量守恒在实际问题中的体现,比如轨交站台设计,它利用动能与重力势能的相互转换,有效利用了能源。

四、实验注意事项

1. 准备实验器材阶段：使用含有光电门传感器的摆锤，将底座、立柱、固定装置、连接杆、摆锤、释放装置以及刻度板安装完成，固定装置内置数据采集器，可通过 USB 数据线直接接入计算机；在实验开始前须保证整个装置处于竖直平面内；调整刻度板左右位置使摆锤自然放置时停留的位置与刻度板的零刻度线对齐。

2. 实验过程：将摆锤通过释放装置释放后，摆锤能够依次经过 6 个挡光片，且无卡顿现象出现，摆锤落下后应被回收装置接收住；打开 DIS 专用软件，选择学生实验中的必修实验"验证机械能守恒定律"，挡光片的宽度 $\Delta s = 0.01\text{m}$、物体的质量 $m = 0.03\text{kg}$ 不需要学生在实验界面输入；先选择"开始实验"，再释放摆锤、停止记录，最后进行数据计算与数据分析；可改变挡光片的位置，重复完成实验。

五、评价与测试

1. 如图 5-3 所示，质量为 m 的物体以初速度 v_0 从光滑斜面的底端开始沿斜面向上运动。以斜面底端为零势能面，高度为 h 时，物体的机械能为（　　）。

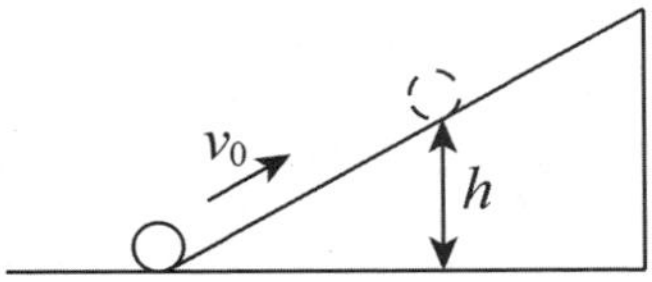

图 5-3

A. $\dfrac{1}{2}mv_0^2$　　　　　　　　　　B. mgh

C. $\dfrac{1}{2}mv_0^2 + mgh$　　　　　　　D. $\dfrac{1}{2}mv_0^2 - mgh$

2. 在验证了摆锤运动过程中机械能守恒后，某同学测量了摆锤下摆过程中各位置的动能 E_k，以及相应的摆线与竖直方向的夹角 θ，得到图 5-4 所示的 E_k-θ 图线。以摆锤自由放置的点为零势能点，由图线可得 $\theta = 32°$ 时摆锤的重力势能为 _____ J。若摆锤质量为 0.007 5 kg，则此摆的摆长为 _____ m。（保留两位有效数字。）

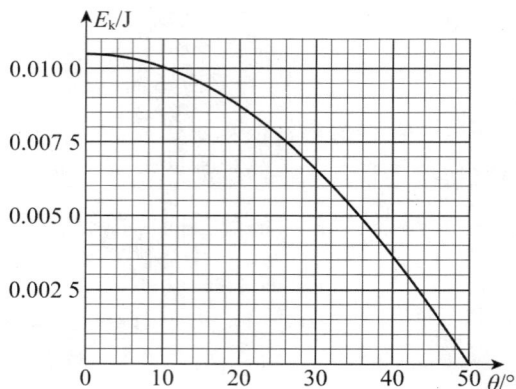

图 5－4

3. 某同学仅用一个光电门传感器,设计了一个"用 DIS 研究机械能守恒定律"的装置,如图 5－5(a)所示,该同学通过改变光电门传感器的位置得到多组实验数据。他以图像方式显示实验的结果,所显示的图像如图 5－5(b)所示。图像的横轴表示小球距 D 点的高度 h,纵轴表示摆球的重力势能 E_p、动能 E_k 或机械能 E。请回答下列问题:

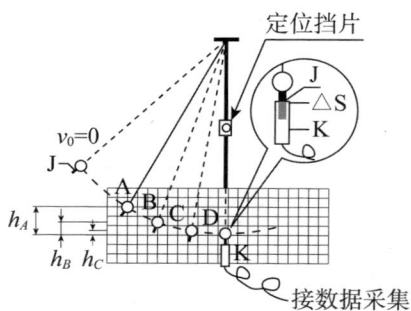

(a)

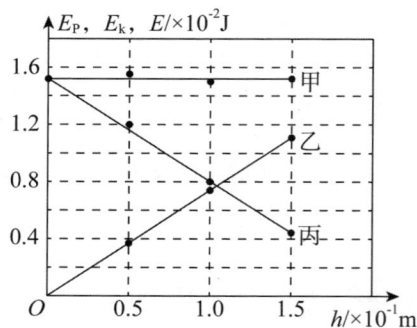

(b)

图 5－5

(1) 如图 5－5(a)所示的实验装置中,光电门传感器的用途是测量_____。在多组实验中,_____(选填"需要"或"不需要")从同一高度静止释放摆锤。

(2) 在图 5－5(b)所示的图像中,表示小球的重力势能 E_p 随小球距离 D 点

的高度 h 变化关系的图线是_____（选填"甲"、"乙"或"丙"）。

（3）根据图 5-5(b)所示的实验图像，可以得出的结论是：_____。

六、思考与讨论

1. 本实验的实验数据处理直接通过软件绘图，不需要学生绘图。若用 Excel 软件让学生自己选择坐标、标度来描绘图像，对于培育学生的物理学科核心素养有什么不同？

2. 摆锤的连接杆如果换成摆线完成实验，对实验误差有什么影响？

七、参考答案

（一）评价与测试

1. A。　2. 4.5×10^{-3}；$0.39\sim0.41$。　3.（1）瞬时速度；需要；（2）乙；（3）在误差允许范围内，只有重力做功的情况下，物体的机械能守恒。

（二）思考与讨论

1. 在图像描绘的过程中可以加强学生对机械能守恒的认识，更深刻地认识到重力势能减少、动能增加以及两者相互转换的关系。同时，培养学生处理数据的能力，提高科学探究的能力。

2. 如果是摆线，在释放时若没有完全伸直或者拉伸过度，均会导致出现较大的实验误差。如果是连接杆，杆的质量对实验结果也会产生一定误差，因此相对于重物，杆的质量必须要小。

上海外国语大学附属浦东外国语学校　冯亚辉

上海理工大学附属中学　王智颖　撰写

2. 验证动量守恒定津

本实验是验证动量守恒定律。实验基于动量守恒关系式,通过测量相互作用的两辆小车的质量、瞬时速度,间接得到系统相互作用前后的动量,验证由相互作用的物体构成的系统,在所受外力的矢量和为零的条件下动量守恒。实验装置图如图 5-6 所示。

扫一扫,看实验视频

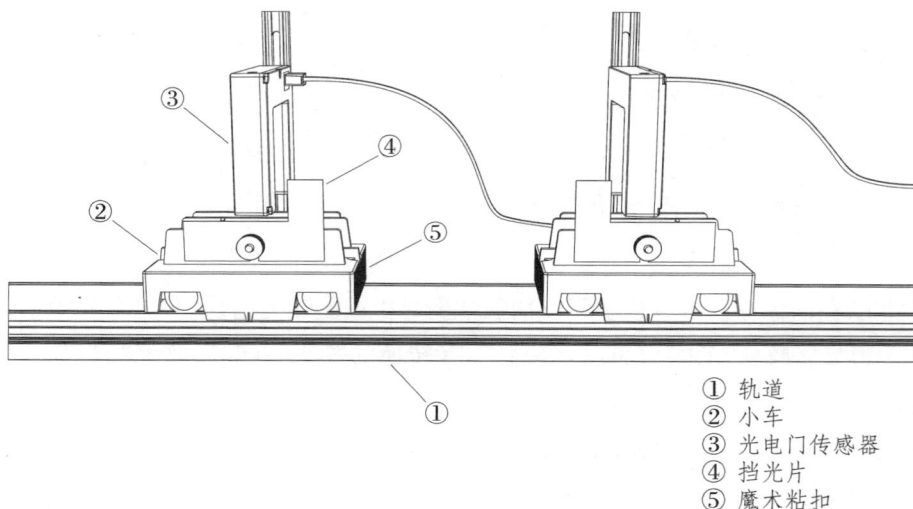

① 轨道
② 小车
③ 光电门传感器
④ 挡光片
⑤ 魔术粘扣

图 5-6

本实验是《课标》选择性必修 1"1.1 动量与动量守恒定律"主题中的内容,属于验证性实验。

一、教学要求

《课标》对本实验的要求是:通过理论推导和实验,理解动量定理和动量守恒定律。

在进行本次实验时,学生已经知道了动量的概念,也已通过理论推导得出了动量守恒关系式。通过验证动量守恒定律,理解动量守恒是状态与状态之间的关系,提升物理观念;通过加减配重片改变小车质量,利用光电门测量物体的瞬时速度,选择合适的位置进行测量,理解动量的测量方法,促进对物理知识的进一步关联整合,提高科学思维能力;通过分析实验数据,得出结论,发展学生的科学推理能力和科学论证能力;在之前理论推导的基础上,认识到物理研究是理论与实验相结合的一项创造性工作,在研究中必须坚持实事求是的态度。

二、实验能力要素及行为表现

1. 实验能力发展层级图

本实验能力发展层级图如图 5-7 所示。

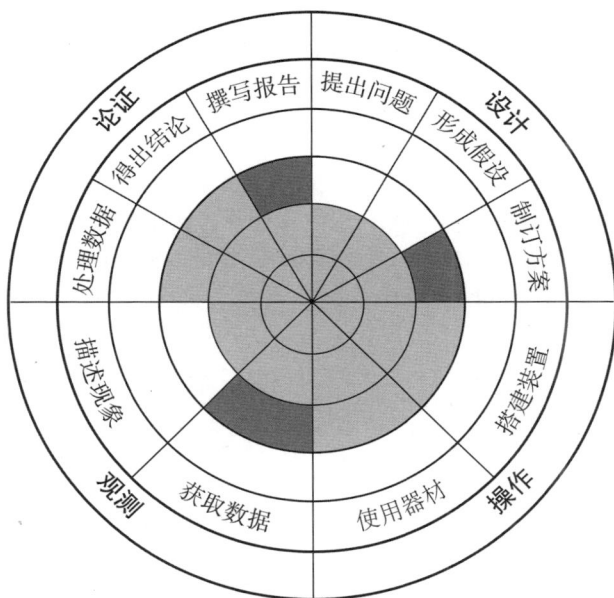

图 5-7

2. 实验能力行为表现水平

本实验能力要素行为表现水平如表 5-3 所示。

表 5-3 "验证动量守恒定律"实验能力行为表现水平表

能力要素	环节	行为表现	水平
设计	提出问题	能在理论推导动量守恒关系式后,提出问题:如何通过实验验证动量守恒关系式?	2

（续表）

能力要素	环节	行为表现	水平
设计	形成假设	在水平轨道上运动的两辆小车相互碰撞前后动量守恒	2
	制订方案	能在他人指导下完成下述内容：知道动量概念，并能根据小车的质量与瞬时速度，求出小车的动量；知道搭建实验装置所需的实验器材；知道光电门传感器测量小车速度的原理、方法；知道将两小车看作整体作为研究对象，构建一维碰撞模型；知道测量"两辆车质量"与"相互作用前后小车的速度大小"；结合实验原理清楚安装光电门传感器的位置；能够预设完整的实验步骤，根据需要验证内容，合理设计实验，能够有条理地改变实验参数，设计出适合记录数据的表格；知道实验数据的处理方法，并进行数据处理，得出碰撞前后系统的总动量；能够考虑到不同因素的影响，记录不同组数据，并能进行综合分析；能分析、判断误差的来源，并在教师或同伴的帮助下设法减小误差	3
操作	搭建装置	能够根据实验方案，规范搭建器材，将小车与光电门传感器放置在合理位置，确保光电门传感器测量值为小车相互作用前后的速度值；能够粗略控制小车的初速度，使光电门传感器完成瞬时速度的测量；发生故障时，能够大致确定故障的位置；当动量值偏差较大时，能够合理分析原因	3
	使用器材	会用光电门传感器测量小车速度。 当小车装有磁碰片时，能够正确操作，让其中一辆小车以合适速度撞击另一辆静止小车，能够记录碰撞前后两辆小车的速度。 当小车装有魔术粘扣时，能够保持其中的一辆小车静止，另一辆小车以合适的速度运动，并在碰撞后能够相继通过第二个光电门传感器。 会通过增减配重片的数量改变小车的质量。 知道当小车所受的作用力未沿导轨方向，会产生实验误差	3

（续表）

能力要素	环节	行为表现	水平
观测	获取数据	第一次实验（使用磁碰片）：将两辆小车的磁碰片相对，推动一辆小车撞击另一辆静止小车，记录下小车相互作用前后的速度大小与方向。通过加减配重片改变小车质量，重复实验，获得多组数据。 第二次实验（使用魔术粘扣）：将两辆小车魔术粘扣相对，两小车相距一段距离，保持其中一辆小车静止，另一辆小车以适当的速度向静止小车运动，记录下小车相互作用前后的速度大小和方向。通过加减配重片改变小车质量，重复实验，获得多组数据。 能利用光电门传感器测量瞬时速度，并分析数据是否可靠。 能够设计表格，记录数据，正确进行数据处理，并分析所得动量数据是否合理	3
	描述现象	根据测量获得的数据，清晰、准确地表达小车相互作用前后的速度关系	2
论证	处理数据	能利用两小车的质量与测得相互作用前后的速度，计算得出相互作用前后两小车的动量以及它们的矢量和，并能比较碰撞前后的系统动量	3
	得出结论	能够根据两小车的质量与速度，处理得出系统碰撞前后的动量，并得出初步结论：在轨道上的碰撞实验中，验证动量守恒定律。能够与他人的实验进行比较，并进行简单分析，能反思自己的实验过程，能接受他人提出的意见和改进建议	3
	撰写报告	能规范记录小车质量以及速度的大小与方向，并分析数据，将对应的质量与速度相乘，得到动量大小，并能够根据速度方向确定动量方向；能进行简单误差分析；能够分析出实验中记录的瞬时速度大小与实际碰撞前后的速度存在差异；能用科学的语言撰写完整的实验报告	3

三、教学活动建议

学生通过实验验证动量守恒定律，进一步发展运动与相互作用观念和能量观念,领会守恒思想,提高建模能力。在实验操作过程中,通过记录数据、处理数据,知道物理研究讲究证据,养成实事求是的科学态度,提升实验数据记录和分析的能力。

1. 启发学生基于前期教学明确研究内容

基于前期教学,学生通过理论推导得出动量守恒定律,从物理研究出发,引导学生意识到,一个物理定律的成立单有理论推导还不足够,还需要通过实验进行验证。

在设计实验时,引导学生思考以下问题:

(1) 实验中的哪些物体组成了要研究的系统?

(2) 如何使系统所受外力的矢量和近似为 0,而又可以使小车各自的动量发生变化?

(3) 需要测量哪些物理量?

(4) 如何明确小车瞬时速度对应的状态?

在教学过程中,要注意引发学生兴趣,并让学生知道物理实验的重要性,能够将理论语言转化为实际操作。

2. 利用理论推导与实验操作相结合指导学生设计实验方案

提供器材:平直轨道,一端装有磁碰片、另一端装有魔术粘扣的小车各 2 辆,配重片若干,光电门传感器 2 个。

指导学生思考、讨论并回答以下几个问题:

(1) 如何测量小车的动量?

(2) 用什么器材测量小车的质量与瞬时速度?

(3) 如何改变小车的动量? 具体来看,如何操作能够改变小车的质量与速度?

(4) 怎样放置小车与光电门传感器,使光电门传感器所测速度更接近两辆小车相互作用前后的速度大小?

(5) 如何释放小车? 如何推动小车?

(6) 需要记录哪些数据? 如何记录? 表格中应该有哪些栏目? 怎样组织这些栏目?

(7) 如何处理数据用于验证动量守恒定律?

本实验是一个验证性实验,对于学生提出问题的能力要求较低,但是要求学生在进行实验的时,能够合理设计实验过程,明确研究对象,知道要测量的物理量,通过合理操作减少实验误差。在已经进行理论推导的基础上,学生通过实验操作可以提升情境分析能力。

3. 交流与讨论

实验完成后组织各组之间进行交流,共享实验数据。各组之间交流如何操作来减少实验误差,如何通过建模明确研究对象与需要记录的物理量。

4. 实验拓展

开展学生交流,讨论其他实验方案。

四、实验注意事项

1. 合理放置实验装置

① 将导轨水平放置;将小车放在轨道上后,小车能够顺畅滑动。

② 实验需要测量的是两车相互作用前后的速度大小,需要合理放置光电门传感器,以减小实验误差。

③ 调节两个光电门传感器的高度与挡光片的位置,使光电门传感器正常工作。

2. 合理操作,测量可靠实验数据

① 使用磁碰片进行实验时,先将两辆小车相对,且相距一定距离,保持一辆小车静止,推动另一辆小车;此时,靠近运动小车的光电门传感器先测得撞击前该小车的速度,之后两光电门传感器分别测得两小车碰撞后的瞬时速度。

② 使用魔术粘扣时,用适当力度推其中一辆小车(图5-6中右侧小车),使小车以适当速度撞击另一辆小车,两辆小车相撞后合在一起通过左侧光电门传感器。在实验中,右侧光电门传感器测量右侧小车的初始速度,左侧光电门传感器依次测得碰撞后左侧小车与右侧小车的瞬时速度。

③ 合理增减配重片。

3. 合理处理数据,记录速度方向

记录所得数据,验证动量守恒定律。

五、评价与测试

1. 在使用弹簧圈的实验中,用一辆小车去碰撞另一辆小车,而不是通过将两辆小车压在一起,这是为什么?

2. 关于系统动量守恒,下列说法中正确的是(　　　)。

A. 若系统内存在着摩擦力,系统的动量就不守恒

B. 若系统中物体具有加速度,系统的动量就不守恒

C. 若系统所受的合外力为零,系统的动量就守恒

D. 若系统所受的外力不为零,系统的动量就守恒

3. 一实验小组用光滑导轨验证滑块碰撞过程中的动量守恒,实验装置如图 5-8 所示。

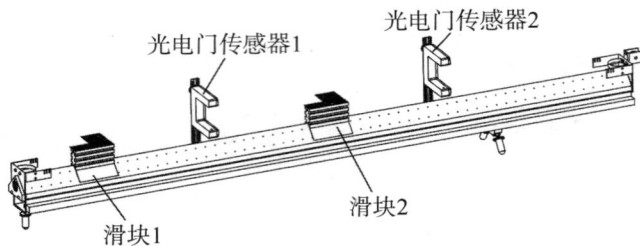

图 5-8

（1）实验时,先使滑块 1 挤压导轨左端弹射架上的轻弹簧,然后释放滑块 1,滑块 1 通过光电门传感器 1 后与左侧固定有弹簧圈的滑块 2 碰撞,碰撞后滑块 1 和滑块 2 依次通过光电门传感器 2,两滑块通过光电门传感器 2 后依次被制动。实验中需要测量滑块 1(包括挡光片)的质量 m_1、滑块 2(包括弹簧片和挡光片)的质量 m_2、滑块 1 通过光电门传感器 1 的挡光时间 Δt_1 和通过光电门传感器 2 的挡光时间 Δt_2,还需要测量＿＿＿＿＿＿＿＿。(写出物理量及其表示符号)

（2）如果表达式＿＿＿＿成立,则说明滑块 1、2 在碰撞过程中动量守恒。(用物理量的符号表示)

4. 试设计实验,研究以三个小车为整体时系统动量的变化情况。

六、思考与讨论

1. 能否使用位移传感器完成该实验?

2. 请设计小车相互作用的其他方式。

七、参考答案

（一）评价与测试

1. 难以保证由两辆小车组成的系统不受外力。　2. C。

3.（1）滑块 2 通过光电门 2 的挡光时间 Δt_3；（2）$\dfrac{m_1}{\Delta t_1} = \dfrac{m_1}{\Delta t_2} + \dfrac{m_2}{\Delta t_3}$。

4. 让其中一辆小车在经过光电门传感器后，碰撞另外两辆静止的小车，再让它们依次通过另外一个光电门传感器。记录相应数据，并进行处理。

（二）思考与讨论

1. 理论上可以。在利用位移传感器获得 v-t 图像时，需要选择数据段，由于是手动操作，可能会导致较大的误差，因此还是利用光电门传感器测量瞬时速度更加合适。

2. 撞击后以不同速度运动的模式：可以使用弹簧圈，但要注意先推动一辆小车去撞击另外一辆小车；如果将两辆小车相互挤压后松开，则较难保证系统所受的合外力为零。撞击后以相同速度运动的模式：可以将异性磁极相对放置，让两辆小车相对运动。

上海市杨浦高级中学　茅艳婷　撰写

第六章 设计与制作性实验解析

第一节 设计与制作性实验的特点

一、设计与制作性实验的含义

设计是指把一种设想或计划通过某种形式表达出来的活动过程,是一种创作行为,有目的性。今天,设计已经发展成为门类众多的学科,例如,建筑设计、工程设计、美术设计等。随着现代科技的发展,设计所包含的科学成分的比重越来越高,科学属性日益凸显,逐渐受到人们的重视。

制作是指把原材料加工成产品的过程。其中"制"侧重操作制造,"制作"一词具有名词和动词两种词性。

设计与制作能力在当今社会中具有重要的意义,它不仅可以提高企业的竞争力,还可以推动整个社会的创新,促进可持续发展。在《课标》中,"设计"一词出现的次数达到了79次,反映出培养学生的设计与制作能力逐渐受到人们的关注。

设计与制作的含义广泛,本书主要侧重对中学物理设计与制作性实验进行讨论。

设计与制作性实验是指学生在教师的指导下,根据给定的物理实验选题和实验要求,应用已有的物理知识,建立实验模型,设计实验方案,确定实验方法,选择或自制实验器材,测量并处理实验数据,分析并归纳实验结论,从而经历一次科学实验过程的基本训练的教学活动[①]。开展设计与制作性实验,是培养学生的实践能力、创新能力,激发学习兴趣,加深理论知识理解的重要途径。

---

① 李春密.中学物理实验教学研究[M].北京:北京师范大学出版社,2018:164-173.

二、中学物理设计与制作性实验的基本特点

中学物理设计与制作性实验一般具有综合性、实践性、创新性等特点。

1. 综合性

设计与制作性实验往往涉及多个部分的理论和实践知识,具有较强的综合性。它们综合应用所学物理知识的过程,可以帮助学生加深对物理原理的理解。

例如,利用传感器制作简单的自动控制装置,先要熟悉传感器的工作原理,然后要根据控制效果设计电路图,在根据设计的图纸选择器材并完成装置的初步制作之后,还要进行检测调试、误差分析等工作。总体来说,需要综合应用多方面的知识才能完成一项设计制作任务。

2. 实践性

相对于探究性实验、验证性实验等其他类型的实验,设计与制作性实验的实践性更加突出,尤其在制作环节更加强调学生动手实践。

例如,根据胡克定律设计制作一个简易弹簧测力计。设计看似容易,但开始实践制作后,学生才会发现,仅知道基本原理是不够的,要制作成一个实用装置,还需要考虑如何固定弹簧、如何挂重物、如何写刻度等很多实际问题。

3. 创新性

设计与制作性实验需要学生根据实验目标、实验条件等因素进行创新思考和设计。一般来说,实验器材不同,实验的方案、步骤等环节也就不同,学生需要根据现有的实验条件进行创新设计和制作。例如,在学生活动中,需要设计制作一种能显示加速度大小的装置,可以使用弹簧和滑块,也可以使用细线和摆球。

在相同的实验条件下,设计与制作性实验也可以为学生的创造性能力发展提供宽阔的空间。例如,使用相同的逻辑电路组件制作一个投票器,不同的学生会选择不同的逻辑门电路组件,设计制作出具有相同功能的装置。

三、中学物理设计与制作性实验与其他类型实验的对比

中学物理实验主要有测量性实验、探究性实验、验证性实验、设计与制作性

实验四种类型。每种类型的实验都有自己独特的育人价值和实验特点,对比各种实验的特点对于厘清各种类型实验的教学侧重点、发挥各种类型实验的育人价值具有重要意义。下面从实验目的、实验过程、实验结果等几个方面进行简要对比,如表 6-1 所示。

表 6-1　设计与制作性实验与其他类型实验的对比

	设计与制作性实验	测量性实验	探究性实验	验证性实验
实验目的	通过综合应用多方面知识,设计和制作实验装置或仪器,从而实现特定的实验目标或要求	通过选择使用合适的仪器和设备,进行物理量的测量,并对测量结果进行处理和分析	通过拟定实验方案,自主探索物理现象和规律,培养科学探究素养和科学思维能力	通过实验结果来验证或证实已经提出的物理规律或理论
侧重培养的能力	设计和制作能力	数据测量和处理能力	观察、实验和分析能力	对物理规律的理解和应用能力
实验过程	学生需要在熟悉各组件的原理、性能的基础上,合理设计、组装,之后还需要进行调试、修改,直至完成制作	学生需要在熟悉各测量仪器的基础上,选择使用合适的仪器和设备进行测量,并记录和处理实验数据	学生需要在对实验现象观察和猜想的基础上,通过实验获得证据,通过分析数据和现象探究物理规律	学生需要在对实验原理理解的基础上,通过对实验数据的收集、分析和比较,来验证或证实某个物理规律
实验结果	主要是实验装置或仪器是否达到设计要求,是否能够正常工作	主要是对物理量的测量和数据的处理,学生需要对测量结果进行分析和比较,从而得出结论,并进行总结和归纳	主要是对物理规律的探究和理解,学生需要通过实验探究推测和验证物理规律,并进行总结和归纳	主要是某个物理规律是否得到了验证,或是否得到了实验数据的证实

四、《课标》中对设计与制作实验的要求

《课标》中明确学生必做的设计与制作性实验只有 1 个，为电磁学实验，是选择性必修 2 中的"利用传感器制作简单的自动控制装置"。

除了实验题目中指出的明显的设计与制作性实验，《课标》中还有很多建议性或者隐含的设计与制作性实验，例如，《课标》中有以下教学要求和活动建议表述[①]：

"制作一个简易弹簧测力计，用胡克定律解释其原理。"

"制作'水火箭'。"

"用磁感线模拟（空间旋转）的方法制作圆柱形磁铁的磁感线空间分布的模型。"

"根据牛顿第二定律，设计一种能显示加速度大小的装置。"

"设计利用太阳能取暖的方案。"

"利用计算机多媒体技术制作具有自己个性化的网页。"

"利用生活中的器材设计实验，观察光的薄膜干涉现象。"

"用电磁继电器设计一个自动控制电路，说明其工作原理。"

"设计实验，比较肥皂水和清水的表面张力。"

设计与制作性实验对学生的综合素养要求较高，结合本书提出的实验能力发展框架，教师在制订设计与制作性实验的目的时，可以重点从"设计""操作"要素关注学生实验能力的发展，如表 6-2 所示。《课标》中各设计与制作性实验的具体教学参考，详见本章后面的设计与制作性实验解析。

---

① 中华人民共和国教育部.普通高中物理课程标准(2017 年版 2020 年修订)[S].北京：人民教育出版社,2018：9-44.

表6-2　实验能力发展框架中的"设计""操作"要素及发展水平

实验能力要素		实验能力行为表现水平			
一级	二级 (环节)	水平1	水平2	水平3	水平4
设计	提出 问题	能基于现象,理解给定的、可用实验研究的物理问题,知晓实验任务,有主动交流的意识	能基于现象提出与之关联的物理因素,提出可用实验研究的物理问题,且能用对应的物理量表述,认识实验任务,能主动与他人交流	能基于现象提出与之关联的物理因素,形成可用实验研究的物理问题,且能用对应、可实验测量的物理量表述,明白实验任务和目标,能在交流中尊重他人	能基于现象提出与之关联的物理因素,提炼出可用实验研究的物理问题,且能用对应的、可实验测量的物理量表述,并能在交流中判断物理量的适切性,明确实验任务和目标
	形成 假设	能在他人指导下预测各物理量之间存在关系	能在他人指导下预测各物理量之间的关系,能对多因素问题运用控制变量的思想,能有主动交流的意识	能依据已有知识和经验,能准确运用控制变量的思想对多因素问题中各物理量的关系进行预测,且能意识到预测的多种可能性,能主动与他人交流	能依据已有知识和经验,准确运用控制变量的思想对多因素问题中各物理量的关系作出多种预测,能意识到预测存在的不确定性,能在合作中提出观点,改进不足
	制订 方案	能在他人指导下理解已有方案	能在他人指导下,理解已有方案,比较方案中的原理与方法、步骤与器材、记录与处理,并作出选择	能在他人指导下,提出科学、可行的实验原理和方法,能选择合适的器材并制订完整的实验步骤,能选择合理的方法记录及处理数据,能改进已有方案,有主动交流的意识	能提出科学、可行的实验原理和方法,选择合适的器材,制订完整准确的实验步骤,能对数据作出预判,并据此选择合理的方法记录及处理数据,能改进已有方案,并主动交流

（续表）

实验能力要素		实验能力行为表现水平			
一级	二级（环节）	水平1	水平2	水平3	水平4
操作	搭建装置	能在他人指导下，搭建实验装置	能将已部分搭建的装置补充完整,有合作意识;能判断装置是否存在故障,有主动与他人交流的意识	能依据方案合作搭建规范的装置;能大致确定故障的位置,并主动交流	能依据方案协作搭建规范的装置;能充分考虑他人的意见,共同排除装置的故障
	使用器材	能在他人指导下规范地使用指定的器材;能认识到误差是不可避免的	能规范地使用指定器材,有合作的意识,但操作过程中出现明显的停顿;能认识到减小误差的重要性	能依据方案选择规格合适的基本器材;能规范、流畅地使用指定器材,能与他人交流使用过程;能分析误差的来源并分享	能依据方案选择规格合适的基本器材;能使用说明书,学会规范、流畅地使用新器材,能在使用器材中,尊重他人的意见;能设法减小实验误差

第二节 《课标》中学生必做实验之
设计与制作性实验解析

利用传感器制作简单的自动控制装置

本实验通过制作简单的自动控制装置,了解传感器把其他物理量转变为电学量的原理及意义,体验把物理知识运用到工程技术领域的过程。以走道路灯自动控制为例,实验器材如图6-1所示,由光敏传感器模块、人体红外感应模块探测周围环境,得到信号后输入控制模块并用其内部程序作出是否点亮彩灯矩阵模块(路灯)的判断,最终达到只有当光线较暗且有人通过时路灯才自动开启的节能目的。程序逻辑图及组装后的实验装置分别如图6-2、6-3所示。

扫一扫,看实验视频

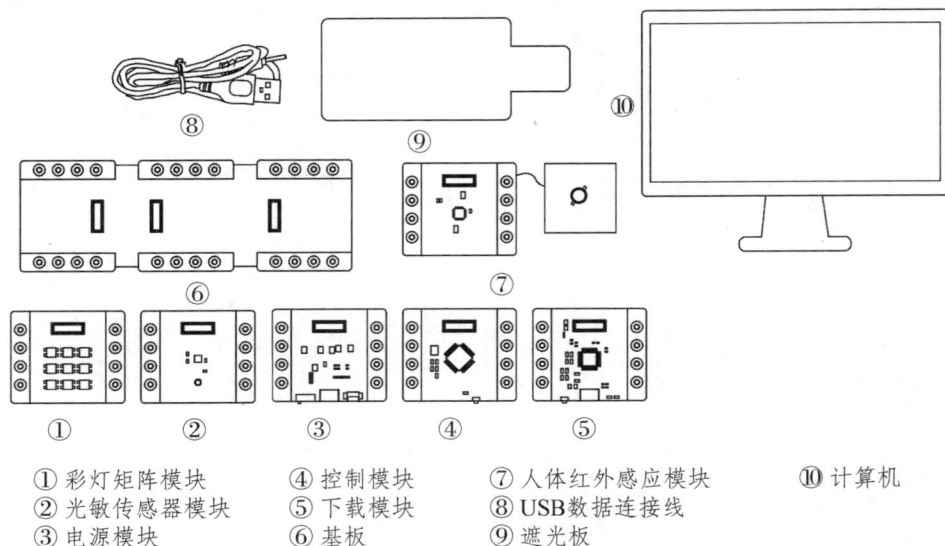

① 彩灯矩阵模块　　④ 控制模块　　⑦ 人体红外感应模块　　⑩ 计算机
② 光敏传感器模块　⑤ 下载模块　　⑧ USB数据连接线
③ 电源模块　　　　⑥ 基板　　　　⑨ 遮光板

图6-1

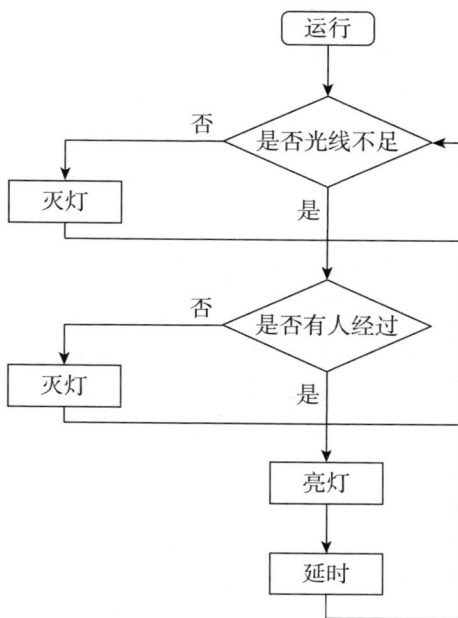

图 6-2

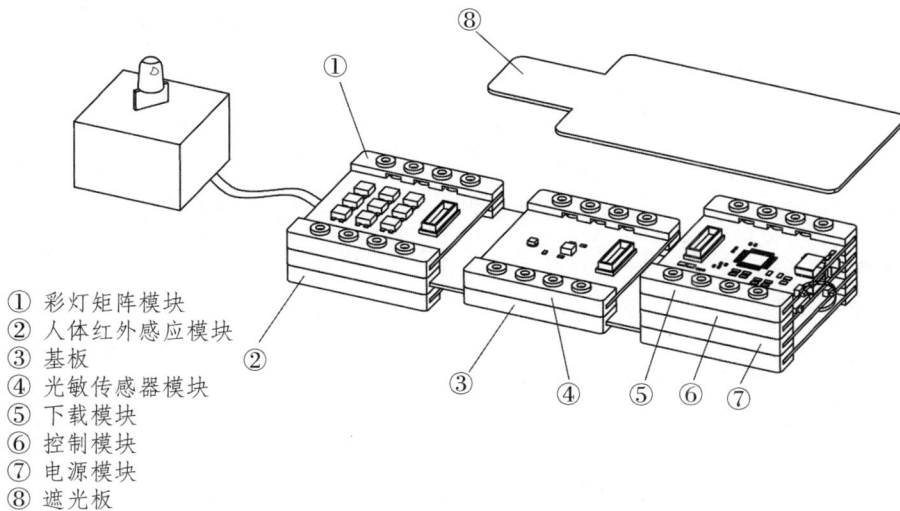

① 彩灯矩阵模块
② 人体红外感应模块
③ 基板
④ 光敏传感器模块
⑤ 下载模块
⑥ 控制模块
⑦ 电源模块
⑧ 遮光板

自动控制路灯实验装置

图 6-3

本实验是《课标》选择性必修2"2.4　传感器"主题中的内容,是高中物理教材中唯一的设计与制作性实验。模块化的装置使实验具备可操作性,同时为其他自动控制装置的制作搭建了平台,非常适合进行项目化学习。陌生的软硬件设备在给学生带来挑战性的同时,也激发他们的创造力和学习热情。

一、教学要求

《课标》对本实验的要求是:通过实验,了解常见传感器的工作原理;会利用传感器制作简单的自动控制电路。

通过本实验,学生学会从对"节能型走道路灯"的功能分析中,得出"只有当光线较暗且有人通过时,路灯才开启"的自动控制需求;能想到使用两种传感器的组合来实现相应功能;能理解光敏传感器将环境光照强度转化为电信号的原理;能理解各种传感器将行人特征信息转化为电信号的原理和优劣,并挑选出比较合适的人体红外传感器进行下一步操作;能画出自动控制路灯的程序逻辑图;能使用 Mixly 软件编写相应程序,并预设传感器的参数;能将下载模块、控制模块正确连接,将程序编译并下载至控制模块;能将电源模块、控制模块、光敏传感器模块、人体红外感应模块、彩灯矩阵模块正确连接;能判断自动控制装置是否正常运转;能根据装置运行情况调整程序内传感器的参数,完成"节能型走道路灯"的自动控制装置的制作;能对该自动控制装置进行评价,找出优缺点,并提出优化方案;能对其他实际情况进行自动控制需求分析、方案设计,并在后续课程中完成相关自动控制装置。

本实验通过把各种环境信息转化为电信号的处理展现了物理观念在解决问题中的重要性;在方案设计、程序编写、设备调试的过程中培养了学生科学探究和科学思维的物理学科核心素养。各种自动控制的应用都和技术、社会、环境有关,能够培养学生保护环境并推动可持续发展的责任感。

二、实验能力要素及行为表现

1. 实验能力发展层级图

本实验能力发展层级图如图 6-4 所示。

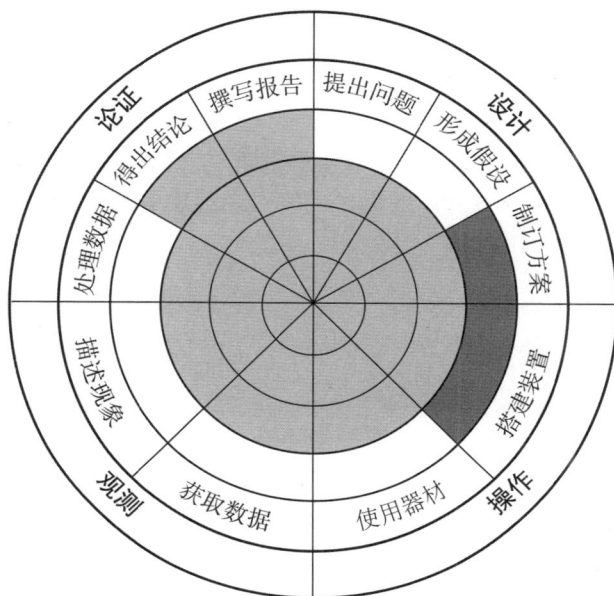

图 6-4

2. 实验能力行为表现水平

本实验能力行为表现水平如表 6-3 所示。

表 6-3 "利用传感器制作简单的自动控制装置"实验能力行为表现水平表

能力要素	环节	行为表现	水平
设计	提出问题/明确需求	能从"节能型走道路灯"这个应用场景的功能分析中,得出"只有当光线较暗且有人通过时,路灯才开启"的自动控制需求	3
	形成假设	能想到使用两种传感器的组合来实现相应功能;能理解光敏传感器将环境光照强度转化为电信号的原理;能理解各种传感器将行人特征信息转化为电信号的原理和优劣,并挑选出比较合适的人体红外传感器进行下一步操作	3
	制订方案	能画出自动控制路灯装置程序逻辑图;知道控制模块接收光敏传感器模块和人体红外感应模块输出的信号,并判断走道过暗并有人经过,控制路灯(彩灯矩阵模块)亮起;知道编程、编译、下载、拼装、调试、修正,最终完成"节能型走道路灯"自动控制装置的设计	4

（续表）

能力要素	环节	行为表现	水平
操作	搭建装置	能将下载模块、控制模块正确连接，下载模块使用 USB 线连接至计算机，准备进行程序下载。程序下载完成后，断开下载模块，能将电源模块、控制模块、光敏传感器模块、人体红外感应模块、彩灯矩阵模块正确连接	4
	使用器材	能使用 Mixly 软件编写相应程序；将编写好的程序进行编译，如果出现编译错误，能对程序中的错误进行修改。能将编译成功的程序代码通过下载模块上传至控制模块	3
观测	获取数据/参数设定	知道人体红外感应模块的输出信号为"1"或"0"，"1"表示有人经过，"0"表示无人经过；结合程序的逻辑将程序中参数设定为"1"或"0"；知道结合光敏传感器模块的输出信号范围，设置程序中的相关参数	3
	描述现象/问题分析	观察传感器、执行装置是否正常工作，工作状态是否符合要求；当用遮光板遮住光敏传感器时，判断为光线较暗，人体红外感应模块检测到附近有人，两者同时满足时点亮"路灯"	3
论证	处理数据/调整程序	能根据装置运行情况调整程序内传感器的参数	3
	得出结论/完成装置	能排除故障，调节参数得到效果理想的"路灯"自动控制装置	4
	撰写报告/交流展示	各组展示完成的作品，交流在制作过程中出现故障的原因，以及排除故障的方法；能对该自动控制装置进行评价，找出优缺点，并提出优化方案；能对其他实际情况进行自动控制需求分析、方案设计，并在拓展课程（非必须）中完成相关自动控制装置	4

三、教学活动建议

由于课程容量大，内容新，建议采用项目化学习的方式，分为三部分组织课程教学。

1. 先导课程

（1）编程预习

建议进行分组活动，每组 2 名成员，至少有一位擅长计算机编程。发放学习材料，让同学们在家自行安装 Mixly 编程软件，学会用 Mixly 编程软件编程的基本方法。（Mixly 是一款免费、开源的图形化 Arduino 编程软件，由北京师范大学教育学部创客教育实验室傅骞教授团队基于 Google 的 Blockly 图形化编程框架开发。）

（2）方案设计

小组成员通过讨论设计出走道路灯的自动控制方案，包括需要实现的具体功能，需要何种传感器，以及自动控制程序的逻辑图。

2. 正式课程

（1）讨论方案

① 让学生分享自己的设计方案，按照传感器的数量进行分类，如单传感器、双传感器、多传感器（视情况而定）。

讨论单传感器自动控制的原理。

② 结合学生的方案，播放视频：传统的楼道声控灯，通过咳嗽或跺脚开灯，但在卡车经过时全楼都会亮灯；

讨论这个场景中使用了何种传感器，分析其原理，并讨论单传感器自动控制装置的优势和不足。

③ 确定使用光敏传感器（光敏传感器模块）和红外传感器（人体红外感应模块）进行走道路灯的自动控制。

对自动控制程序逻辑图进行分析。

（2）搭建装置

① 克服对设备的恐惧

接触过 Arduino 单片机（控制模块）的学生可能不多，教师可以用计算机进行类比，将控制模块的基本功能和接口进行解释，以利于后续的装置搭建。

② 明确自动控制的基本流程

教师布置一个简单任务，如让人体红外感应模块感应到人体后将彩灯矩阵模块点亮 5 秒，这样既可以让学生了解编程操作，也可以熟悉自动控制装置的基本流程。

将下载模块与控制模块连接,然后再通过 USB 数据连接线连接到计算机。

编好程序进行编译。

将编译好的程序代码上传至控制模块。

断开下载模块,将电源模块、控制模块、人体红外感应模块、彩灯矩阵模块正确连接,启动自动控制装置。

③ 实现走道路灯的自动控制

将光敏传感器模块和人体红外感应模块同时与控制模块连接。对照自动控制程序逻辑图进行编程,重复以上流程,实现走道路灯的自动控制,即用遮光板盖住光敏传感器模块,同时有人在附近时自动点亮路灯。

（3）完善装置

在实现走道路灯自动控制的基础上,提出新的任务,需要环境光照强度低于一定程度（用磨砂玻璃或塑料片模拟）就能自动开灯,而非黑色遮光板模拟的完全天黑才开灯。

调整程序中光敏传感器的参数,实现上述功能。

（4）交流展示

各组展示完成的作品,交流在制作过程中出现故障的原因以及排除故障的方法;能对该自动控制装置进行评价,找出优缺点,并提出优化方案。

（5）拓展延伸

播放自动驾驶的视频,展示自动驾驶的车祸新闻,让学生讨论自动驾驶可能涉及的传感器和原理,并尝试找出事故中的问题,提出优化方案。

提供简单一些的案例,启发同学们思考,激发参与拓展课程的动力。例如,传统定时灌溉装置,在下雨天也会浇水;传统的自动汽车栏杆,在行人路过时会落杆砸到行人;道路上的电子警察系统能拍摄闯红灯、不礼让行人、违法鸣号等行为的车辆。

3. 拓展课程（非必须）

让同学们提出新的自动控制场景在课后进行讨论制作,经过一段时间后再进行交流展示。

四、实验注意事项

1. 提醒学生在拼接模块化设备时要匹配接口,小心操作,不可损坏接口和设备。

2. 提醒学生做完实验后要将各模块分开存放，并且关闭电源模块的电源。教师应进行检查。

3. 须注重对传感器进行原理分析，强调将其他物理量转变为电学量进行控制的重要性；注意物理课与技术课的区别。

五、评价与测试

1. 在现代生活中，许多地方需要用到传感器，天黑时自动开启路灯的自动控制要用到_____；商场里的自动门要用到_____。（填写正确选项的序号）①压力传感器；②光传感器；③红外线传感器；④温度传感器。

2. （多选）传感器担负着信息采集的任务，在自动控制中发挥着重要作用。传感器能够将探测到的物理量（如温度、光、声等）转换成便于测量的物理量（通常是电学量），例如热敏传感器，主要是应用了由半导体材料制成的热敏电阻。热敏电阻的阻值随温度变化的图线如图 6-5(a) 所示，图 6-5(b) 所示是由热敏电阻 R_T 作为传感器制作的简单自动报警器的线路图。下列说法正确的是（　　）。

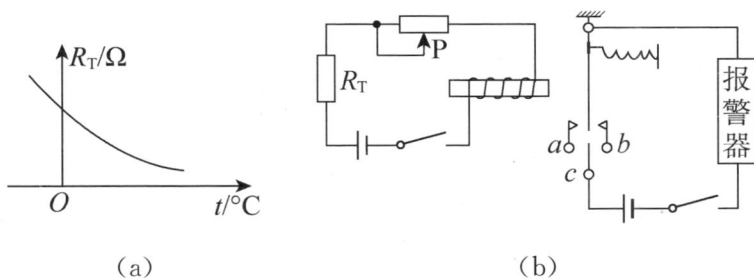

（a）　　　　　　　　　　（b）

图 6-5

A. 为了使温度过高时报警器响铃，c 应接在 a 处

B. 为了使温度过高时报警器响铃，c 应接在 b 处

C. 若使启动报警的温度提高些，应将滑动变阻器的滑片 P 向右移动

D. 如果在调试报警器达到最低报警温度时，无论如何调节滑动变阻器的滑片 P 都不能使报警器工作，且电路连接完好，各电路元件都能处于工作状态，则造成工作电路不能正常工作的原因可能是乙图中左边电源电压太低

3. 深沉的夜色中，在大海上航行的船舶依靠航标灯指引航道，图 6-6 所示

是一个航标灯自动控制电路的示意图,电路中的光电管阴极 K 涂有可发生光电效应的金属。表 6－4 反映的是各种金属发生光电效应的极限频率和极限波长,又知可见光的波长约为 400～770 nm(1 nm＝1×10⁻⁹ m)。

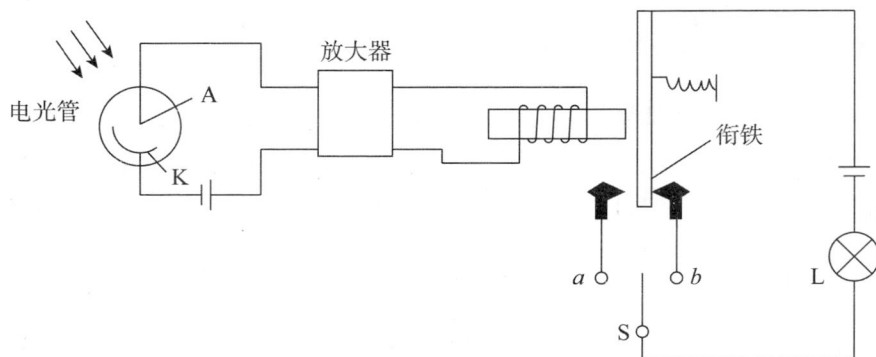

图 6－6

表 6－4

金属	铯	钠	锌	银	铂
极限频率/Hz	$4.545×10^{14}$	$6.000×10^{14}$	$8.065×10^{14}$	$1.153×10^{14}$	$1.529×10^{14}$
极限波长/μm	0.660 0	0.500 0	0.372 0	0.260 0	0.196 2

根据图 6－6 和上表所给出的数据,你认为:

(1) 光电管阴极 K 上应涂有金属_____;

(2) 控制电路中的开关 S 应和____(选填"a""b")接触。

六、思考与讨论

1. 通过查阅资料,了解自动驾驶汽车可能会用到什么传感器。其作用是什么?

2. 举例说明,在家庭、学校或其他场所,有哪些地方使用了传感器? 这些传感器起到了什么作用? 为我们提供了哪些便利或带来了怎样的好处?

七、参考答案

(一) 评价与测试

1. ②;③。   2. A、D。   3.(1) 铯或钠;(2) b。

（二）思考与讨论

1. 例如惯性传感器，主要用来检测和测量汽车的加速度和旋转运动。

2. 例如自动感应门，使用红外人体感应传感器，检测到有人接近时便自动开门，可以为开启空调的房间起到节能作用。

上海交通大学附属中学　陆栋梁　撰写

第七章 高中物理实验教学设计策略

高中物理实验教学研究不应仅聚焦于实验本身,如实验装备的研发和实验技术的创新,更应关注教学,从教学目标设置、内容流程设计、评价方式完善、资源保障完备等多个方面提升实验教学品质。在新课程背景下,教师亟须转变理念,将实验教学视为物理学科核心素养培育的重要阵地,将课程标准中对实验教学的相关指引落到实处。

本书中架构的高中物理实验能力发展框架是教师开展实验教学设计的有力支持工具。本章将在已有实践的基础上,从目标重析、结构重塑、评价重设、环境重构等四个方面提出相应的设计策略。

第一节 重析实验教学目标,趋向多元与系统

高中物理实验能力发展框架能为实验教学目标的再分析提供技术支持,通过对单个实验按要素划分能力层级,能够有效提示教师发掘实验中的多元目标。通过三个年段实验能力培养的渐进要求,实现实验教学目标的系统规划。

一、挖掘单个实验的多元目标

1. 测量性实验关注方案制订与数据获取

测量性实验一般可分为直接测量实验和间接测量实验。对于直接测量实验,主要是学习测量仪器的使用方法,部分仪器要求了解测量原理,如位移传感器、光电门传感器等;而间接测量实验则需要根据一定的测量原理,组合使用测量仪器获取数据。

测量仪器的使用是验证性、探究性乃至制作性实验的基石,且仪器使用的结果易评价,因此在日常教学中颇受重视。而出于提高课堂效率的考虑,测量方案和步骤往往由教师直接给出,学生在测量性实验中主要扮演"操作者"的角色,以动手为主,因此不利于充分发挥测量性实验对提升实验能力和促进理论

学习的作用与价值。教师可以从测量方案制订和数据处理两个环节来丰富学生在测量性实验中的活动,将"告知"转变为"讨论""设计""反思"。

在方案制订方面,必修1"测量做直线运动物体的瞬时速度"实验,除了学习使用数字化实验系统和光电门传感器外,还可以从光电门测量原理的学习中,逐步加深对平均速度和瞬时速度意义的理解,并为后续"验证机械能守恒定律"等实验的方案制订作准备。又如,必修3"长度测量及其测量工具的选用"实验,就不仅要求学会使用刻度尺、游标卡尺或螺旋测微器来测量长度,还需要了解不同仪器的优点与不足,这势必涉及测量方案的设计。

在数据获取方面,测量性实验是提升数据记录规范性的合适载体。数据记录表格的设计在一定程度上反映了学生对所测量数据及其关系的认识。教师可循序渐进地减少支持力度,从提供完整的记录表格,到逐渐减少表格中的要素由学生填补,再到最后完全由学生自主设计表格并交流比较,如此层层深入方能夯实数据记录的功底。

2. 观察性实验关注现象描述与问题提出

高中物理实验教学的方法主要是"实验→观察→归纳→演绎"或"分析→综合"。① 无论是学生实验还是演示实验,观察能力的培养从某种意义上来说是培养学生实验能力的起点。在《课标》中,除了选择性必修2中"观察电容器的充、放电现象"是观察性学生实验外,大多为演示实验,而在演示实验中,学生的"观察"行为显得更为重要。

实验能力发展框架中与观察性实验相关的要素是"观测"。在传统的实验教学中,教师普遍重视学生观察结果的全面性和准确性,但对于结果描述的完整性和流畅性有时重视不足。而对于观察性实验,其功能往往定位于展示现象、激发好奇,由现象观察到问题提出的过程常由教师替代完成。在注重能力培养的实验教学设计中,应进一步重视观察性实验中现象观察后的结果描述及问题提出。

在结果描述方面,课堂中不仅要充分调动学生口头回答的积极性,还可以通过任务单的设计,让全体同学能够利用课堂或课后时间记录结果的描述,对其评价的要求应从简单的字词逐步提升至流畅的语言。

---

① 唐挈.高中物理实验有效教学设计及案例[M].北京:北京师范大学出版社,2013:13.

在问题提出方面,可在教学一段时间后,有意归纳现象观察后提出的问题类型。例如,归纳现象呈现的规律,猜想产生现象的原因,提出可能改变现象的方法等,提升学生提问的品质。

3. 探究性实验关注问题提出与猜想形成

探究性学习是物理学习的重要方式之一,探究性实验则是其中的重要组成部分。学生通过教师引导和同伴合作经历"观察现象—提出问题—猜想假设—实验研究和逻辑推理—得出结论—修正或推广假设"的过程,其核心不仅是深刻理解物理规律本身,更在于理解物理的学科本质。在探究性实验教学中,实验研究和逻辑推理是重点关注的环节,教学的重头戏往往从实验设计开始。通过对物理研究过程的分析以及对实验能力的分解可看出,问题提出和猜想形成恰恰是探究性实验的难点,也是让其有别于验证性实验、真正体现出"探究性"的关键突破口。

学生在提出问题和作出猜想时,一般以可见的现象和已有的知识作为基础,教师应充分了解学生的学习基础,并提供合理的支持。如必修 2"探究向心力大小与半径、角速度、质量的关系"实验,在问题提出方面,教师可以通过"甩球绳断"或"汽车转弯侧滑"等现象,一方面提出向心力的概念,另一方面顺势引导提出"向心力大小与哪些因素有关"这一研究问题。在作出猜想方面,教师可通过预实验帮助学生形成相对合理的猜想。"向心力"是较为抽象的概念,学生凭空的猜想未必经得起追问。教师可先设计定性实验,如细线一端系有小球,手握细线另一端令小球在水平面内转动,改变细线长度、球的质量、转动快慢等条件,感受绳子拉力大小的变化。这样一来,学生大致可以猜想出影响向心力大小的因素。

4. 验证性实验关注数据处理与结论得出

验证性实验常常会给学生留下"很假"的印象,不仅仅因为实验结论已知,也因为高中阶段的实验装置非常成熟,正确操作后得到的结果非常稳定,从而产生一种"走流程"的错觉。在进行验证性实验教学时,教师可在数据处理和结论得出环节为学生留出充分思考和实践的空间,将验证性实验的重点从结果转向过程。

在数据处理方面,以测量性实验强调的记录规范和表格设计为基础,进一步学习不同数据处理方法及其特点。如必修 2"验证机械能守恒定律"实验中,常规的做法是列表计算各位置的动能、重力势能和机械能并进行比较,也可以进一步引导学生思考是否一定需要测量物体的质量,能否通过图像来分析数据。

在得出结论方面,不能简单重复所要验证的结论,应关注数据与结论之间的逻辑关系。比如,机械能守恒定律和动量守恒定律成立的前提条件,以及正视误差的存在并在一定条件下忽略等过程,都不可轻易跳过。

5. 制作性实验关注方案制订与报告撰写

制作性实验的过程相较于一般物理实验,更接近于项目化学习,简而言之是一个解决问题的过程。制作过程和实物成品固然非常重要,但在此过程中更应着力提升的是分解问题、决策规划和汇报过程的能力,按照实验能力要素来看,应重点强调方案制订和报告撰写。

在方案制订方面,制作性实验首先应明确和细化目标,如选修性必修 2"利用传感器制作走道路灯的自动控制装置"实验的目标是制作出能自动控制走道路灯的装置。进一步还需要细化"自动控制"的含义,如"白天不工作、晚上工作""晚上有人经过时亮起"等具体目标。细化目标的确定为后续功能实现明确了方向,此后再针对不同细化目标选择器材、设计电路结构、确定相关参数等,形成可操作性的制作流程。

在报告撰写方面,制作性实验的报告在结构完整、逻辑顺畅、科学用语、图文规范方面与其他实验并无二致,但在内容上更接近产品说明书,重在原理、结构和功能介绍的可读性。

二、规划实验能力的渐进提升

实验能力的提升不是一蹴而就的,部分教师习惯于每次实验都让学生自主经历完整的实验过程,强调实验各个环节的能力提升。这样设计的初衷是好的,但在课时有限的情况下,最后很可能处处点到为止。在实验能力发展框架的指引下,对高中三学年的实验进行统筹规划,分类分项逐步提升各能力要素的水平或许更能提升实验教学效果。而在教学实践中,能力的渐进提升主要体现在学生的自主水平和评价水平的逐步提升两个方面。

1. 逐步提升学生的自主水平,提高实验教学效率

以方案制订为例,在实验能力发展框架的四级水平中,学生的自主水平不

断提升,当达到水平4时则要求学生独立完成方案制订。

必修1中包含4个学生实验,其中3个为探究性实验,分别探究胡克定律、力的合成的平行四边形定则和牛顿第二定律。在传统教学中,这3个都是非常重要的探究性实验,因此教师往往要求学生通过教师引导和小组合作从零开始完整地制订实验方案。为此,课堂中需要介绍实验方案制订的主要板块,并逐个板块"填空",课时相当紧张。

若采用渐进式设计,在"探究弹簧弹力与形变量的关系"实验中,学生仅需要"能在他人指导下理解已有方案"。制订方案环节的教学重点是介绍物理实验方案的构成要素,如"实验原理"部分需根据所要研究的问题确定待测物理量,"实验装置"部分需根据测量要求选择测量工具并组成实验装置等。在这一过程中,学生主要的学习任务是"观摩"教师的方案制订行为。之后在"探究两个互成角度的力的合成规律""探究加速度与物体受力、物体质量的关系"两个实验中,学生主要的学习任务是"模仿",教师提供部分留白的实验方案由学生完成。经过不断地重复,到了选择性必修3时,学生应该就有能力独立完成实验方案的制订。

2. 逐步提高评价反思要求,挖掘实验思维深度

以得出结论为例,评价反思的渐进要求一方面体现在评价对象的变化上,从对本小组所得结论的自我评价发展到对其他小组结论的评价;另一方面体现在对结论评价的质量上,从结论的科学用语规范性到结论与数据的匹配度,从寻找不同组的异同点到全面评价并提出建议。而要体现评价反思要求,首先要在得出结论环节给予学生充分的自由度,避免快速得出整齐划一的规范结论。

例如,在选择性必修2"探究影响感应电流方向的因素"实验中,得出的结论应为楞次定律,但通常学生无法自主获得完整、准确的定律表述。特别是从实际操作中的"磁场变化"过渡到结论中的"磁通量变化",往往缺少必要的论据支撑,这些都可以由学生通过相互质疑来发现漏洞、补充实验再归纳结论。但这一过程往往要耗费较多的教学时间,所以仍应循序渐进,在必修部分以"观摩""模仿"为主,到了选择性必修部分再增加学生的自主度和灵活度。

第二节 重塑实验教学结构,引向思维与探究

一、优化实验教学活动

1. 以实验方法的有意提炼,促进实验能力迁移

物理实验能力的提升一方面需要大量的经验积累,另一方面也需要有意识地进行总结提炼,形成可供迁移的方法。教师既可以在某个实验的教学过程中明确提出实验方法,也可以在若干个运用了相同方法的实验后进行总结。有了实验方法的提炼,能够使学生少走一些"弯路",也为其他环节能力的提升留出一定的时间。

例如,在经历了必修1"测量做直线运动物体的瞬时速度"和必修3"测量金属丝的电阻率"两个实验后,可以总结寻找合适的物理规律作为间接测量原理的一般思路。之后从必修3"测量电源的电动势和内阻"实验开始,实验方案的制订可以更多地交由学生自己来完成。

又如,在经历了必修1"探究弹簧弹力与形变量的关系""探究加速度与物体受力、物体质量的关系"后,可以总结用图像法处理数据的基本规范和流程。再到选择性必修1"用单摆测量重力加速度的大小"实验,进一步归纳用图像法处理数据具有直观、易发现异常点、有可能排除系统误差等优点,以此逐步提升学生用图像法处理数据的能力。

再如,控制变量法是研究多个物理量之间关系的常用方法,学生在初中阶段已经非常熟悉。高中阶段一方面继续在"制订方案"环节运用这一方法,另一方面可以在"提出问题""形成假设"两个环节让学生体会控制变量的前提是已经确定若干个独立的变量,而在实际研究中独立变量的确定往往非常困难。

2. 以角色分工的相对固定,提升小组合作效率

学生实验通常以小组形式开展,是培养学生合作能力的绝佳机会。但在实际教学中,学生在实验室的座位和实验分组往往都不固定,致使每一次合作都需要重新磨合,小组合作效率低。此外,部分同学由于对实验不感兴趣或无法融入小组而成为"旁观者"。

教师可以尝试在一个学期内,按照实验能力发展框架的环节为小组成员设

置相对固定的角色分工,并设置相对固定的座位。例如,有的成员负责获取数据,有的负责记录数据,有的负责处理数据。经过一段时间后再进行角色轮换,如此一来,每个成员都有明确的分工,就不容易游离于小组之外,也能够缩短实验操作过程花费的时间。在报告撰写环节,同样可以进行分工,并在报告中明确说明每位同学的任务。无论是操作仪器还是撰写报告,在角色轮换后,之前已经较为熟练的成员也可以成为指导者,辅助教师的工作。

若实验中包含新器材的使用,则需要保证每位同学都有操作的机会,严格的分工更适合在器材相对熟悉的实验中进行。为了增加学生合作的机会,也可以将合作小组延续到课堂学生活动中。

二、完善实验教学流程

1. 以基于事实的问题驱动实验进程

以能力提升为目标的实验教学,应避免教师布置任务、学生完成任务的设计思路。为了让学生在实验过程中既动手又动脑,可以以问题驱动活动,用问题链来串联实验的各个环节。

以选择性必修3"用油膜法估测油酸分子的大小"实验为例,这是一个测量性实验,通常的教学流程为"明确任务→讲授实验方案→学生实验操作→得出结论"。仔细分析实验可以发现,从方案制订到得出结论,可以划分为三个大问题"为何要做?""如何做?""如何评价?"。以这三个大问题为线索,既有利于明确实验教学的目标,也有利于划分实验教学的环节。

在具体活动的设计方面,由于这个实验操作的步骤和注意事项都比较多,若学生忙于操作,一方面可能忽略实验中蕴含的间接测量微观量的思想方法,另一方面也不易理解每个步骤的目的和注意事项的缘由。

在"设计"环节,对思想方法的理解可以通过教学结构的微调来落实,在明确估测油酸分子大小的任务后,先从学生可见的颗粒物如绿豆、黄豆等入手设计实验方案,为学生理解微观的油酸分子测量铺设思维台阶。在这一过程中,可以将思考的过程化为一系列问题,如"你会用一把直尺测量绿豆的直径吗?""你能用量杯、平底盘、方格纸测出绿豆的直径吗?""你能借鉴以上方法测量油酸分子的大小吗?",逐步引出估测油酸分子大小的方法。

在"操作"环节,对实验步骤及注意事项的认识也可以通过辅助活动和问题链来落实。例如,针对为什么要使用油酸酒精溶液的问题,可以让学生直接将纯油酸滴入水中并观察现象,从而加深对酒精所起作用的理解;还可以在撒痱子粉前,引导学生观察油膜的边界,以真实的困难促进实验方案的改进。

在"论证"环节,可以汇总学生的数据,分析结果的异同,并引导学生观察不同组油膜的形状,引发讨论"为何用同样的材料和方法测得的数据不同?",充分挖掘实验现象背后的价值,也能提升学生的观察能力和反思评价能力。

2. 以有序渐进的要求夯实探究能力

物理实验是提升学生探究能力的重要载体,但探究能力的培养不可能一蹴而就,需要在不同的实验中设置有序渐进的活动序列,对"观察现象—提出问题—猜想假设—实验验证或推理演绎—得出结论"过程的各个环节开展有针对性的训练。从实验能力发展框架可以看出,培养这些能力的载体不仅仅是探究性实验,测量性、观察性、验证性实验都能为提升探究能力服务。

以实验能力的渐进提升部分"制订方案"为例,按照学生自主水平高低规划了不同阶段的要求。还可以根据行为特征"(原理与方法)正确性、可操作性""(器材与步骤)准确性、完整性"等角度设计渐进目标。具体体现在:学生需要独立完成或通过小组合作完成的比例逐渐增加,对方案的评价逐渐从部分填充的"点"到完整设计的"面",从结构规范的"量"到内容科学的"质"逐步发展。

再以"获取数据"为例,其中一个行为特征"(记录)规范性"是有效探究的基本保障之一。在初级阶段,教师可为学生提供记录表格并明确所要记录的物理量和记录要求,学生将注意力集中于准确记录器材或界面的数据,进行规范填写。随着能力的提升,学生可以逐步由自行填写记录表的表头到最后完全自主设计表格。而表格设计的过程也反映了学生对于实验过程的预判。

对于"使用器材"环节,即使不同的实验使用的器材会不断变化,似乎总是在学习使用新的器材,但依然可以根据水平指标、针对部分器材设计渐进要求。例如,对于选用数字化实验系统的实验,虽然每次的实验不同,但计算机软件的基本使用方法是相同的,包括界面中的常用菜单和按键功能。教师无须每次都进行完整的指导,可逐步放手让学生摸索。

第三节 重设实验教学评价,定向学习与发展

说到实验教学评价,首先想到的可能是试卷中的实验题或实验操作考试这类结果性评价,由于主观认识和客观条件的限制,这类评价结果尚不足以充分反映学生的实验能力,评价对于促进学生实验学习和能力发展的功能尚未充分发挥。要改变这样的现状,教师首先需要转变评价理念,并不断探索有效的评价方式,为实验能力发展框架中评价的改进提供支持。

一、转变评价理念,促进学习发生

1. 评价目的从结果区分转向发展激励

无论是实验题还是实验操作考试,都是根据一定的标准对学生给出的反馈(答案或操作行为)进行等级判断。其目的一般是区分学生实验学习结果的好坏,一定程度上将评价对象(学生)和评价主体(教师)放在了对立面上。

《课标》明确提出,"高中物理学习评价是以学生发展为本、基于物理学科核心素养的评价,其目的主要在于促进学生学习和改进教师教学"①。实验教学评价作为高中物理学习评价的一部分,其目的也应当从区分学生学习结果的好坏转向促进学生实验能力的发展。

2. 评价主体从教师主导转向师生交互

以发展激励为导向的评价将促进教师充分挖掘学生作为评价主体的作用,从单一的教师评价转向师生共同评价、学生自主评价等。这样做有利于弱化评价的结果区分意味,拉近评价过程中师生的距离,令学生愿意参与评价,甚至被评价。

评价主体的丰富也有利于培养学生的评价能力,实验能力发展框架中将评价与反思作为衡量学生实验能力的指标之一。在对自己和他人的实验方案、操作、数据、结论作出评价的过程中,学生不仅能够学习如何与伙伴交流,更能够学习如何秉持客观公正、就事论事的态度,这是培养科学态度和科学精神的重要契机。

---

① 中华人民共和国教育部.普通高中物理课程标准(2017年版2020年修订)[S].北京:人民教育出版社,2020:56.

3. 评价对象从实验结果转向实验行为

就评价对象而言，以往实验教学评价的对象一般是实验的物化成果，如实验报告或实验题的答案等。在现行的班级授课制下，这样的评价过程有序、结果高效，并且能在一定程度上帮助学生改进学习。但是，强调能力培养的实验教学，还需要关注学生实验行为的评价。

实验能力发展框架为教师评价实验行为提供了切入点。四方面十要素对实验行为进行了分类和细化，教师可以在某个实验中选择预设为重点培养的要素作为评价对象。每个水平指标和水平描述，为教师进一步设置行为观察点提供了参考。例如，可以在观察性实验中对"描述现象"进行评价，具体到某个实验中，可以进一步选择"表述的流畅性"作为观察点。

二、转变评价方式，落实育人功能

1. 设计评价活动，提升学生反思评价能力

注重评价的实验教学设计应该有意识地设计评价活动，为学生的反思和评价提供机会。根据实验能力发展框架，可以针对不同类型的实验以及不同水平的目标设定设计出不同类型的评价活动。

例如，"制订方案"环节对评价的要求是"能改进已有方案"，这里的"改进"可以是开始实验操作前，根据原理的合理性和可操作性对方案进行完善；也可以是完成实验后，根据实验结果和误差分析进一步完善方案；甚至可以是为了消除系统误差重新设计方案。

又如，"数据处理"环节对评价的要求是"能比较结果的差异"，这里的"比较"可以是与参考值的比较，如选择性必修1"用单摆测量重力加速度的大小"实验中将测量结果与学校所在地重力加速度公认值进行比较；也可以是与其他小组实验结果的比较，如选择性必修3"探究等温情况下一定质量气体压强与体积的关系"，比较各组图线的异同，进一步分析导致不同（如斜率）的原因。

评价活动需要跳出评价实验结果正确性的局限，逐步转向对实验中涉及的思维过程的主动反思。这样的评价活动将成为推动实验教学开展的助力，同时也为学生借助实验学习提升科学思维、科学探究能力提供了丰富的机会。

2. 编制评价工具，优化实验评价实施效率

当评价主体和对象发生变化后，教学设计就必须考虑如何帮助学生在有限

的时间内高效地参与评价活动。仅依靠课堂内的师生对话、生生对话或小组讨论尚不足以满足需求,而依据实验能力发展框架编制简洁明了的评价工具如评价表或评价题,有助于提升评价效率。

例如,对数据记录规范性的评价可由学生自评或小组互评完成,可设计简单的检核表帮助引导学生自查或互查,如表7-1所示。

表7-1 "数据记录"规范性检核表

表头中物理量的字母	□正确　　　□未写
表头中物理量的单位	□正确　　　□错误　　　□未写
有6组及以上数据	□是　　　□否
数据记录准确	□全部准确　□部分明显有误

又如,实验报告一般由教师批阅,但从帮助学习的角度出发,报告中的一些评价指标,如要素是否齐全、内容可读性是否合适、图表是否规范等,也可由学生自评或同伴互评完成,同样可以设计类似表7-2所示的检核表。

表7-2 "实验报告"规范性检核表

结构完整	□是　□否,缺少_____
我能理解报告的内容	□是　□否,理解困难的部分是_____
作图规范	□是　□否,建议修改_____

上述检核表每次评价时建议不超过3项检核内容,可采用3分或5分评分制,但不宜将分数作为等级划分的依据。教师在布置课堂任务时,应该就检核内容作一些说明或提供示范样例。随着学习的不断深入,检核表的内容可由学生自主设计。

第四节　重构实验教学环境,导向自主与合作

　　物理实验室通常是开展物理实验教学的主要场地,而物理实验室的布局与教室大同小异,这样的布局更适合以教师为中心的教学方式。以能力提升为目标的实验教学,重视学生的自主学习与合作学习,因此在有条件的情况下可以对实验室的物理环境进行调整。同时,随着信息技术的发展,实验教学不仅仅发生在实验室和教室,还可以发生在校园各处以及云端,通过挖掘新的技术手段可以为学生提供更为丰富的实验环境。

一、重整物理环境,拓宽个体学习空间

　　1. 架空管线排布,使学习空间可灵活规划

　　有条件的学校可以采用管线架空的整体设计方案,如此一来,实验室内的桌椅可实现灵活移动,能够按照不同实验的需要进行排布。这既适用于学生实验教学,也适用于演示实验教学。

　　同样是3~4人一组的实验,在必修1的"测量做直线运动物体的瞬时速度""探究加速度与物体受力、物体质量的关系"等实验中需要使用长轨道,因此采用横排排列为宜。而类似选择性必修3中"用油膜法估测油酸分子的大小"或必修1设置的自主活动"验证三个共点力平衡的条件"等实验,则采用面对面的排列方式更方便。

　　有了可灵活安排的空间,教师就有了创新教学形式的可能。例如,采用"微课题＋学术辩论"的方式开展实验教学[①],实现实验教学与物理学习的深度融合,如必修1中可设置的自主活动"用力传感器研究作用力和反作用力的关系"和选择性必修2中的"探究影响感应电流方向的因素"实验等。座位的合理排布能为学生有效地开展辩论、展示实验论据等提供支持。

　　2. 扩展学习空间,使学习活动可持续发生

　　学生物理实验能力的提升仅仅依靠课堂时间是不够的,课堂中的实验教学仅能满足基本要求。在条件允许的情况下,学校可以利用实验室走廊、教室走

---

　　① 徐蓓蓓,王铁桦."微课题—学术辩论"在物理课堂教学中的初试——以"牛顿第三定律"的教学实践为例[J].物理教学,2016(03):9-12.

廊等场地打造非正式的物理实验学习空间,放置可安全操作的演示实验和趣味实验器材等,弥补有限课堂时间内无法让学生亲手操作的遗憾。

此外,学校还可以建设实验专用教室,为对物理实验有兴趣、有能力的学生提供课外探索的场地。许多学生不愿意做实验的一个重要原因正是,实验场地和器材不易获取。专用教室既可以作为拓展课、社团活动的固定场地,也可以在平时以申请的方式向部分学生开放。

例如,选择性必修2中"利用传感器制作走道路灯的自动控制装置"这一实验,在按照规定器材完成基本功能之后,可以进一步转化为更为实际的研究课题或项目。同样,物理学科的长作业往往包含着实验探究的部分,这都需要通过学习空间的扩展来支持物理学习从课内延伸到课外。

二、挖掘技术手段,构筑多重学习辅助

1. 善用实验软件,丰富研究手段与范围

随着技术发展,数字化实验系统已经成为高中物理实验的常用器材,便捷的数据获取过程为学生在实验操作方面节省了大量时间,为其他环节的能力培养提供了空间。除此之外,智能手机、仿真软件、虚拟现实(VR)、增强现实(AR)等都纷纷进入物理实验教学。善用信息工具,不仅可以丰富研究手段,让物理实验从实验室走向生活,还可以拓展研究范围,使在高中阶段无法实际操作的实验也能成为提升实验能力的载体。

智能手机内置的计时、摄像功能,以及不少能将手机内置传感器的信息提取出来的App[①],都为学生随时随地做实验提供了技术支持。例如,追踪软件通过视频分析能够快速记录相等时间间隔物体的位置,突破了过去频闪照相操作烦琐的困境,为研究运动规律提供了更为便捷的工具。

借助仿真实验可以极大地丰富学生的实验体验,特别是电磁学、原子物理、光学方面的实验,如研究带电粒子在电场和磁场中的运动[②]、研究光电效应规律、密立根油滴实验等,都是高中实验室很难让学生实际操作的实验。仿真实

① 惠宇洁.智能手机在物理实验教学中的应用探讨——以Phyphox软件为例[J].物理教学探讨,2018(7):70-72.

② 乐露露,元瑶,廖湘萍,等.运用"NB物理实验"软件,提升学科核心素养——以"带电粒子在匀强磁场中的运动"的教学设计为例[J].物理教师,2021(7):67-70.

验除了学生无法亲手搭建装置、使用器材外，其他实验环节均可以获得体验。教师不仅可以将其用于教学演示，还可以将其转换为学生实验。

2. 线上线下融合，提升合作与交流效率

在传统的物理实验室中，借助局域网可以实现各实验小组与教师之间信息的即时交互，教师能够方便地将学生的实验结果汇总，通过投影或同屏的方式展示给全班学生。但受到教学时间的限制，往往被关注的只是个别学生或个别小组的结果，交流不够充分。借助互联网平台，师生、生生之间的合作与交流不仅发生在课堂内、学校内，还可以拓展到校外。

例如，学生可以在网络平台上分享自己的实验结果；利用在线文档合作处理实验数据或撰写实验报告；利用软件建立属于自己的离线或在线实验室，分享实验结果，提出疑问或者新的研究问题，寻找班级之外的合作伙伴，形成新型的实验学习共同体。这些都有利于自主学习和合作学习的发生。

物理实验能力的提升正是在不断地实践中才能得以实现的，除了物理学科主阵地外，还可以与学校的跨学科课程、综合实践课程对接，线上线下的融合教学对这类相对灵活的课程将展现更大的支持效果。

第八章 落实核心素养培育的实验教学课例

课例 1：探究两个互成角度的力的合成规律

一、教学任务分析

从学习内容层面来看，本实验是在学生认识了生活中常见的力、了解了合力与分力的概念之后，进一步探究两个互成角度的力的合成规律，为解决现实情境中的受力问题打下基础；从学习活动层面来看，本实验是必修一的第三个学生必做实验、第二个探究性实验。本实验要求学生能作出初步假设，搜集数据，通过图形分析形成初步结论，旨在培养学生提出问题、猜想假设及利用图像进行分析论证的能力。

《课标》对本实验的要求为：会使用基本的力学实验器材获取数据，能用物理图像描述实验数据，能根据数据得出实验结论，知道实验存在误差，能表达科学探究的过程和结果。

"相互作用与力的平衡"单元是学生在初中已有的力学知识基础上，进一步认识物体间的相互作用，初步建立相互作用观的重要单元。本节课让学生在探究合力与分力关系的过程中，体会等效替代的思想方法。学生经历两个互成角度的力的合成规律的实验探究过程，提升科学探究能力，感受实验和科学推理相结合的方法在物理学研究中的价值和作用。

学生在初中已经接触过同一直线上两个力的合成的方法，本节课将带领同学们探究两个互成角度的力的合成规律——平行四边形定则。本节课，注重让学生经历提出问题和探究实践的过程，培养学生基于证据得出结论并作出解释的能力；在获取和处理信息的过程中，培养严谨认真、实事求是和持之以恒的科学态度。

二、教学目标

1. 进一步认识物体间的相互作用，理解合力与分力的关系。

2. 通过探究两个互成角度的力的合成规律的过程，体验等效替代的思想方法。

3. 能在小组合作中完成实验方案的设计，能根据提示完成实验操作；通过对实验结果的分析与处理，提升科学论证能力。

4. 经历提出问题、动手操作、解释论证等过程，形成严谨认真、实事求是和持之以恒的科学态度。

三、教学重点与难点

1. 教学重点

通过实验探究，得出平行四边形定则。

2. 教学难点

作出合力与分力的图示，猜想合力与分力的关系并论证。

四、教学资源

1. 演示实验：演示架，橡皮筋，复写纸，弹簧测力计。

2. 学生实验：弹簧测力计，带绳套的橡皮筋，细线，铅笔，三角板，量角器，白纸，图钉，木板，复写纸等。

五、教学设计思路

本节课的设计注重发挥学生的团队合作能力，先进行小组讨论，形成实验方案，再通过小组交流演示，完成方案设计。在实验操作中，引导学生做两组夹角不一样的分力合成的实验，用复写纸与同组同学分享数据，然后一起处理实验数据，最后结合两位（或多位）同学的实验结果，得出结论。

本节课的教学重点为通过实验探究，得出平行四边形定则。小组交流演示形成实验方案后，不再给学生提供每一步的操作步骤，而是提供锦囊辅助后放手让学生自主操作。实验能力强的学生，在实验操作中可以自己发现问题，解决问题，完成数据处理，创新思维能力得到提升。而实验能力稍弱的学生，可以适时打开锦囊，查看部分实验步骤，其他步骤还可以自主完成。（锦囊内容为：

锦囊一　弹簧测力计的使用;锦囊二　具体实验步骤;锦囊三　如何用复写纸与同伴分享数据;锦囊四　选取标度,作出力的图示;锦囊五　如何验证假设。)

　　本节课的教学难点为作出合力与分力的图示,猜想合力与分力的关系并论证。注重让学生经历提出假设、科学论证的过程,先让学生完善假设,根据分力、合力的图示自主发现它们有怎样的关系;然后再处理数据,基于证据得出结论并作出解释,最后让学生交流展示小组作了哪些猜想以及是如何论证的。

六、教学流程

1. 教学流程图

本节课教学流程如图 8-1 所示。

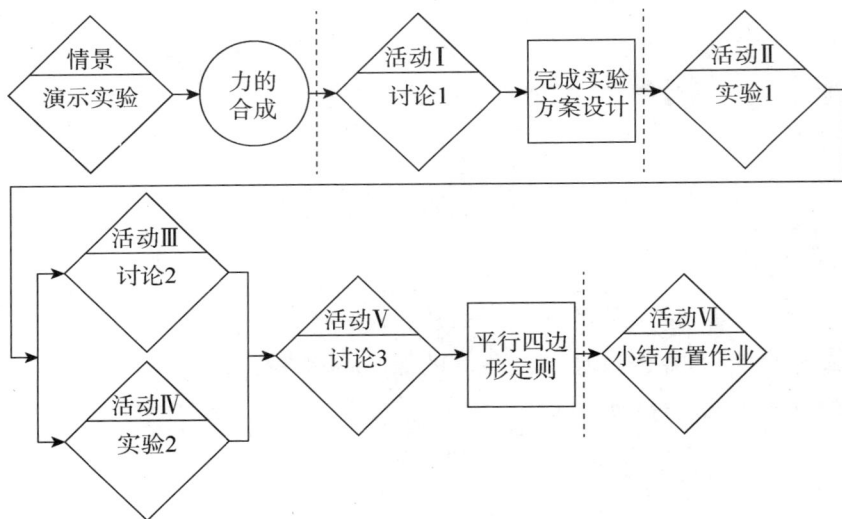

图 8-1

2. 教学流程图说明

情景:演示实验

　　两位学生在幕布后面分别用一个力、三个力拉橡皮绳,使结点到达同一位置。让学生猜测是单独一个力在拉橡皮绳,还是三个力在拉橡皮绳。本实验旨在帮助学生们明确合力、分力的概念。

　　活动 I :设计探究两个互成角度的力的合成规律的实验方案

　　学生分组设计实验方案,请学生上台交流演示,共同完成实验方案设计。

活动Ⅱ：进行实验操作，记录合力和分力的大小和方向

学生根据设计好的实验方案，进行实验操作。如果遇到困难，可以查看锦囊，教师也可以根据情况适时指导。

活动Ⅲ：讨论合力与分力图示的几何关系

学生交流得到的实验结果，作出合力与分力的图示，进一步假设合力与分力的图示有怎样的几何关系。

活动Ⅳ：实验数据处理，论证假设

学生进一步去论证自己的假设，如果不会推平行四边形，可以查看锦囊。

活动Ⅴ：解释与交流

学生交流自己的数据处理结果，得出结论。

活动Ⅵ：课堂总结，布置作业

将平行四边形定则拓展到一切矢量的求和，布置课后作业。把课堂中拍摄的一组学生的实验操作视频，放在公共空间，让学生观看后反思交流。

3. 主要教学环节

本节课可分为四个主要的教学环节。

第一环节：活动引入

理解合力与分力的关系，体会等效替代的思想方法。

第二环节：小组讨论，形成方案

小组讨论交流，选择器材，完成实验方案设计。

第三环节：实验操作，得出结论

学生实验操作，完成数据记录、处理。学生讨论交流，动手操作，论证假设。

第四环节：课堂小结，布置作业

结合物理学史，拓展平行四边形定则的适用范围，即适用于一切矢量的合成，然后进行课堂小结并布置作业。

七、主要教学过程

（一）活动引入

演示实验：两位学生在幕布后面用力拉橡皮绳，使结点到达同一位置。

讨论：有几个力作用在结点上。（在幕布被挡住的情况下，学生无法判断有几个力作用在结点上。）

总结：合力与分力的概念，等效替代的思想方法。

（二）小组讨论，形成方案

提出问题：互成角度的共点力的合力大小和方向与分力大小、方向之间存在怎样的定量关系？

作出假设：遵循平行四边形定则。（如果学生作不出假设也没有关系，可以在实验过程中进一步提出假设）

制订方案：如何保证合力与分力的作用效果相同？需要记录哪些数据，如何记录？

（三）实验操作，得出结论

1. 实验操作

分工合作完成数据记录。

2. 实验观测

完成数据记录：①合力 F 的大小、方向；②分力 F_1 和 F_2 的大小、方向；③分力 F_1' 和 F_2' 的大小、方向。

3. 实验论证

选取合适的标度，作出力的图示。同组的一位学生作分力 F_1、F_2 和其合力 F 的图示，另一位学生作分力 F_1'、F_2' 和其合力 F 的图示。进一步猜想合力与分力的图示有怎样的几何关系。

修正假设：将合力的箭头端分别与分力的箭头端连接，发现合力可能是以两个分力为邻边的平行四边形的对角线。

处理数据：以两个分力为邻边，借助三角板通过规范的几何作图，作出一个标准的平行四边形，并找到它的对角线，与合力的测量值进行比较。

数据交流：同组的两位学生交流实验结果，全班学生交流展示实验结果。

得出结论：实验表明，两个共点力 F_1、F_2 的合力 F 可以用以这两个力为邻边构成的平行四边形的对角线表示，这就是力的"平行四边形定则"。

（四）课堂小结，布置作业

从古希腊时期速度的平行四边形定则，到 19 世纪平行四边形定则被引入分析几何和解析几何中并逐步完善，平行四边形定则成为一套优良的数学工具，由此得出平行四边形定则适用于一切矢量的合成。最后，布置作业，让学生反思自己的实验操作过程,思考如何规范实验操作,减小实验误差。

八、板书设计

本节课的板书设计如图8-2所示。

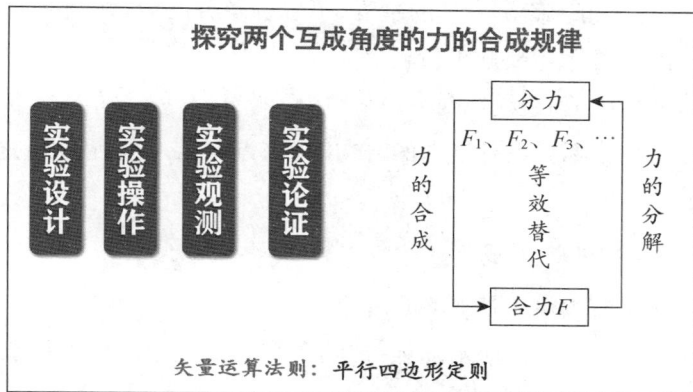

图8-2

九、作业布置

1. 观看课堂中拍摄的学生实验操作视频,阅读课本、活动册,与同学们交流、反思自己的实验操作过程。

2. 阅读资料,了解平行四边形定则得出的历史,下一节课前进行交流。

3. 我们常说:在困难面前,人多力量大,只要人人出力,形成合力,一定能够克服困难。从物理学的角度判断这句话是否合理,并说明理由。

【参考答案】

1. 阅读交流。

2. 阅读交流。

3. 人人出力均可以形成合力,但合力不一定大。因为力的合成遵循平行四边形定则,不是简单的数值相加。假使每个人出的力大小不变,如果各个力间的夹角改变,合力大小也会改变。例如,有三个力大小相等,任意两个力的夹角互成120°时,它们的合力为0。当然,如果大家向同一方向用力,合力就大了。

附录：锦囊

锦囊一　弹簧测力计的使用

① 弹簧测力计在使用之前，必须先在水平方向上调零。

② 测量前，先了解弹簧测力计的量程、单位以及分度值，并且在读数时，眼睛要正视刻度盘。（注意不要超出量程）

③ 注意保持橡皮筋、细线在同一水平面内。

④ 沿细线方向作标记点确定力的方向时，该点与结点位置 O 点之间的距离不要太近。

锦囊二　具体实验步骤

① 在板上用图钉固定一张平整的白纸。

② 用两个弹簧测力计互成角度地拉绳套，在白纸上记录结点位置 O 和两个力 F_1、F_2 的大小和方向，见图 1。

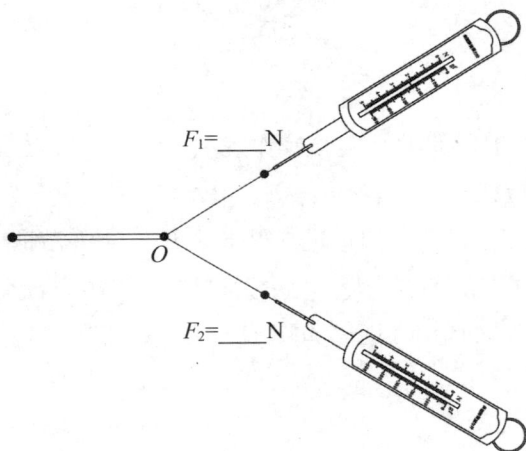

$F_1 = \underline{\quad} N$

$F_2 = \underline{\quad} N$

O

图 1

③ 用一个弹簧测力计拉绳套，将结点拉到位置 O，记录 F 的大小和方向，见图 2、图 3。

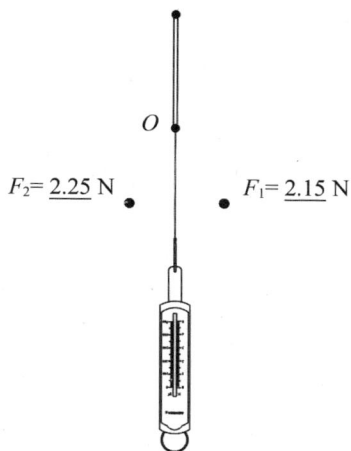

F_2= 2.25 N　　　　F_1= 2.15 N

图 2

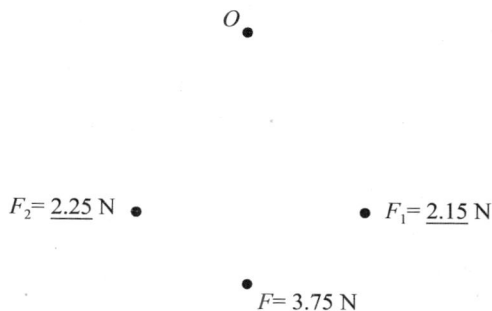

F_2= 2.25 N　　　　F_1= 2.15 N

F= 3.75 N

图 3

④ 用两个弹簧测力计互成角度地拉绳套,将结点拉到位置 O,记录两个力 F_1'、F_2' 的大小和方向。

⑤ 选定合适的标度,作出 3 个力的图示,观察这些力相互之间的几何关系。

锦囊三　如何用复写纸与同伴分享数据

将复写纸夹在两张绘图纸中间,在"结点 O,记录分力 F_1'、F_2' 方向的两个点,记录合力方向的点"这四个点的位置上点一下。最后拿掉复写纸,将 F_1'、F_2'、F 的大小记录在绘图纸上,见图 4。

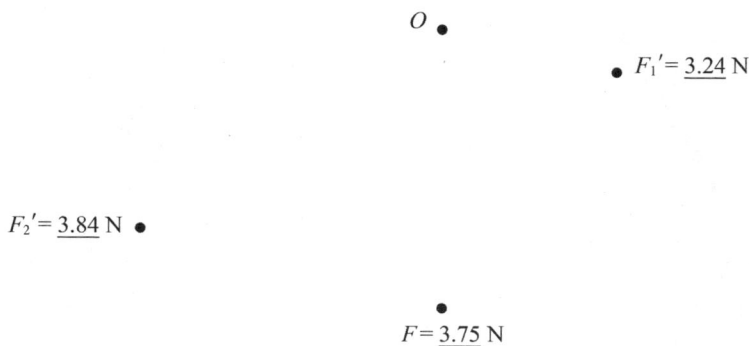

O

F_1'= 3.24 N

F_2'= 3.84 N

F= 3.75 N

图 4

锦囊四　选取标度,作出力的图示

① 选取合适的标度,用铅笔和刻度尺作出拉力 F_1 和 F_2 的图示,按同一标

度作出拉力 F 的图示,见图 5。

　② 观察 F 与 F_1 和 F_2 的图示在平面中的几何关系。

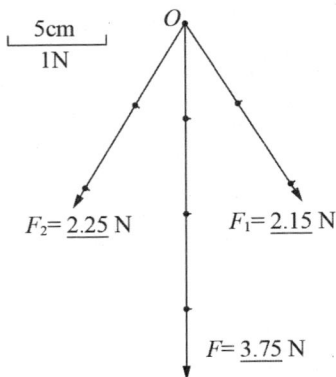

图 5

锦囊五　如何验证假设

　　以两个分力 F_1、F_2 为邻边,借助三角板通过规范的几何作图,作出一个标准的平行四边形,并找到它的对角线 F',见图 6;与合力的测量值 F 进行比较,见图 7。

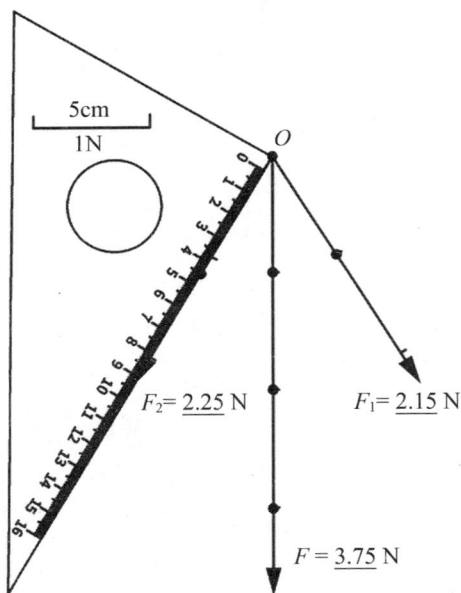

图 6

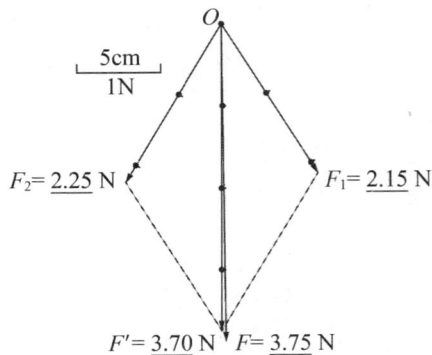

图 7

（课例提供者:焦晓源）

课例 2：探究加速度与物体受力、物体质量的关系

一、教学任务分析

从学习内容层面来看，本实验是在学习了加速度、匀变速直线运动的规律、有关力学的知识和牛顿第一定律之后，进一步探究加速度与物体受力和物体质量的关系，为认识和理解牛顿第二定律打下基础。从学习活动层面来看，本实验是学生必做实验，强调学生的实践操作；同时作为探究实验，其过程与"科学探究"吻合，是培养学生科学探究能力、落实学科核心素养的重要途径和方法。

《课标》对该实验的要求是：能明确科学探究实验所要解决的问题，知道制订实验方案是重要的，有控制变量的意识；会使用基本的力学实验器材获取数据，能用物理图像描述实验数据，能根据数据得出实验结论，知道实验存在误差；能表达科学探究的过程和结果。

本实验让学生通过方案设计、动手操作、数据分析、交流讨论等环节经历科学探究的过程，体会控制变量的思想，了解实验数据的图像表示及其意义，知道误差的存在，能分析数据得出结论，通过交流表达结果达到培养科学探究能力、提升科学思维和形成科学态度的目标。

本实验的学习主体是高一学生。高一学生学习特点是：思维活跃但缺乏严谨的科学思维，富有探究热情但不太重视规范操作。在本实验探究前，通过"弹簧弹力与形变量的关系""两个互成角度的力的合成规律"的探究学习，学生已经有了一定的探究意识，掌握了基本的实验方法，了解了探究活动的基本过程。因此，本实验在实验能力发展方面着重于：在方案设计环节引导学生重视科学性和可操作性；在动手操作和误差分析环节，引导学生重视规范操作和数据处理、误差分析方法的运用。

二、教学目标

1. 知道加速度与物体受力和物体质量有关，能通过实验探究得出它们之间的定量关系。

2. 体验控制变量和化曲为直方法在科学探究中的作用。

3. 经历方案设计、动手操作、数据分析、交流讨论的科学探究过程，能根据

证据得出结论并作出解释,能相互交流、表达探究的过程和结果。

4. 通过实验方案设计、数据处理和误差分析培养实事求是、严谨认真的态度,逐步形成与人合作的意识。

三、教学重点与难点

1. 教学重点

(1) 通过活动体验引发对物体加速度与物体受力和物体质量间关系的思考,形成对"决定物体加速度的因素"的初步假设。

(2) 加速度与物体受力和物体质量关系的实验探究。

2. 教学难点

(1) 实验方案设计的科学性和可操作性。

(2) 通过误差分析,思考减小误差的方法并反思规范操作的重要性。

四、教学资源

1. 活动器材

电动遥控车3辆,小车和马达若干。

2. 探究实验器材

带滑轮的力学轨道及附件,分体式位移传感器,数据采集器,计算机,小车,钩码,配重片,细线,天平等。

五、教学设计思路

本实验探究流程设计是:活动引入→设计实验→学生探究→误差分析→得出结论。

本实验探究从课外活动引入,让学生有物理源于生活的真实体验,通过活动体验引发对加速度与物体受力和物体质量间关系的思考。

在定量探究过程中,突出学生的主体地位,充分发挥教师的主导作用。学生通过组内协作、组间交流,一起经历科学规律的发现过程,感受科学研究方法,进行科学推理和论证,形成科学态度。

在教学过程中,以尊重本阶段学生的学习特点为基础,激发和保护学生的探究热情,让学生积极讨论形成实验方案,通过组间互评促进合作交流,让学生在真实的任务情境中共同想办法解决问题,提高责任意识,培养科学态度,提高价值观水平。同时在关键问题的突破上(例如,如何测得小车所受合力 F 的大小),教师适时发挥主导作用,引导学生在方案设计时注重科学性和可操作性。

本实验在动手操作和数据处理环节有很多需要注意的事项。在探究实验中,为了让学生对规范操作的重要性和物理问题分析的严谨性有更深刻的领悟,本实验采取评价后置的策略,允许学生"试错",通过螺旋式上升的学习方式提升科学探究能力。

最后,教师通过问题链引导学生思考在实验探究中:我们要做什么? 怎么做? 为什么这么做? 存在什么问题? 如何改进? 组织学生对实验过程、数据处理、误差来源、实验改进等方面展开交流。

六、教学流程

1. 教学流程图

本节课教学流程如图 8-3 所示。

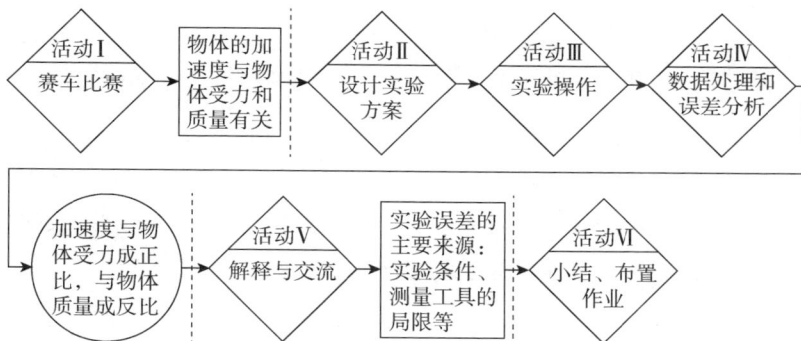

图 8-3

2. 教学流程图说明

活动Ⅰ:赛车比赛

学生分成三组操控外观相同但马达动力和质量不同的赛车进行比赛,在活动中发现:赛车动力越大,起步越快;质量越大,起步越慢。引发讨论:赛车的加速度与汽车所受动力以及汽车质量的关系。

活动Ⅱ:设计定量探究加速度与物体受力和物体质量关系的实验方案

学生分组讨论对于关键问题的解决方法,并基于所给实验器材确定实验方案,组间互评,优化实验方案。

活动Ⅲ:进行实验操作,获取实验数据

学生进行分组实验,利用设计好的表格收集实验数据。

活动Ⅳ:数据处理和误差分析

小组展示数据处理方法和误差分析思路,进行组间交流互评,体会图像法在数据处理和误差分析方面的优势,以及用图像法处理数据时化曲为直的思想方法。

活动Ⅴ:解释与交流

组织学生对实验过程、数据处理、误差来源、实验改进等方面展开交流。

活动Ⅵ:课堂小结和布置作业

教师对本节课的重点内容和学生表现进行小结和评价,布置课后作业,对课后实践活动提出要求和进行指导。

3. 主要教学环节

本节课可分为三个主要的教学环节。

第一环节:活动引入,形成对加速度与物体受力和物体质量关系的定性认识,即对同一物体,受力越大,加速度越大;对不同物体,受相同作用力,质量大的加速度小,质量小的加速度大。

第二环节:实验探究,定量探究加速度与物体受力和物体质量的关系。

第三环节:解释与交流,组内交流及组间讨论。引导学生对实验过程、数据处理、误差来源、实验改进等方面展开交流。

七、主要教学过程

(一) 活动引入(可利用课外时间进行)

赛车比赛:学生分成 A、B、C 三组进行短距离遥控车赛车比赛。(其中 B 组小车马达动力最大,其余两辆马达动力相同;C 组小车质量最大,其余两辆质量相等。这些信息不告诉学生。)

比赛结果:总是 B 组最快,C 组最慢。

讨论:影响胜负的可能原因——汽车动力和汽车质量。动力越大,起步越快;质量越大,起步越慢。

总结:物体的加速度和物体受力以及物体质量有关,对同一物体,受力越大,加速度越大;对不同物体,受相同作用力,质量大的加速度小,质量小的加速度大。

讨论：加速度和物体受力以及物体质量间可能具有怎样的定量关系？

猜想：加速度和物体所受合力成正比，和物体质量成反比。

（二）实验探究

1. 设计实验方案

利用 DIS 实验系统来进行实验探究。以小组为单位设计实验方案。

教师提出问题引导思考：

（1）如何研究三个物理量之间的关系？

（2）如何测得加速度 a、合力 F 和小车质量 m？

学生对于上述引导问题的解决方法展开讨论，并全班交流。

对于关键问题的讨论如下：

（1）如何测得小车的加速度？

讨论得出测量方法：

① 利用频闪照相法测加速度；

② 利用光电门传感器测加速度；

③ 利用位移传感器测加速度。

（2）如何测得小车的质量？如何改变小车的质量？

测量工具：电子天平。

通过在小车上增加配重片来改变小车的质量。

（3）如何测得小车所受合力 F 的大小？

测量工具①：弹簧测力计。

组间讨论或教师引导得出：在加速运动过程中，要准确地读出弹簧测力计的示数比较困难。

测量工具②：力传感器。

组间讨论或教师引导得出：实验过程中，要保证拉力大小恒定。若用手拉动力传感器，难以保证拉力恒定。

学生讨论：可以用细线悬挂重物，通过重物拉动小车。细线的拉力等于重物重力，通过定滑轮改变细线的拉力方向，则小车受到的拉力等于重物的重力，这样就能保证拉力的大小恒定。

教师引导:这个方案可操作性强。那么,小车受到的拉力是否等于小车所受合力呢? 实验操作过程中,我们还需要注意什么?

学生讨论:①细线要和轨道平行;②小车与轨道间没有摩擦。

教师小结:是的,为了便于测量小车所受合外力,我们希望细线拉力等于小车所受合外力。通过对小车受力分析可以发现,轨道水平时,当细线与轨道平行且小车与轨道间无摩擦时,小车所受合外力才等于细线拉力。实际上,我们还需要使细线下端悬挂的重物的质量远小于小车的质量,这时才能使拉力近似等于重物的重力。至于其中的道理,我们后面再讨论。

教师提问:细线与轨道平行可以通过调节定滑轮的高度来完成。那么,如何判断小车与轨道间是否有摩擦力或摩擦力是否可以忽略呢? 如果不能忽略,又该怎么办呢?

小组实践并讨论:可以调节轨道两端的高低,使小车在不受拉力时做匀速直线运动。

教师追问:调节轨道高低可以起到什么作用?

学生 A 回答:为了消除摩擦力的影响,可以使轨道倾斜,让小车重力沿斜面向下的分力和小车所受摩擦力相平衡,这样一来,细线拉力就等于小车所受的合外力。

教师追问:这个方法不错,利用重力的分力来平衡摩擦力。那么,如何检验是否平衡好了呢?

学生 A 回答:利用 DIS 实验软件借助位移传感器进行检验。不挂重物时,将小车放在轨道上,并轻推小车,当获得的 $v-t$ 图像近似为一条水平直线时,即小车能在轨道上匀速运动即可,否则需要继续调整轨道两端的高低。

学生 B 回答:用光电门传感器也可以。轻推小车,观察小车通过前后两个光电门的时间是否大致相等。

学生 C 回答:也可以把轨道换成气垫导轨,这样小车和轨道间的摩擦力就可以被忽略了。

教师总结:同学们从科学性、可操作性角度分析了如何测量所要研究的物理量,并对可能存在的误差进行了分析。

学生活动:基于所给实验器材(带滑轮的力学轨道及附件、分体式位移传感器、数据采集器、计算机、小车、钩码、配重片、细线、天平等)确定实验方案,并进行组间互评,优化实验方案。

2. 实验操作和数据记录

同学们分组进行实验,并记录实验数据。

讨论得出处理数据的两种方法:列表法和图像法。

3. 数据处理和误差分析

在对 a - F 关系及 a - m 关系分析过程中,利用图像法处理数据,在分析讨论误差的过程中,体会图像法及化曲为直思想在数据处理方面的优势。

第 1 小组:在质量一定时,加速度 a 随拉力 F 增大而增大。但 $\dfrac{a}{F}$ 不是一个定值,会随 F 的增大而增大。

教师引导:是否说明 a 与 F 不成正比呢?

第 1 小组:分析判断也可能是有实验误差。

第 2 小组:用图像法处理数据,a - F 图像是一条倾斜的直线,不过原点。但仍然可以认为 a 与 F 应该是成正比的。通过图像分析:a - F 图像横轴截距大于零,说明有拉力但没产生加速度,这不合理。说明拉力不是小车所受合力。推理:小车应该还受到摩擦力的作用。可能是平衡摩擦力环节做得不好。

教师小结:同学们发现了图像法在处理数据方面的优势,不仅能减小偶然误差,还能较直观地反映物理量间的关系和规律,来帮助我们分析误差。

第 3 小组:我们也用图像法处理数据。实验开始前,已经特别仔细地平衡摩擦力,但画出的图像线性仍不太好。按拉力从小到大的顺序记录数据,发现:如果只看前 4 组数据,画出的图像近似为一条过原点的直线。但是第 5、6 两组数据点明显偏离直线。继续增加重物质量,得到的数据点也不在这条直线上。

教师引导:请同学们看看自己的实验数据是否也有这样的情况呢?从实验原理到实验操作再到数据测量,每个环节都有可能引入误差,请思考一下,还有哪些可能存在的误差?

学生讨论:钩码下落过程实际也在加速,受力不平衡,钩码重力大于细线拉力。钩码重力越大,加速度越大,细线拉力和钩码重力偏差越大。

教师引导:同学们分析得很有道理,那么为了减小误差,我们在实验时需要注意什么?

学生 D 回答:要保证钩码重力足够小。

教师小结:同学们实事求是的态度值得赞赏,对误差的分析也有理有据,基于实验误差还提出了新的改进方案。科学探究就是这样的,是一个不断发现问题、解决问题的过程。那么,在研究 $a-m$ 关系时,同学们得出了怎样的结论呢?

第 4 小组:我们得到的数据关系是,在拉力一定时,小车总质量越大,加速度越小。用图像法处理数据,画 $a-m$ 图像,但并非明显的曲线关系,倒像是在一直线上,与预期不符。但计算 a 与 m 乘积,近似为一定值。

教师分析:当数据量不够大且所得数据不是线性关系时,所得曲线误差会比较大,不足以帮助我们分析问题。所以在高中阶段我们多采用"化曲为直"的方法,画直线图像来分析数据。

学生讨论:画 $a-\dfrac{1}{m}$ 图像试试看。

4. 得出结论

在分析误差、改进实验、再次处理数据、分析数据后,得出结论:在小车质量 m 一定时,加速度 a 与小车受力 F 成正比;在小车所受拉力 F 一定时,加速度 a 与小车质量 m 成反比。

各组数据不同,但结论相同。师生共同得出结论:物体运动的加速度与物体受力成正比,与物体质量成反比。

（三）解释与交流

通过组内讨论和组间交流,学生对实验过程、数据处理、误差来源、实验改进等方面展开交流。

思考:能否利用实验结论分析说明细线下悬挂重物的质量要远小于小车质量?

八、板书设计

本节课的板书设计如图 8-4 所示。

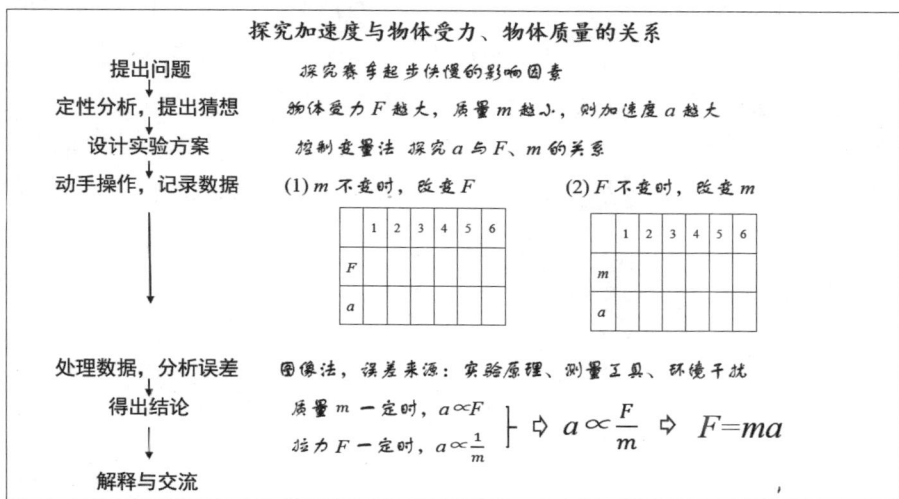

图 8-4

九、课后作业

1. 完成实验报告。

2. "用 DIS 研究加速度与力的关系"的实验装置如图 8-5 所示。

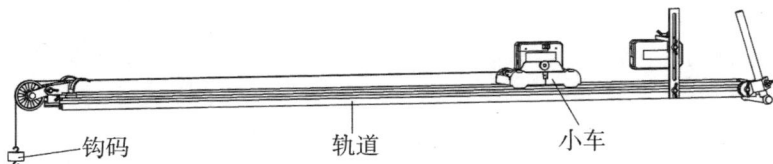

图 8-5

（1）该实验使用的是_____传感器；

（2）探究加速度与力的关系时,小车质量 M 和钩码质量 m 分别选取下列四组值:

A. $M=500\ g$,m 分别为 $70\ g$、$100\ g$、$125\ g$；

B. $M=500\ g$,m 分别为 $20\ g$、$30\ g$、$40\ g$、$50\ g$；

C. $M=700\ g$,m 分别为 $70\ g$、$75\ g$、$100\ g$、$125\ g$；

D. $M=700\ g$,m 分别为 $20\ g$、$30\ g$、$40\ g$、$50\ g$。

在其他操作都相同且正确的情况下,选用_____组进行实验误差较小。

（3）某同学对"将钩码的重力大小视为小车所受拉力的大小"的做法提出质疑,并开展了如下研究:他在小车上固定一个力传感器,可直接测得小车所受的拉力。测得小车与力传感器总质量为 0.486 kg,改变钩码质量,多次实验,测得多组钩码重力与小车所受拉力,图 8-6 中的图线①、②分别为钩码重力、小车所受拉力随钩码质量变化的关系图像。请根据图像,针对该同学的质疑给出回答。_____

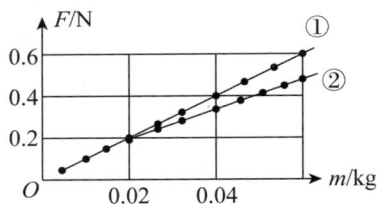

图 8-6

（4）下列操作中正确的是(　　)。

A. 在平衡小车受到的滑动摩擦力时,不能将钩码通过细绳系在小车上

B. 实验时,要先点击"开始记录",再释放小车

C. 平衡摩擦力的目的是使小车所受的合力等于所挂钩码通过细绳对小车施加的拉力

D. 保持钩码质量不变,只改变小车的质量,就可以得到加速度、力、质量三者之间的关系

3. （1）小舞同学想用第 2 题中的实验装置来验证牛顿第二定律。他将钩码换成小桶,在小车中放入沙子,将小车中的沙子逐次放入小桶中,但保持小车、小桶及沙子的总质量不变。记录小桶和桶中沙子的总质量为 m,及此时小车和车中沙子的总质量为 M,则小车的加速度可表示为 $a =$ _____（用"m、M、g"表示）。实验中测量不同的 m 对应的加速度 a,此时_____（选填"不必"或"仍然"）要求 $M \gg m$,作出 $a -$ _____ 图像$\left(\right.$选填"m""M""$M+m$""$\dfrac{1}{m}$""$\dfrac{1}{M}$"或"$\dfrac{1}{m+M}$"$\left.\right)$,如果图像是过原点的直线,说明 $F = Ma$ 成立。

（2）为了减小实验误差,小理同学也对实验装置进行了改进,实验装置如图 8-7(a)所示。实验时,气垫导轨水平放置,在右侧适当位置的上方固定光电门,调整定滑轮的高度,使滑块与滑轮间的细绳水平。

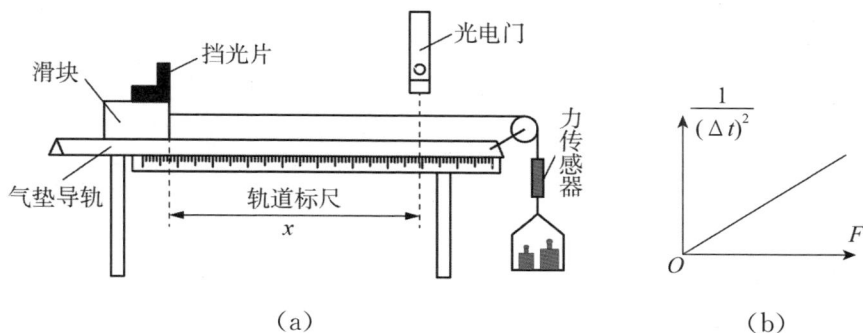

图 8-7

① 测量前,力传感器_____(选填"需要""不需要")调零。

② 在右侧吊篮中放入砝码,将滑块由静止释放,力传感器测得细绳中的拉力 F,光电门测得宽度为 d 的挡光片的挡光时间 Δt。保持滑块质量不变,逐渐增加吊篮中砝码的个数,再将滑块由静止释放,测得多组拉力 F 和对应的挡光时间 Δt。建立图(b)所示的坐标系,若希望从图像方便而又准确地得出加速度与合外力的关系,则每次滑块_____(选填"必须""不必")从相同位置释放,挡光片宽度_____改变(选填"可以""不可以")。

③ 小理同学依据采集的数据绘出图(b)所示的图线,并得出图线的斜率 k,从轨道标尺上读出滑块释放位置与光电门之间的距离 x,则滑块与挡光片的总质量 $M=$_____(用 k、x、d 表示)。

④ 为了提高实验的准确度,可以采取的措施有:_____
_____。(不少于 2 条措施)

4. 实践活动:为每组提供一辆小车和功率不同的电动机,请同学们利用学到的原理对小车进行改造,看看哪一组小车运动得最快。

【参考答案】

1. 略。

2. (1) 位移;(2) D;(3) 当钩码质量远小于小车质量时,钩码的重力大小可近似视为小车所受的拉力大小;(4) A、B、C。

3. （1）$\dfrac{mg}{M+m}$；不必；m；（2）①需要；②必须；不可以；③$\dfrac{2x}{k\,d^2}$；④选择宽度较小的挡光片，适当增大滑块释放位置与光电门之间的距离 x。

4. 略。

（课例提供者：陈暄）

课例3：探究平抛运动的特点

一、教学内容分析

从学习内容层面来看，本实验是平抛运动这部分教学内容的主体部分，而平抛运动是曲线运动这一单元的典型案例，是学生在学习了直线运动、牛顿运动定律和运动合成与分解之后，进一步提升运动观念的基础，是运动合成与分解的实际应用。作为匀变速曲线运动的代表，探究平抛运动能够为分析实际生活中的复杂运动奠定基础。从学习活动层面来看，本实验是学生必做实验，强调科学思维的培养；同时作为探究实验，可以从寻找证据、解释交流的角度，培养学生的科学探究能力。

《课标》对本实验的要求是：通过实验，探究并认识平抛运动的规律；会用运动合成与分解的方法分析平抛运动；体会将复杂运动分解为简单运动的物理思想；会做探究平抛运动的特点实验，能明确实验需要的物理量，由此设计实验方案；会使用所提供的实验器材进行实验并获得数据，通过对数据的分析发现其中的特点，进而归纳得出实验结论，并尝试对其作出解释。

本节课以实验方式探究平抛运动的特点，既可以为学生学习、应用平抛运动规律做好铺垫，又可以帮助学生加深对所学运动合成与分解方法的理解。

本实验可以分为两个部分：第一部分，探究平抛运动竖直方向分运动的规律；第二部分，探究平抛运动水平方向分运动的规律。

二、教学目标

1. 通过将二维平抛运动分解为一维直线运动的研究过程，认识将复杂运动分解为简单运动的研究方法，丰富运动观念。

2. 知道实验需要测量的物理量，并能设计实验方案。

3. 会使用所提供的实验器材进行平抛运动探究实验并获得数据。

4. 通过对数据的分析发现其中的特点，进而归纳得出平抛运动探究实验的结论，并尝试对其作出解释，培养基于证据的科学探究素养。

5. 通过对误差的分析，培养实事求是的科学态度。

三、教学重点与难点

1. 教学重点

（1）设计并形成"探究平抛运动的特点"的实验方案。

（2）通过实验获得证据，验证猜想，归纳得出平抛运动的特点。

2. 教学难点

（1）会用运动合成与分解的方法分析平抛运动。

（2）通过对数据的分析发现平抛运动的特点，进而归纳得出实验结论，并尝试对其作出解释。

四、教学资源

1. 学生实验器材

每组含有如下器材，平抛竖落仪 1 个（含 2 个配套小球），平抛实验器 1 个（含 1 个配套小球），铁架台 1 个，坐标纸 1 张，复写纸 1 张。

2. 演示实验器材

DIS 电磁定位系统 1 套，纸飞机 1 架，小钢球 1 个，长尾夹 1 个。

3. 其他

自制 PPT 课件。

五、教学设计思路

本节课首先通过观看乒乓球对练机器人的视频引出问题：做平抛运动的球的轨迹可以预测吗？然后，通过纸飞机和小钢球的平抛运动演示实验对比，明确平抛运动的条件。接着，利用平抛竖落仪探究平抛运动竖直方向分运动的规律，利用平抛实验器探究平抛运动水平方向分运动的规律。最后，总结得出平抛运动的规律。

整节课通过对平抛运动轨迹的规律的探索，使学生经历观察、猜想、方案设计、实验探究、数据分析处理、误差分析等过程，培养他们的科学探究能力。另外，以轨迹的确定性为纽带，从规律的客观性角度出发培养学生的科学态度。

课后作业以熟悉实验器材、复习实验流程、巩固本节课的实验探究过程为主要目的。

六、教学流程

1. 教学流程图

本节课教学流程如图 8-8 所示。

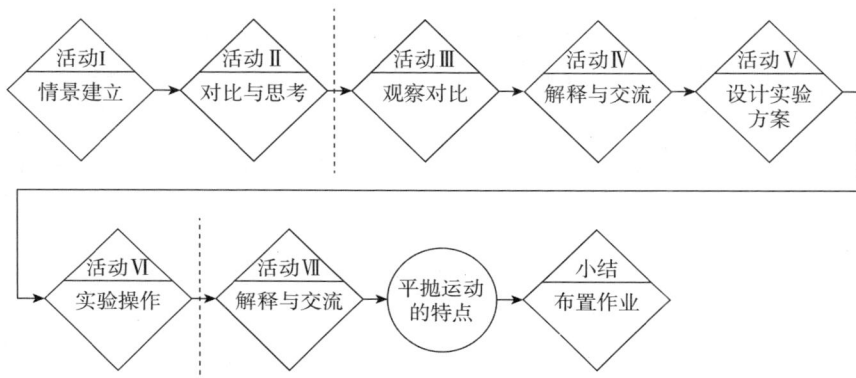

图 8-8

2. 流程图说明

活动Ⅰ：观看机器人打球视频

通过观看机器人打球视频，引出问题：可以预测做平抛运动的球的轨迹吗？体验抛体轨迹的确定性，为最终得出平抛运动的公式作铺垫。

活动Ⅱ：对比几种水平抛出的物体的运动

教师演示实验 1：平抛 1 个小钢球和 1 个长尾夹。

教师演示实验 2：平抛 1 个小钢球和 1 架纸飞机。

在对比了几种水平抛出的物体的运动之后，思考要研究的运动对象，进而明确平抛运动的条件。

对于受到空气阻力较大的物体，平抛运动较为复杂，轨迹多变；对于受到空气阻力较小的物体，比如小钢球，轨迹较为简单。通过纸飞机和小钢球的平抛运动对比，明确平抛运动的条件。

活动Ⅲ：观察对比两球运动

用平抛竖落仪进行学生分组实验，从不同的高度，以不同的偏角释放摆锤，观察两球落地的过程，听落地的声音，比较做平抛运动和自由落体运动的小球落地的先后。

活动Ⅳ:基于实验现象总结得出平抛运动竖直方向分运动的规律

通过师生问答交流,引导学生比较做平抛运动和自由落体运动的小球落地先后,进而基于实验现象总结得出平抛运动竖直方向分运动的规律。

活动Ⅴ:设计实验方案

在教师介绍、展示平抛实验器的基础上,引导学生讨论设计实验方案:如何用提供的器材,留下小球做平抛运动的轨迹?

活动Ⅵ:实验操作

基于之前讨论的实验方案,学生进行分组实验,描绘物体的平抛运动轨迹。

活动Ⅶ:解释与交流

在得到平抛运动轨迹的基础上,引导学生进行数据分析和误差分析,并基于实验数据总结得出平抛运动的规律。

3. 主要教学环节

本节课可分为三个主要的教学环节。

第一环节:活动引入,引导学生思考要研究的运动对象,进而明确平抛运动的条件。

第二环节:实验探究,采用学生分组实验,分别探究平抛运动竖直方向和水平方向分运动的规律。

第三环节:基于实验数据总结得出平抛运动竖直方向和水平方向分运动的规律。

七、主要教学过程

(一)活动引入

1. 播放乒乓球对练机器人的视频

观看视频后通过设问引出问题:通过视频我们可以看到,机器人好像能够预测乒乓球的轨迹并准确击球,那么,球的轨迹真的可以预测吗?

今天我们先来研究一下比较简单的一种情况——做平抛运动的小球,看看它的运动有什么特点,轨迹是否有规律。

2. 教师演示平抛实验,通过对比,明确平抛运动的条件

演示实验1:平抛1个小钢球和1个长尾夹。

演示实验2:平抛1个小钢球和1架纸飞机。

问：水平抛出的物体运动轨迹有怎样的特点？

答：有空气阻力时，平抛运动较为复杂，轨迹多变；而受到阻力相对较小的小钢球，运动轨迹较为简单。

通过师生问答交流，明确研究对象。

教师总结物体做平抛运动的条件：以一定的速度水平抛出；仅在重力作用下的运动。

（二）探究平抛运动的特点

1. 通过平抛竖落仪探究平抛运动竖直方向分运动的规律

（1）演示平抛竖落仪实验

教师做平抛竖落仪实验。

（2）设计实验方案

针对演示实验，通过与学生互动问答，讨论实验方案。

对于关键问题的讨论如下：

问：你观察到了哪些现象？

答：小球 A 和 B 同时开始运动，小球 A 由于受到摆锤水平撞击做平抛运动，而小球 B 同时从原处落下，做自由落体运动。

问：两小球落地先后将有怎样的特点？

答：同时的。

问：证据？

答：能观察到，或者能几乎同时听到落地声音。

问：一次实验就能说明问题吗？

答：多次实验。可以改变摆锤拉开的角度，整个装置也可以调节高度使得小球从不同的高度被释放。

（3）实验探究

学生实验：改变摆锤拉开的角度、小球释放的高度，让小球从不同的高度，以不同速度被释放。观察两小球落地先后的特点。

（4）探究结果交流

在交流结果的时候，引导学生按照这样一个顺序来表达，即先描述现象，再归纳特征，最后得出结论。

总结:做平抛运动的小球,在竖直方向上与做自由落体运动的小球几乎同步。改变释放位置的高度和摆锤偏角,多次实验,都能观察到这个现象,这可以初步说明平抛运动竖直方向分运动是自由落体运动。

2. 通过平抛实验器探究平抛运动水平方向分运动的规律

(1) 介绍平抛实验器。

(2) 设计实验方案。

① 活动目标:如何用现有器材留下物体做平抛运动的轨迹。

② 活动形式:小组讨论。

③ 活动提示(讨论的问题)。

在设计方案前请先观察器材,再操作器材,思考以下问题:

释放位置一定,挡板位置一定,落点位置如何?

释放位置改变,挡板位置一定,落点位置如何?

④ 方案交流。

对于关键问题的讨论如下:

问:(用本套器材)留下平抛运动物体轨迹的主要方法是什么?

答:在竖直板上依次固定坐标纸、复写纸。当小球从斜槽水平飞出后,落在挡板的凹槽中时,小球由于受到凹槽和竖直板的挤压,会通过复写纸在坐标纸上留下落点的位置。

改变挡板的高度,让小球从斜槽的同一高度由静止滚下,再次记录小球的落点位置,重复实验,可以在坐标纸上得到小球平抛运动过程中的多个落点位置,即做平抛运动的小球在空间多点的位置。

问:基本条件是什么?

答:让小球从斜槽的同一高度由静止滚下;水平抛出;在竖直平面内运动。

问:在坐标纸上得到小球的落点位置后,为了便于之后的数据分析,还需要在坐标纸上记录什么关键信息?

答:抛出点的位置。

教师小结实验方案:

(用本套器材)留下平抛运动物体轨迹的主要方法是什么?

① 一次平抛运动,留下一个位置点。

② 改变挡板位置,留下不同高度时的水平位置。

基本条件是什么?

每次轨迹相同。

(3) 实验操作。

学生实验:用本套器材留下平抛运动的轨迹。

(4) 引导学生进行数据处理和分析。

① 用平滑曲线连接各落点位置,得到小球做平抛运动的轨迹。

对于关键问题的讨论如下:

问:得到做平抛运动的小球在空间多点的位置后,如何描绘轨迹?

答:用曲线连接。

问:为什么不是直线?

答:观察是曲线;或者力和速度有夹角。

② 对曲线轨迹进行数据分析。

以小球飞出点为原点,建立合适的直角坐标系,根据竖直方向分运动规律,设法在轨迹上取一组时间间隔相等的点,根据这些点的坐标分析平抛运动水平方向分运动的规律。(课本中表述)

比如,假设竖直方向上是初速度为 0 的匀加速直线运动,那么取竖直方向分位移之比为 1:3:5:7 的点,则相邻两点之间的时间间隔相等(见图 8-9),据此可分析水平方向分运动的规律。

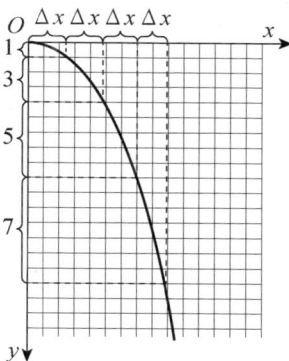

图 8-9

(三) 交流与总结

1. 交流讨论

数据分析之后,通过讨论引导学生对本实验进行深入思考。

(1) 讨论问题 1:实验误差来源可能是什么?

误差来源参考:

① 记录的落点位置是否准确;

② 各落点间的曲线描绘是否合理恰当;

③ 每次释放小球的高度是否保持相同;

④ 小球抛出时(轨道末端)是否水平。

（2）讨论问题2：有什么办法能检验位置数据记录是否准确？

方法参考：我们这个实验的基础就是轨迹的确定性，跟是否加坐标纸没有关系。因此，把坐标纸重新固定上去，看小球是否能经过描绘的轨迹，即可检验位置记录是否正确，图线描绘是否正确。

2. 总结

平抛运动的特点是，水平方向：不受力，做匀速直线运动，$s_x = v_0 t$，$v_x = v_0$；竖直方向：只受重力，初速度为0，做自由落体运动，$s_y = \frac{1}{2}gt^2$，$v_y = gt$。

八、板书设计

本节课的板书设计如图8-10所示。

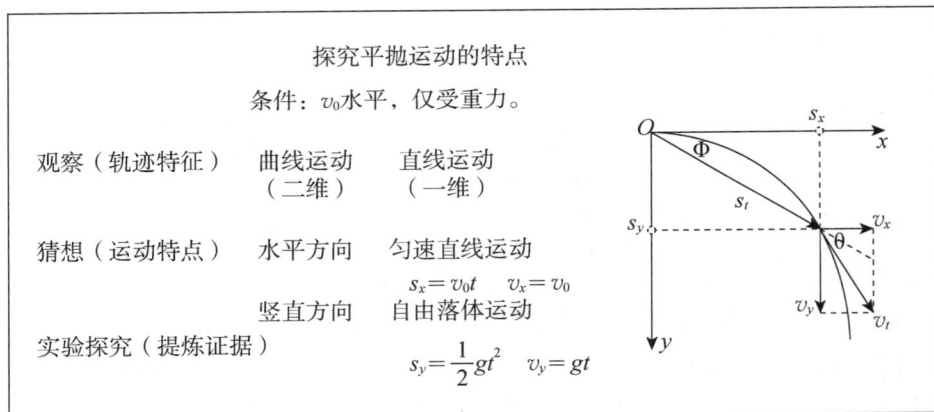

> 探究平抛运动的特点
>
> 条件：v_0水平，仅受重力。
>
> 观察（轨迹特征）　曲线运动　　直线运动
> 　　　　　　　　　（二维）　　　（一维）
>
> 猜想（运动特点）　水平方向　　匀速直线运动
> 　　　　　　　　　　　　$s_x = v_0 t$　　$v_x = v_0$
>
> 　　　　　　　　竖直方向　　自由落体运动
> 实验探究（提炼证据）
> 　　　　　　　　　　$s_y = \frac{1}{2}gt^2$　　$v_y = gt$

图 8 - 10

九、课后作业

1. 完成实验报告。

2. 某学习小组用图8-11所示的装置做"探究平抛运动的特点"实验，用小锤击打弹性金属片后，A球沿水平方向抛出，同时B球自由落下。

（1）借助频闪仪拍摄上述运动过程，图8-12为某次实验的频闪照片。在误差允许范围内，根据任意时刻A、B两球的竖直高度相同，可判断A球在竖直方向上做_____运动；根据_____，可判断A球在水平方向上做_____运动。

（2）若没有频闪照片,用图 8 - 11 所示的装置分别改变小球距地面的高度和小锤击打的力度,多次重复实验,发现两球仍同时落地。根据该实验现象,可以得出 A 球做什么运动?

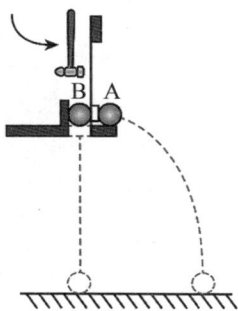

图 8 - 11

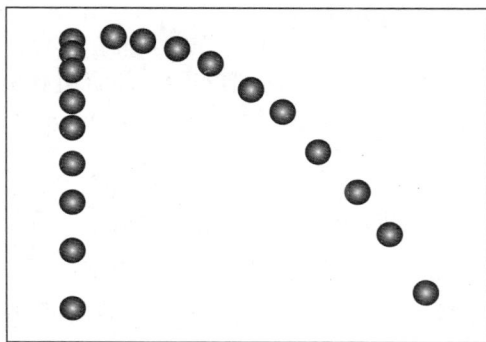

图 8 - 12

3. 某学习小组探究平抛运动水平方向分运动的特点时,得到小球平抛运动的轨迹如图 8 - 13 所示。其中,O 为抛出点,a、b、c 是轨迹上选取的三个点,O 与 a、a 与 b、b 与 c 之间的竖直距离分别为 h、$3h$、$5h$,则小球从 O 到 a、a 到 b、b 到 c 的运动时间_____（选填"相等"或"不相等"）。又测得 O 与 a、a 与 b、b 与 c 之间的水平距离相等,均为 x,则可得出平抛运动水平方向分运动是匀速直线运动,小球平抛运动的初速度为_____（用 h、x 和重力加速度 g 表示）。

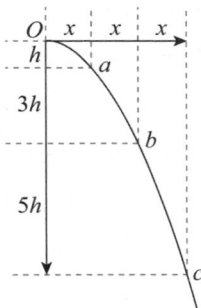

图 8 - 13

【参考答案】

1. 实验报告略。

2.（1）自由落体;相同时间内水平方向的位移相同;匀速直线;（2）竖直方向做自由落体运动。

3. 相等;$x\sqrt{\dfrac{g}{2h}}$。

（课例提供者:王立斌）

课例4:测量电源的电动势和内阻

一、教学任务分析

从学习内容层面上看,本实验是闭合电路欧姆定律的重要实践和电路中其他知识的延伸,是"电路"一章中联系实际问题、提高实验能力的重要内容。从学习活动层面来看,学生已掌握了该实验需要用到的闭合电路欧姆定律、电学量的测量等规律及技能,同时实验中运用的重要思想如"间接测量法""伏安法""图像法"等,既在之前的测量性实验中出现过,也在高中实验中频繁出现,这对学生将来独立设计实验方案有很重要的促进作用。

《课标》对该实验的要求为:能在教师指导下制订实验方案,能选用实验器材进行实验,获取实验数据;会用图像处理实验数据,能根据图像获得结论;能分析实验中存在的误差,并能提出减小误差的方法;能运用学过的物理术语撰写实验报告。

本节课从实际问题出发,凸显测量性实验的价值及意义,通过问题解决过程中的提炼与思考,实现对实验方案的设计,同时加入对数据处理中各方法的对比,全面加深学生对闭合电路欧姆定律的认知,提升学生在实验设计和数据处理方面的能力,并强调分析论证的重要性。

本实验的学习主体是高二学生,与初中生相比,高中生思维能力更加成熟,抽象逻辑思维明显占优,并逐步向理论型抽象逻辑思维发展。从其观察能力上看,高中生能用较准确的语言表述观察的过程和结果,所以本节课会遵循以学生为主、教师引导的原则,重视实验设计及操作过程。从已有知识上来看,学生已经学习了电路中的重要知识,其中包括欧姆定律、串并联电路的特征、闭合电路欧姆定律等,因此具有解决问题的知识基础。从实验设计上看,学生经历过多次测量性实验的学习,但是对测量性实验涉及的思想方法及必要步骤还缺少总结,"主动提炼、完善方案的意识"需要进一步培养。

二、教学目标

1. 知道电动势和内阻是电源的两个重要参数,能运用闭合电路欧姆定律测量电源的电动势和内阻,提升物理观念。

2. 能通过与测量电阻过程的总结类比得出测量电源电动势和内阻的必要步骤及方法,掌握间接测量法,提炼科学思维方法;能在无法使用伏安法测土豆电池时,通过分析猜想提出假设,并通过实验现象论证结果,提升分析和论证能力。

3. 能在教师指导下完成测量电动势和内阻的实验方案设计,能根据土豆的基本特点选择合适的实验器材,通过对图像法和计算法的比较,掌握减小误差的方法,提升方案设计及数据处理能力。

4. 了解电池的串并联在生活中的应用,体会物理与生活、科技的关系,并在测量各类电池的实验中培养实事求是、严谨务实的科学态度;能通过实验结果解释土豆电池能否为手机充电,培养去伪求真的科学精神。

三、教学重点与难点

1. 教学重点

设计使用伏安法测量电源电动势和内阻的实验方案。

2. 教学难点

掌握并比较多种测量电源电动势和内阻的方法。

四、教学资源

1. 活动器材:土豆,铜锌金属片。

2. 测量实验器材:DIS 数据采集器,电压传感器,定值电阻,干电池组(含电池座),开关,导线若干。

五、教学设计思路

本节课从用水果电池为手机充电问题引入,通过生活中常见的事物引起学生的兴趣和思考,在求证的过程中不断提升科学探究能力,培养科学态度。

本节课的重点在于如何让学生在教师的指导下完成“伏安法测量电动势和内阻”的实验方案的设计。为了突出重点,降低教学难度,教学开始设计了预实验的环节。预实验是测量待测电阻的阻值,预实验的设计思想是利用初中时学生掌握比较到位的内容,帮助他们回顾并总结伏安法,知道如何使用间接测量法测量物理量。在随后的课堂中,学生就很容易通过类比得出利用闭合电路欧姆定律也可以间接获得电动势及内阻。在预实验中,学生还会经历计算法和图像法的对比,这能加深他们对图像的物理意义的理解。所以,预实验的设置不仅可以让学生初步形成测量电源电动势及内阻的实验方案,还能让学生对测量性实验的重要环节有清晰的认识,提升学生的科学探究能力。

　　本节课的教学难点在于通过测量量的转换,掌握多种测量电源电动势和内阻的方法。为了突破这一难点,本节课中设置了学习台阶,即测量土豆电池的电动势及内阻。在使用伏安法测量干电池的电动势及内阻后,学生已经基本掌握在闭合电路欧姆定律的基础上,使用伏安法实现间接测量的方法,但是用同样器材、同样方法测量土豆电池却遇到了困难(电流表示数为零,毫安电流表示数不为零),学生的兴趣被激发,很容易猜想是由于土豆电池内阻过大所导致的问题,并使用同样的测量原理,去寻找转换测量量的解决方法,最终形成伏阻法测量电动势及内阻的方案,加深对多种测量方法的认识,提升科学思维。这一设计令学生的问题解决能从实际需求出发,能体会测量性实验往往需要根据待测量和已有器材的实际情况,转变测量方法,从而感悟科学测量受空间及条件的制约,是一个非常值得深入探索的研究方向。

六、教学流程

1. 教学流程图

本节课教学流程如图 8-14 所示。

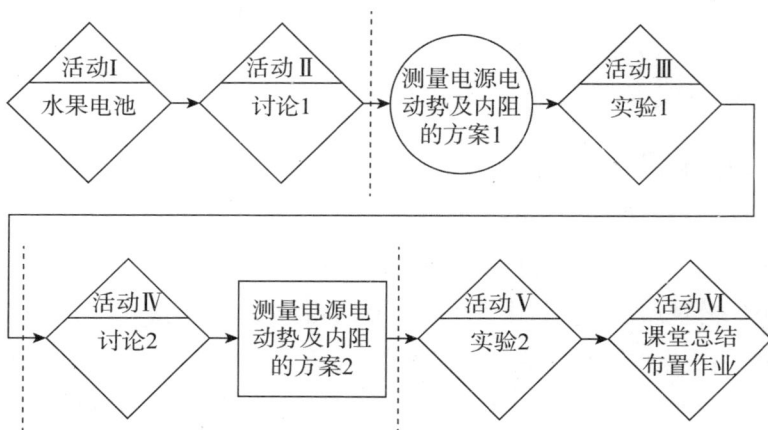

图 8-14

2. 教学流程图说明

活动 I：观看手机充电视频

学生观看用水果电池给手机充电的视频，猜想视频中充电现象的真假，引发讨论：水果电池能否为电子产品充电，最终指向测量电池的电动势及内阻的实际意义。

活动 II：讨论预实验中测量电阻的原理、方法和数据处理等

学生分组讨论测量电阻的方案（包括原理、方法、数据处理），回顾伏安法、间接测量法，了解使用图像处理数据的意义，为测量电源电动势及内阻铺设台阶；最终学生通过类比，初步完成测量电源电动势及内阻的实验方案设计（U-I）。

活动 III：利用闭合电路欧姆定律测量电动势及内阻 1

学生讨论进一步细化实验方案，提高实验的安全性并减小误差，使用电压传感器、电流传感器测量干电池的电动势及内阻，并利用图像法处理数据；随后使用同样的方法测量土豆电池的电动势及内阻。

活动 IV：讨论在测量土豆电池的电动势及内阻时出现的现象，完善实验方案

学生在测量土豆电池时，发现电流表示数为零，猜测是由于土豆电池内阻过大导致的，随后使用毫安电流传感器验证猜测；根据实验结果，学生修改间接测量法所测量的物理量，进一步完善实验方案（U-R）。

活动 V：利用闭合电路欧姆定律测量电动势及内阻 2

根据完善后的实验方案，测量土豆电池的电动势及内阻，并使用图像法获得待测数据。

活动 VI：课堂总结，布置作业

总结测量电池电动势及内阻的各类方法，通过对比，加深对不同方法的认识，布置回家作业。

3. 主要教学环节

本节课可分为四个主要的教学环节。

第一环节：活动引入，了解电源电动势及内阻是电源的重要特征，要判断水果电池能否为手机充电，需要从了解电源特性着手。

第二环节：利用闭合电路欧姆定律，讨论如何使用伏安法测量干电池的电动势及内阻。

第三环节：利用闭合电路欧姆定律，讨论如何使用伏阻法测量土豆电池的

电动势及内阻。

第四环节：展示现有科学研究成果，即当土豆滴入 KCl 并煮熟后，阻值会大幅下降，提出未来土豆或许可能成为电源；进行课堂总结，并布置作业。

七、主要教学过程

（一）活动引入

1. 观看视频：用土豆电池为手机充电。

2. 讨论：视频中的水果电池连接之后能够给手机充电，这是真的吗？

3. 猜想：通过测量电池的电动势及内阻等特性，可以判断土豆电池及水果电池能否为手机充电。

（二）方案设计 1

1. 回顾知新：利用间接测量法如何实现电阻的测量？

（1）什么是间接测量法？是否可以直接获得电池的电动势及内阻？

（2）如何利用间接测量法测得定值电阻的阻值？

（3）如何处理数据才能减少实验误差？

2. 学生活动：小组讨论。

（1）间接测量法的原理；在过往的学习中，使用间接测量法完成测量的实例。

（2）从安全、可控的角度优化伏安法测电阻的设计方案，介绍通过图像法即利用 U-I 图像处理数据，减少误差。

（3）借鉴伏安法测电阻，设计使用电压传感器、电流传感器测量电源电动势及内阻的方法，并搭建器材。

3. 学生活动：测量交流。

（1）按照设计步骤，测量实验数据，通过绘制 U-I 图像，获得干电池的电动势及内阻。

（2）小组交流，了解新旧电池电动势及内阻的变化，知道常见的干电池电动势及内阻的变化。

（三）方案设计 2

1. 教师提问：如果采用伏安法测土豆电池，能否得到土豆电池的电动势及内阻？

2. 学生活动：测量土豆电池的电动势及内阻。

学生 A：将干电池更换为土豆电池后，电流表示数为零，但将土豆电池再次更换为干电池后，电路又能正常工作，因此排除了电路故障的情况，应该是回路中的电流太小了，所以电流表无示数。如果要测量，需要一个微电流表。

学生 B：电压表示数也为零，可能是土豆电池的内阻太大了，滑动变阻器的电阻与电池的内阻相比太大了，因此外电压为零，应该调整间接测量的方案。

3. 教师提问：如果没有微电流传感器，如何才能测量土豆电池的电动势及内阻呢？

4. 学生活动：设计使用间接测量法测量土豆电池的电动势及内阻。

学生 A：土豆电池的内阻很大，在缺少微电流表的情况下，可以根据 $E = U + \dfrac{U}{R}r$，测量电源外电压及电阻的阻值，计算电动势及内阻。

学生 B：也可以利用获得的数据绘制 $\dfrac{1}{U} - \dfrac{1}{R}$ 图像，减少实验误差，通过斜率及截距获得电动势及内阻。

（四）科技展示

展示最新研究成果，介绍如何使用 KCl 调整土豆性能，利用土豆制备可以用于常规供电的电源设备，从而说明科学研究与技术发展对生产、生活的影响。

八、板书设计

本节课的板书设计如图 8-15 所示。

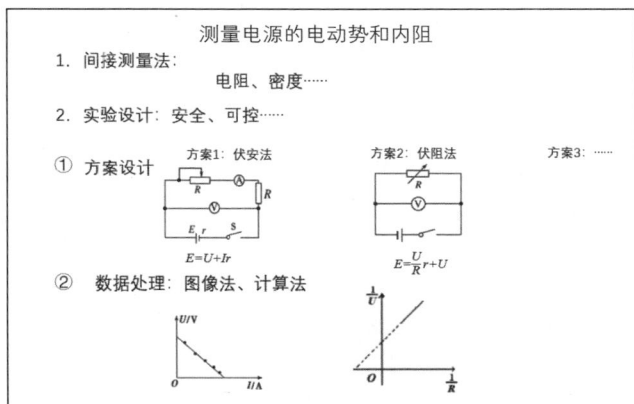

图 8-15

九、课后作业

1. 完成本实验的实验报告,讨论旧电池电动势及内阻的变化情况。

2. 举例说明间接测量法还可用于哪些物理量的测量。

3. 采用伏安法测量电源电动势和内阻时,有同学在处理数据、绘制 U-I 图像时发现,实验中所测量的外电压 U 的示数虽然各不相同,但是都非常接近。这是什么原因导致的? 如何避免这一现象的产生?

4. 请分析本实验中误差的来源,并讨论减小误差的方法。

【参考答案】

1. 实验报告略。电池使用旧了以后电动势几乎不会发生变化,但内阻会增大较多。

2. 伏安法测电阻,通过体积及质量测定物质的密度,利用位移传感器测定物体间距离。

3. 这是由于外电阻过大所导致的情况,应该在安全范围内调整外电阻的大小,使外电压变化明显。

4. 除了读数的误差外,实验还会通过作图法来得到电动势及内阻,若实验数据过于集中也较容易产生误差,所以在改变外电阻时应该尽量让外电压产生较为明显的变化,或者作图时改变纵坐标的起点,让数据均匀分布。

(课例提供者:赖佳颖)

课例 5：探究等温情况下
一定质量气体压强与体积的关系

一、教学任务分析

从学习内容层面来看，本实验是"气体的等温变化"教学内容的主体部分，在本节课之前学生已经学习了研究气体的状态参量、气体的压强是怎样产生的及各种简单情况下压强的计算。本节课重点在于通过实验探究一定质量的气体在温度不变情况下压强与体积的关系。本实验要求学生：能通过科学、合理的操作获得实验数据，能运用恰当的方式处理数据并得出正确结论；能写出完整、规范的实验报告，正确表达科学探究的过程和结果。而且，在该实验中学到的科学方法和科学思维将为后续探究气体的压强与温度的关系、体积与温度的关系做好铺垫。

从学习活动层面来看，本实验是学生必做实验，属于探究性实验，可以从寻找证据、解释交流的角度培养学生的科学探究能力。

《课标》对该实验的要求是：了解气体实验定律；知道理想气体模型；能用分子动理论和统计观点解释气体压强和气体实验定律。

本实验隶属于"气体、液体和固体"这一单元。通过对本单元知识的学习，学生要理解气体、液体和固体的性质，还要学会运用科学的实验方法与先进的实验技术探究物质问题，掌握研究物质性质和特点的各种科学方法和科学思想，初步建立起科学的物质观。

二、教学目标

1. 知道一定质量气体的压强、体积、温度相互关联；掌握玻意耳定律，能对实际应用进行分析。

2. 学会利用 DIS 实验系统研究气体不同参量之间的内在关系，提高应用信息技术进行物理实验、分析处理数据、归纳总结规律的能力。

3. 通过 DIS 实验进一步感受控制变量法在研究多参量对象的内在关系中的作用，通过描绘 p-V 图像，学会利用图像研究物理规律的方法。

4. 通过对一定质量的理想气体压强与体积的关系的探究过程，懂得物理定律是建立在实验研究基础上的,养成尊重事实的科学态度;通过小组实验,增强与同学之间的协作能力,学会表达与倾听、反思与质疑。

三、教学重点与难点

1. 教学重点

对一定质量的气体,在温度不变的情况下,探究压强与体积的定量关系。

2. 教学难点

探究过程中对实验数据的分析和处理。

四、教学资源

学生用 DIS 实验系统(压强传感器、温度传感器、数据采集器、计算机),DIS 专配注射器针筒,大型注射器针筒。

五、教学设计思路

本节课重点是利用 DIS 实验系统进行实验探究。信息技术引入到物理实验教学中,大大提高了课堂效率。但由于数据处理和数据分析由信息系统一并代劳,学生没有过程体验,往往会不够重视测量方法、数据记录和数据分析环节。

该实验的数据处理和分析可以有多种方法,本节课就正好利用这个机会,引导学生深入思考,促使学生在实验探究中更加关注数据处理和分析方法。教学中,希望能保留信息技术手段的优势,同时能够合理释疑,达到探究的目的。

探究性实验的教学,不应拘泥于设定好的实验方案,按部就班地操作,而要充分认识到学生的思维是灵活、多样的,对同一个问题,可能有不同的方法和解释。本实验是高中物理中的最后一个学生必做实验,所以学业水平要求应该达到最高。为此,本节课的教学设计,以学生相对独立的分组探究和全班性的讨论交流作为基本线索,创设学习情境,激发悬念,催生问题,引导学生积极思考与交流、设计实验、修正实验,进而得出结论。整个学习过程将有助于学生形成现代信息技术与科学思辨相结合的现代学习观。

六、教学流程

1. 流程图

本节课教学流程如图 8-16 所示。

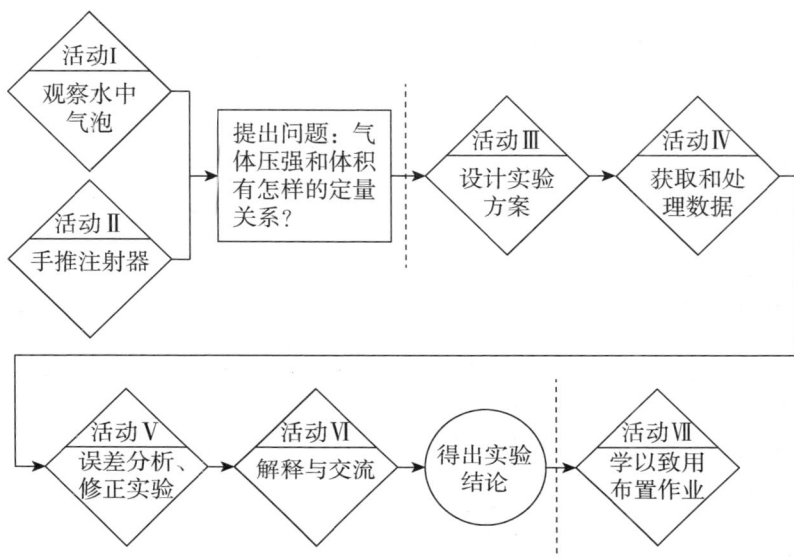

图 8－16

2. 流程说明

活动Ⅰ:情境分析

观察潜水视频中小气泡体积变化的特点。从真实情境中引出问题,思考气体压强与体积的关系。

活动Ⅱ:手推注射器,定性分析气体压强与体积的关系

学生手推注射器,先感受封闭气体在体积减小过程中压强的变化,再定性分析气体压强与体积的关系。

活动Ⅲ:设计实验方案

学生分组讨论定量实验探究的方案并进行全班交流。

活动Ⅳ:利用 DIS 实验系统专用软件获取和处理数据

利用 DIS 实验系统采集一定质量气体在等温变化过程中压强与体积的实验数据,对实验数据进行分析处理。

活动Ⅴ:误差分析,修正实验

在通过实验得到一系列数据的基础上,各小组同学对实验数据进行分析、判断,并交流处理数据的各种方式,分析实验误差,提出修正方案。再次进行实验,并对实验结果做进一步的讨论归纳。最后得出一定质量气体等温变化遵循

的规律。

活动Ⅵ：解释与交流

根据所得实验证据,进行组内讨论和组间交流,在交流中通过充分的论证形成合理的结论。

活动Ⅶ：学以致用

尝试设计测定不规则小物体(如植物种子)体积的实验。

3. 主要教学环节

本节课可分为三个主要的教学环节。

第一环节：活动引入,形成一定质量气体在温度不变情况下,压强与体积的定性关系,即一定质量气体,温度不变时,体积减小,压强增大;体积增大,压强减小。

第二环节：实验探究,先定量探究,再修正实验,分层设计,逐步深入,得到等温情况下一定质量气体压强与体积的关系。

第三环节：学以致用,体会物理源于生活,用于生活。

七、主要教学过程

(一) 活动引入：等温情况下一定质量气体压强与体积的关系讨论

1. 情境分析

观察潜水视频中小气泡体积变化的特点(发现:气泡在上升过程中,体积逐渐增大)。

2. 活动体验

将活塞置于塑料注射器中部,用橡皮帽或手指封住注射口,缓慢推、拉活塞,感受手用力的变化。推动或拉动活塞至某一位置后松手,观察松手后活塞的运动。

3. 思考

通过对以上情境分析和活动体验,你能得出怎样的结论? 提出怎样的问题呢?

讨论交流后发现,气体状态间相互关联,且在控制变量的情况下,压强和体积满足一定关系。

4. 总结

一定质量的气体,温度不变时,体积减小,压强增大;体积增大,压强减小。

5. 提出问题

一定质量的气体在温度不变的情况下,压强和体积存在怎样的定量关系呢?

(二) 实验探究:等温情况下,一定质量气体压强与体积的定量关系

1. 设计实验方案

利用 DIS 实验系统进行实验探究。以小组为单位设计实验方案。

实验方法:控制变量法。

提出猜想:等温情况下,一定质量气体的压强与体积成反比。

教师提供问题链帮助思考:

(1) 研究的是哪一部分气体? 如何保证气体的质量不变?

(2) 如何读取气体体积 V? 如何改变气体体积 V?

(3) 如何测量压强 p?

(4) 如何保证温度 T 不变?

小组展示实验方案和对于关键问题的解决方法,全班讨论,组间互评。

2. 实验操作

利用 DIS 实验系统专用软件完成实验测量,初步分析实验数据。

思考:如何验证反比猜想?

3. 数据处理

讨论:得出处理数据的方案,并进一步分析实验误差。

(1) 计算 pV 乘积,观察是否为定值;

(2) 画出 p-V 图像,观察是否为反比例函数;

(3) 画出 p-$\dfrac{1}{V}$ 图像,观察是否为正比例函数;

(4) 画出 V-$\dfrac{1}{p}$ 图像,观察是否为正比例函数。

分析:如果用图像法处理数据,当数据量不够大且所得数据点不在一直线上时,所得曲线误差会比较大,不足以帮助我们分析问题。所以,在高中阶段我们多采用"化曲为直"的方法,作直线图像来分析数据。DIS 实验系统专用软件

中提供了画 $V-\dfrac{1}{p}$ 图像。

提出问题：$V-\dfrac{1}{p}$ 图像是一条直线，但并不过原点。实验结果与猜想有偏差，实验过程中是否存在误差？产生误差的可能原因是什么？

4. 误差分析、设计修正实验方案

在分析数据的基础上，作出推理和判断，提出新的假设。误差原因可能是漏气、温度变化、体积读数误差等。再次通过实验检验。

（1）用温度传感器观察快速压缩或拉伸时气体的温度变化；

（2）使用密闭性能不良的注射器进行实验，观察实验结果与预期是否吻合。

发现："快速抽拉"或"注射器密闭性能不良"确实会对实验结果有较大影响。重新实验，规范操作后，发现 $V-\dfrac{1}{p}$ 图像仍然不过原点。

讨论新的误差来源：注射器零刻度是在注射器底部。注射器与压强传感器连接部分的气体体积没有被计入。思考如何进行检验并减小实验误差。

学生提出了不同的实验方案：

方案 A：根据预期进行理论分析，对气体体积进行修正，重新实验。

理论分析：根据预期分析图像，$V-\dfrac{1}{p}$ 图像应为正比例函数图像，但因为注射器与压强传感器连接部分的气体体积没有被计入，$V_{测}-\dfrac{1}{p}$ 关系如下，学生推演：

$$V_{测}=\dfrac{c}{p}-V_0=c\cdot\dfrac{1}{p}-V_0$$

根据预期，分析得出 $V_{测}-\dfrac{1}{p}$ 图像是一条直线，且纵截距为注射器与压强传感器连接部分的气体体积 V_0。若读出截距后，修正气体体积，pV 乘积是定值、重画 $V-\dfrac{1}{p}$ 图像，能得到过原点的直线，则能验证猜想。

方案 B：通过改进实验器材，减小注射器与压强传感器连接部分的气体体积引起的误差。

实验检验：利用大型注射器（使注射器内气体体积远大于注射器与压强传感器连接部分的气体体积），重新进行实验。

采用大型注射器，不仅能使气体体积误差大大减小，而且可以增加采集的数据量。

实验发现：$V - \dfrac{1}{p}$ 图像近似为一条过原点的倾斜直线。

5. 修正实验

根据设计的实验方案，利用 DIS 实验完成实验测量，验证猜想。

6. 解释与交流

根据所得实验证据，进行组内讨论和组间交流，在交流分析中形成合理的结论。分享实验过程中的心得体会。

7. 得出结论

一定质量气体，在温度不变时，压强与体积成反比。

（三）学以致用

尝试设计测定不规则小物体（如植物种子）体积的实验。

八、板书设计

本节课的板书设计如图 8 - 17 所示。

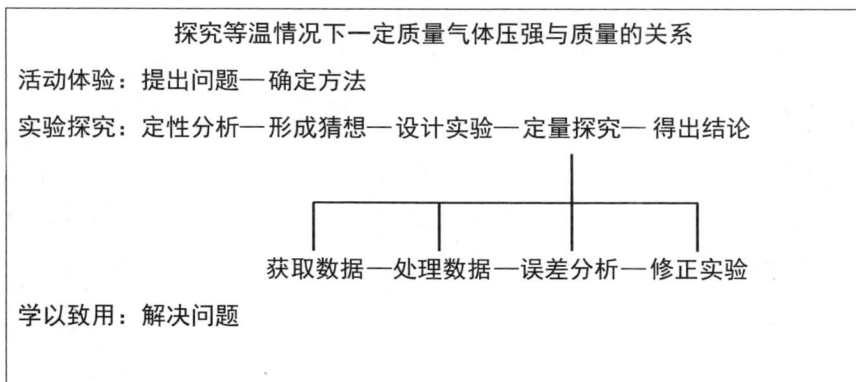

图 8 - 17

九、课后作业

1. 在"探究等温情况下一定质量气体压强与体积的关系"实验中:

(1) 下列各项要求中,属于本实验必须要做到的是_____。

A. 在等温条件下操作

B. 注射器的密封性能良好

C. 弄清所封闭气体的质量

D. 气体的压强和体积必须用国际单位

(2) 为了保持封闭气体的温度不变,实验中采取的主要措施是_____
_____和_____。

实验测量的主要步骤如下:

① 把注射器活塞移动至注射器中间位置,将注射器与压强传感器、数据采集器、计算机逐一连接;

② 移动活塞,记录注射器的刻度值 V,同时记录对应的由计算机显示的气体压强值 p;

③ 用 $V - \dfrac{1}{p}$ 图像处理实验数据,得到如图 8 - 18 所示图线。

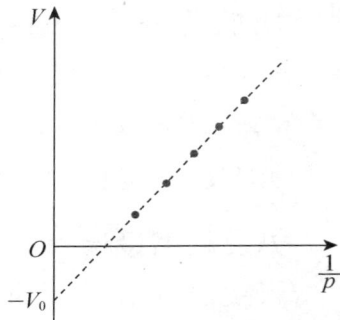

图 8 - 18

(3) 如果实验操作规范正确,但如图所示的 $V - \dfrac{1}{p}$ 图线不过原点,则 V_0 代表_____。

2. 在"探究等温情况下一定质量气体压强与体积的关系"实验中,某同学采用如图 8 - 19 所示的实验装置,一个带刻度的导热试管内封闭一定质量的气体,有一定厚度的活塞可在试管内无摩擦地滑动,试管的右端通过一个小软管与压强传感器相连。

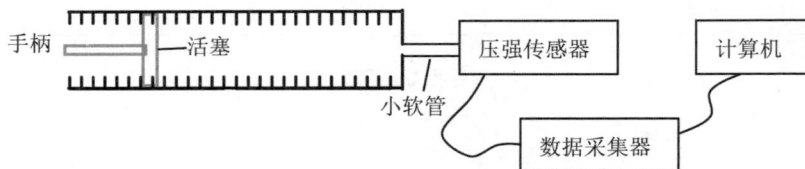

图 8 - 19

　　该同学向右缓慢推动活塞左侧的手柄,在这个过程中未用手接触试管,每次从活塞左侧沿对应的试管刻度读取体积值,并输入计算机,同时由压强传感器测得对应的压强值。实验共测了 6 次,实验结果如表 8－1 所示。

表 8－1

序号	体积 V/mL	压强 p/$\times 10^5$ Pa
1	200	1.011
2	180	1.123
3	160	1.264
4	140	1.444
5	120	1.685
6	100	2.022

　　(1) 在图 8－20 所示的坐标纸上已经标出 4 组数据点,请将余下的两组数据在坐标纸上标出,并作出对应的图像。

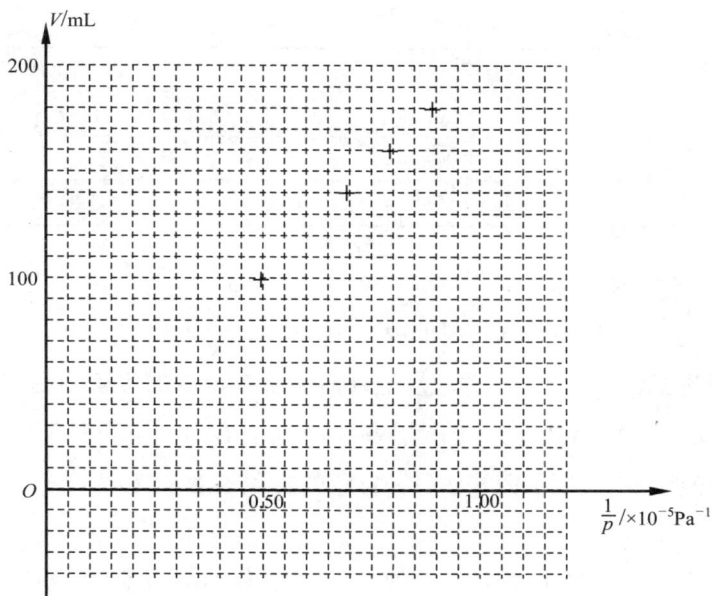

图 8－20

　　(2) 该同学经老师提醒后发现自己的体积数据记录有误,漏记了小软管内气体的体积。除此之外,你认为他的体积数据记录还存在什么问题?

_____。

3. 为了测量小晶体的体积,某同学做了如下实验。装置示意图如图8-21(注射器中气体体积远大于注射器与压强传感器连接部分气体体积)所示,实验数据如表8-2所示。

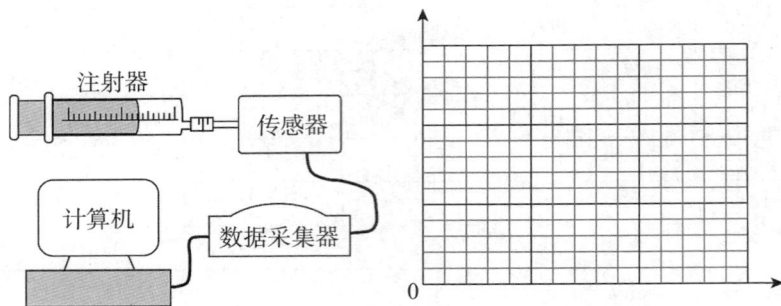

图8-21

图8-22

表8-2

实验序号	$V/\times 10^{-5}\,\text{m}^3$	$p/\times 10^5\,\text{Pa}$
1	1.20	0.77
2	1.00	1.00
3	0.85	1.33

实验步骤如下:

Ⅰ. 取适量小晶体,装入注射器内;

Ⅱ. 缓慢推动活塞至某一位置,记录活塞所在位置的容积刻度 V_1,通过压强传感器、数据采集器从计算机上读取此时气体的压强 p_1;

Ⅲ. 重复步骤Ⅱ,记录活塞在另一位置的容积刻度 V_2 和读取相应的气体的压强 p_2;

Ⅳ. 再次重复步骤Ⅱ,处理记录的3组数据,得到小晶体的体积。

(1) 实验中缓慢推动活塞,是为了保持_____不变;

(2) 为了减小实验误差,采用作直线图线的方法来处理实验数据,如图8-22方格图的纵坐标轴应标明的物理量是_____,横坐标轴则应标明_____;

（3）如果图线的斜率用 k 表示，则注射器内小晶体的体积 V_0 与容积刻度 V、气体的压强 p 的关系表达式为：$V_0=$ _____；

（4）若采用图像法处理实验数据，则本次数据的不足之处是 _____。

【参考答案】

1.（1）A、B；（2）移动活塞要缓慢；不能用手握住注射器封闭气体的部分；（3）注射器与压强传感器连接部位的气体体积。

2.（1）如图 8-23 所示；

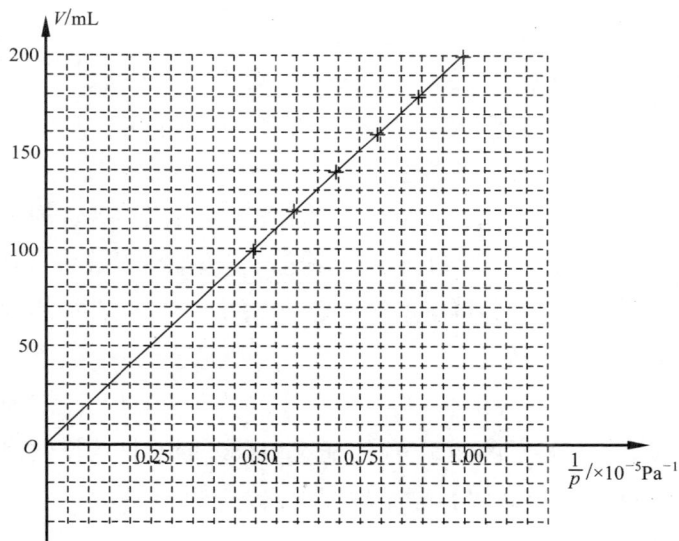

图 8-23

（2）将有一定厚度的活塞体积也计入气体体积值。

3.（1）气体温度；（2）V；$\dfrac{1}{p}$；（3）$V-\dfrac{k}{p}$；（4）数据太少，需要测量 5 组或 5 组以上数据。

（课例提供者：陈暄）

课例6:用油膜法估测油酸分子的大小

一、教学任务分析

从知识层面上看,作为分子动理论中的重要内容,本实验是后续学习热学相关内容、建立分子微观模型的重要基础。从学生活动层面上看,本实验是选择性必修中学生必做实验的最后一个测量性实验,通过该实验学生能将宏观认知和微观结构建立连接,实验方案中也包括不少科学研究方法,是从较高维度考查、培养学生科学方案设计能力及数据处理能力的重要途径。

《课标》对本实验的教学提示是:通过用油膜法估测分子的大小的实验,让学生体会和掌握测量微观量的思想和方法,能利用不同的方法和手段分析和处理信息。《课标》对本实验的学业要求为:知道测量微观物理量的思想和方法,能通过科学、合理的操作获得实验数据,并能在实验中体现减小误差的方法;能运用恰当的方式处理数据并得出正确结论;能写出完整、规范的实验报告,正确表达科学探究的过程和结果。

在本实验中,学生将经历"实验方案设计"和"实验数据处理"的过程,在教师的引导下学会制订科学的测量方案,能选用合适的器材获得数据,能选择合适的方法分析数据,并能通过数据处理发现误差产生的原因,用已有物理知识得出合理的结论。

本实验的教学主体为高三年级的学生,学生的特点是思维能力及动手能力较强,有扎实的计算能力,有一定的合作交流意识,但是对微观结构缺少感性认知。在以前的实验教学中,学生也经历了许多同类型的实验,如测量电源的电动势和内阻等,掌握了间接测量法等,多次的测量性实验提升了学生的方案设计及数据处理的能力。在结合学情基础上,本节课将教学重点放在科学探究的方案设计及数据处理上,通过问题引导,优化方案设计,鼓励学生采用多种方式处理数据、简化实验步骤,通过寻求证据和交流,发现误差产生的原因并改进方案。

二、教学目标

1. 知道物质是由大量分子所构成的,知道阿伏伽德罗常数,了解分子尺寸,提升对自然界从微观到宏观的整体认知。

2. 通过活动,形成对分子模型及单分子油膜层的感性认知,认识物理模型在解决问题中的重要作用。

3. 通过体会实验设计,进一步加深对累积测量法、间接测量法的认识,掌握通过宏观量测量微观量的方法。

4. 会选择合适的工具测量油膜面积,并学会多种估测油膜面积的方法。

5. 能比较分子尺寸数量级的差异,猜测造成差别的可能原因,知道如何减小实验误差。

6. 能在合作中表达观点,修正不足,养成实事求是的科学精神。

三、教学重点与难点

1. 教学重点

运用间接测量法及累计法,设计利用单分子油膜层估测分子大小的实验方案。

2. 教学难点

分析、解释实验中产生误差的原因,通过改变实验过程减小实验误差,优化实验方案。

四、教学资源

1. 活动器材

黄豆粒,直尺,游标卡尺,量筒,广口浅器皿,玻璃杯,方格纸。

2. 测量实验器材

广口浅器皿,玻璃板,滴管,量筒,油酸酒精溶液,痱子粉,方格纸,彩笔,多媒体。

五、教学设计思路

本节课的教学设计围绕着"为何做实验—怎样做实验—如何评价实验"进行,聚焦物理学科核心素养的培育。

本实验通过展示高倍显微镜下树叶图片,引导学生思考物质的微观结构及分子大小,围绕"为何做实验",凸显实验的价值、意义,这也有助于挖掘本实验在认识事物、掌握规律、探索自然中起到的作用,使学生建立与原有物理概念和规律间的关联。

通过讨论如何测量黄豆直径,形成对微观分子结构的感性认识,也逐步意识到微观结构中,常规测量工具将失去意义,随后通过一系列的逻辑问题及活动设计,让实验方案在逐渐修改中不断完善。经历"怎样做实验"的思考,将有助于学生理解实验中的思维方式、实验方法、数据处理等内容,促进多样化的认知方式和探索手段的形成。

最后通过对于"如何评价实验"的考虑,鼓励学生参与评价,形成协作意识,分析误差产生的原因,重新计算数据。该过程是同学们改进实验过程的关键环节,也是"内化"和"升华"的必经之路,还是学生体会科学精神的重要环节。

六、教学流程

1. 教学流程图

本节课的教学流程如图 8-24 所示。

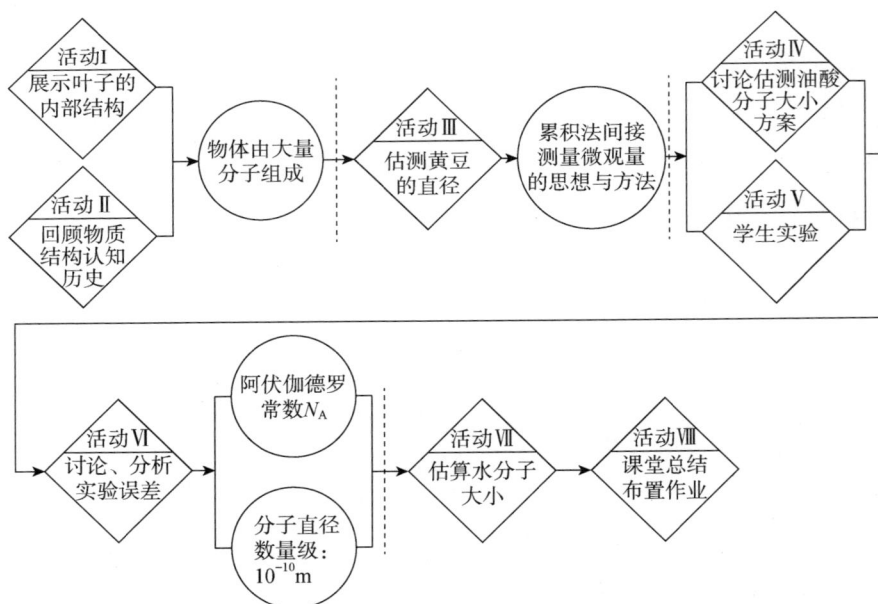

图 8-24

2. 教学流程图说明

活动Ⅰ:观察图片

通过观察"叶子"不同放大倍率的图片,引入本节课的主题——物质由大量分子组成,引导学生思考微观世界中分子、原子存在的形式。

活动Ⅱ:历史回顾

回顾关于物质结构认识的历史,知道在现代实验的基础上建立了现代物理学的物质结构理论,为后面进一步测量提供理论依据。

活动Ⅲ:测量黄豆的直径

引导学生讨论:如何使用刻度尺直接测量黄豆的直径,如何使用其他测量仪器如带有方格纸的浅器皿等间接测量黄豆的直径。了解测量黄豆的直径时可能存在的误差及减小误差的方法。

活动Ⅳ:方案设计

类比"测量黄豆的直径"中间接测量的思想和方法,形成"用单分子油膜估测分子的大小"实验方案。明确实验原理、实验方法、实验步骤。

活动Ⅴ:实验操作

学生动手实验,通过小组分工合作,获得测量油酸分子的直径结果数据,并交流讨论。

活动Ⅵ:交流改进

针对操作过程中发现的问题组织学生讨论,修正操作步骤上的不足,改进实验操作方式,减少实验误差。重新实验,结合新的数字化系统,快速获得实验数据。通过分析数据,形成对分子直径数量级的正确认识。

活动Ⅶ:计算估测

根据水的摩尔质量及密度,估测水分子的体积,然后在水分子模型基础上,计算水分子的直径,并与真实数据进行对比。

活动Ⅷ:课堂总结、布置作业

总结课堂教学内容,加深对阿伏伽德罗常数的认识,感受其联系微观和宏观的桥梁作用,布置回家作业。

3. 主要教学环节

本节课可分为四个主要的教学环节。

第一环节:活动引入。形成对于测量性实验价值及意义的深度认识,了解物质是由大量分子所构成的,要深入了解物质的组成,需要从微观结构上了解分子的大小。

第二环节:活动铺垫。交流讨论测量黄豆直径的测量方法,使学生对微观的分子结构有感性认知,同时引发思考,即当黄豆尺寸越来越小时,常规的测量工具将失去作用,该如何从其他的方法着手进行测量,鼓励学生各抒己见。

第三环节:展开实验。通过对黄豆直径大小的估测,了解间接测量法及累计法在实际测量中的应用,通过讨论一系列实际问题,如"如何让油酸分子像黄豆一样呈现在容器中?""如何确定一滴油酸酒精溶液的体积?",获得测量油酸分子直径的实验方案,并完成实验。通过交流,对比各小组完成的分子大小数量级间的差别,了解产生这一差别的主要原因,修正实验操作过程。

第四环节:理论计算。通过了解阿伏伽德罗常数是联系微观量与宏观量之间的桥梁,知道利用阿伏伽德罗常数也可以估算分子直径,在小组活动中交流计算结果。

七、主要教学过程

(一) 活动引入

1. 观察图片

显微镜下不同放大倍数的叶片图像。

2. 提问

从微观角度来看,物质的结构是十分复杂的,如何简化描述组成物质的分子结构?

3. 结论

分子可以被简化为球形;固体和液体的分子是紧密排列的。

(二) 活动铺垫

1. 讨论

如何估测一把黄豆直径的平均数?有哪些测量方法?这些方法各有什么不足之处?

2. 小组活动

A 同学:可以使用刻度尺测量黄豆的直径,也可以使用游标卡尺,这样精度更高一点,不过由于黄豆的大小有差异,我们只能通过测量不同的黄豆来估测黄豆的直径大小。

B 同学:可以把一把黄豆放在量筒中,通过大概估计量筒内黄豆的体积,来计算出每颗黄豆的平均体积,再根据球形体积公式计算出直径大小,不过这样会因为黄豆间有空隙,存在较大的误差。

C同学:可以改变上面的方案,让黄豆平铺在浅器皿中一层,通过获得黄豆的面积及数目,从而计算黄豆的直径,这样可以减少实验误差。

3. 讨论

当黄豆的直径越来越小以后,还能采用以上的方法测量吗?

4. 结论

D同学:第一种方法不再可行,因为找不到更精密的测量仪器了。第二、第三种方法可行,不过由于黄豆间存在空隙,可以采用第三种方法。

(三) 展开实验

1. 提问

问题1:如何让油酸分子像黄豆一样呈现在容器中?(油酸不溶于水,且密度比水小)

问题2:将一滴油酸滴在水面上,你看到了什么?(油酸无法散开形成单分子油膜层)

问题3:如何让油酸分子展开成平面,减小体积占比呢?(油酸要稀释,油酸溶于酒精)

问题4:如何确定一滴油酸酒精溶液的体积?(可以使用累计法)

问题5:有什么办法能观察到油膜的边界?(撒上一些容易被油酸推开的物质)

2. 讨论

学生就油酸在水中呈现的特点、油酸分子如何形成单分子油膜层等问题开展讨论,进一步细化实验方案,完善实验过程。

3. 实验

学生分组完成实验操作,用给定体积比的油酸酒精溶液,通过累计法获得一滴油酸酒精溶液中油酸的体积,随后通过绘制单分子油膜层的面积,计算出油酸分子的直径。小组交流测量结果,并比较数据间的差异。

4. 交流

通过刚才的实验,同学们相互比较数据,发现了有什么不同吗?

E同学:我们小组发现,几乎所有小组的数据都不相同,但是大部分小组的分子直径都是 10^{-10} m 这个数量级,这个符合我们估算前的预测。

F同学:我们小组得出的结果是 1×10^{-9} m,似乎偏大。

5. 改进

不同小组的测量结果不同,但是数量级相同,这便是对微观物理量的估测法所能达成的结果。为什么有些小组的估测数据偏大呢?造成这一问题的原因有哪些?

G 同学:我认为可能是这个小组的油酸酒精溶液没有恰当保存,导致使用前酒精挥发过多,油酸体积比增大,而在处理数据时没能根据实际情况进行修正,所以才导致这一问题发生。

H 同学:我们观察到我们在做实验时油膜推开痱子粉形成的边界与其他小组不同,我们小组呈现锯齿状,这可能是因为痱子粉在水面上时间过久,导致油酸很难推开痱子粉,无法形成单分子油膜层,所以测量结果偏大。

(四)理论计算

1. 回顾

回顾化学知识,知道阿伏伽德罗常数的值、单位,知道阿伏伽德罗常数是物理学基本常量,它起到了联系微观和宏观的桥梁作用。

2. 计算

学会使用阿伏伽德罗常数结合摩尔体积计算单个分子的体积,从而估算出分子直径,并与实验数据进行对比,感受理论与实验相结合的研究过程。

八、板书设计

本节课的板书设计如图 8-25 所示。

用油膜法估测油酸分子的大小

1. 物体是由大量分子组成的
2. 分子模型:球模型
3. 估测分子直径的方法:累积法 间接测量法
4. 实验器材:
   广口浅器皿、带有方格的玻璃板、滴管、量筒、油酸酒精溶液、痱子粉、彩笔。
5. 实验步骤:
   ① 稀释油酸,获得油酸酒精溶液体积比;
   ② 测得一滴油酸酒精溶液的体积;
   ③ 在浅口容器中装入水,撒上痱子粉;
   ④ 滴入一滴油酸酒精溶液,待稳定后,绘制并计算出油酸的边界;
   ⑤ 估算油酸分子直径。

图 8-25

九、课后作业

1. 完成本实验的实验报告,交流估测出的油酸分子直径。

2. 请分析本实验中误差的来源,并讨论减小误差的方法。

3. 请解释油酸滴入水面后,形成的油膜扩张后收拢的原因。

【参考答案】

1. 分组交流油酸分子的数量级大小。

2. 本实验的误差来源有:①油酸酒精溶液中酒精挥发后会使测量结果偏小;②痱子粉太厚导致油膜无法被全部推开,会呈现锯齿状油膜,从而导致测量结果偏大。

3. 由于油酸液滴在滴入水面时存在速度,即具有一定的动能,油酸酒精溶液会在水面上以一定的速度扩散开,此后由于酒精会溶入水中或者挥发,油酸微溶于水的性质会使油膜收缩。

（课例提供者:赖佳颖）

后记

2023 年 7 月,我们的项目"构建高中物理实验能力框架优化实验教学体系的研究与实践"荣获了国家级教学成果奖二等奖。而在之前的 2022 年,它也摘得了上海市优秀教学成果奖一等奖的桂冠。这些荣誉的背后,是本书所要呈现的核心内容——一套创新的实验教学方法。

时间回到 2018 年,随着新课标的发布,上海市第四期"双名工程"启动,我有幸成为高峰计划攻坚课题的主持人。这让我开始深思:如何才能将新课标倡导的学科核心素养真正融入高中物理实验教学中,从而促进学生实验能力的提升? 物理实验是落实核心素养的具体而生动的教学载体,要实现二者的紧密联系,须找到一种合适的工具或方法。高中物理实验种类多样,包括测量与观察、探究、验证、设计与制作等类型,单是必做实验就达 21 个之多,而且每个实验强调的能力要素也不同,即使在同一种类型的实验里,对于能力的要求及其层级水平也有所区别。经过长期探索和思考,我提出了创建一个实验能力发展框架的想法,以此整合各类实验,并为实验教学提供便利的设计工具。

依托上海市"双名工程"高峰计划这个平台,我组建了一个充满活力的研究团队,致力于将核心素养培育落实到高中物理实验教学的设计与实施之中。研究过程充满了挑战,既有困惑不解之时,也有豁然开朗之际。在不断地讨论、辩论、交流与实践中,新的见解不断涌现,难题逐一被克服,阶段性成果接连出现,实验能力发展框架模型也在持续的调整与优化中日益成熟。我要向所有成员表示最真挚的感谢,他们是:上海市中小学数字化实验系统研发中心(DIS 中心)副主任李鼎先生,上海市黄浦区教育学院教研室主任严明先生,复旦大学附属中学张秀梅、赖佳颖、王立斌老师,上海市奉贤中学周世平老师,上海市曹杨第二中学李希凡老师以及上海市松江二中徐蓓蓓老师（现为上海市嘉定区教育学院物理教研员）。正是他们的不懈努力与辛勤付出，才让这项研究取得了今天的成就。

本项研究的成功离不开各方的支持！上海市教育委员会教研室给予了极大的支持，使该项目成为上海市新时代加强与改进高中实验教学的重要组成部分。上海市教委原副主任张民生先生凭借其对物理教学的深刻理解及前瞻性视野，为课题成果的转化与提升奠定了坚实的基础；上海市教委教研室原主任徐淀芳先生为我们指明了研究方向并提炼出宝贵成果；上海市教委教研室原副主任陆伯鸿先生则针对关键问题提供了精准指导；上海市教委教研室物理教研员汤清修女士、上海市教委教研室张新宇博士、上海市奉贤中学校长林春辉先生等对项目推进给予了大量的帮助和支持。

数字化技术的支持也是研究顺利推进的关键。DIS中心不仅为每个实验提供了技术支持，还录制了丰富的数字视频资源，增强了实验呈现的效果。他们还协助绘制了书中的部分插图，提升了原理说明和版式设计的质量。每当课题组遇到困难时，全国著名物理特级教师、DIS中心主任冯容士先生总是会用一句温暖人心的话来鼓励我们："这里就是每一位物理老师的家。"

随着项目研究的深入、研究成果的丰富，我又萌发一个新的想法：将我们的研究和经验总结出版，让更多的教师受益，同时也吸引更多的教师加入到这项研究中来，共同推进高中物理实验教学水平的整体提升。于是，我重新梳理研究资料和成果，设计了书稿的框架结构，拟定了章节目录，制订了详细的编写方案和体例。考虑到当前中学物理实验教学的实际，我认为可以在纸质版图书的基础上提供更具直观性、指导性的实验操作视频，这样既有利于教师参考，也能丰富本书的呈现形式。

在本书的撰写过程中，编写组成员在我的精心指导下紧密合作，共同完成了撰写任务。我逐一指导编写组成员，帮助他们形成初稿，并组织了多次研讨与修改，直至最终定稿。本书的第一章以及第三章至第六章中的第一节由我和王立斌撰写；第二章由我和赖佳颖撰写；第三章至第六章中的第二节由上海市杨浦区王铁桦物理名师工作室成员撰写，张秀梅对其中所有的实验解析进行了审阅和修改；第七章由李希凡撰写；第八章中的课例由焦晓源、陈暄、王立斌、赖佳颖等提供。最后，我对全书内容进行了统稿，指导完成了实验视频拍摄和审校。

最后,我要特别感谢上海教育出版社副编审李祥先生担任本书的责任编辑。从策划到出版历时六年,没有他的陪伴和支持,本书难以顺利完成。李祥先生以其丰富的出版经验和深厚的专业知识,帮助我制订了详尽的出版规划,并利用他在物理学方面的专长,对各章节内容进行了反复的修订与完善。在最终准备印刷前,更是倾注了大量心血,夜以继日地审核和编辑由编写组团队共同撰写的文稿,确保了书籍的高质量呈现。

期望本书能给读者带来帮助,赢得认可,同时也期待读者给予宝贵的批评指正!

2024 年 7 月

图书在版编目（CIP）数据

实验教学的新实践：高中物理实验"解码" / 王铁桦等编著. — 上海：上海教育出版社，2024.12.（实验教学的新实践）. — ISBN 978-7-5720-3099-4

Ⅰ. G633.72

中国国家版本馆CIP数据核字第2024P0G934号

责任编辑　李　祥
封面设计　周　吉

实验教学的新实践——高中物理实验"解码"
王铁桦　等　编著

出版发行	上海教育出版社有限公司
官　　网	www.seph.com.cn
地　　址	上海市闵行区号景路159弄C座
邮　　编	201101
印　　刷	上海颛辉印刷厂有限公司
开　　本	700×1000　1/16　印张 21
字　　数	332 千字
版　　次	2024年12月第1版
印　　次	2024年12月第1次印刷
书　　号	ISBN 978-7-5720-3099-4/G·2753
定　　价	98.00 元

如发现质量问题，读者可向本社调换　电话：021-64373213